权威·前沿·原创

皮书系列为
"十二五""十三五""十四五"时期国家重点出版物出版专项规划项目

BLUE BOOK

智 库 成 果 出 版 与 传 播 平 台

制造业蓝皮书

BLUE BOOK OF MANUFACTURING INDUSTRY

中国制造业数字化创新报告（2023）

ANNUAL REPORT ON CHINA'S MANUFACTURING INDUSTRY

DIGITAL INNOVATION (2023)

主　编／谢卫红

副主编／王　忠　刘　艳　郭海珍

社会科学文献出版社

SOCIAL SCIENCES ACADEMIC PRESS (CHINA)

图书在版编目（CIP）数据

中国制造业数字化创新报告 . 2023 / 谢卫红主编；
王忠，刘艳，郭海珍副主编 . --北京：社会科学文献出
版社，2023.7
（制造业蓝皮书）
ISBN 978-7-5228-1942-6

Ⅰ. ①中… Ⅱ. ①谢… ②王… ③刘… ④郭… Ⅲ.
①制造工业-数字化-研究报告-中国-2023 Ⅳ.
①F426.4-39

中国国家版本馆 CIP 数据核字（2023）第 106217 号

制造业蓝皮书

中国制造业数字化创新报告（2023）

主　　编 / 谢卫红
副 主 编 / 王　忠　刘　艳　郭海珍

出 版 人 / 冀祥德
组稿编辑 / 恽　薇
责任编辑 / 胡　楠
文稿编辑 / 王希文
责任印制 / 王京美

出　　版 / 社会科学文献出版社·经济与管理分社（010）59367226
　　　　　 地址：北京市北三环中路甲 29 号院华龙大厦　邮编：100029
　　　　　 网址：www.ssap.com.cn
发　　行 / 社会科学文献出版社（010）59367028
印　　装 / 天津千鹤文化传播有限公司

规　　格 / 开　本：787mm×1092mm　1/16
　　　　　 印　张：18.75　字　数：280 千字
版　　次 / 2023 年 7 月第 1 版　2023 年 7 月第 1 次印刷
书　　号 / ISBN 978-7-5228-1942-6
定　　价 / 158.00 元

读者服务电话：4008918866

本书出版得到国家自然科学基金面上项目"重组视角的数字化创新影响因素及其对制造业核心竞争力构建机制研究"(项目编号:72274041)资助

主要编撰者简介

谢卫红　博士，教授，博士生导师，广东工业大学经济学院院长、校学术委员会副主任委员，广东省普通高校经济学教指委副主任，广东省大数据专家，广东省制造业数字化转型专家，广东工业大学数字经济与数据治理哲学社会科学重点实验室副主任，广东省制造业大数据创新研究中心执行主任，广东省决策咨询研究基地大数据战略研究中心副主任，广东省工业企业大数据战略决策重点实验室负责人，广东工业大学大数据战略研究院常务副院长，广东省系统工程学会副会长，广东省大数据协会副会长。主要研究方向为大数据战略管理、数字化转型与创新、数字技术与产业变革、产业链安全及数据商业模式等。先后主持国家自然科学基金项目、教育部人文社会科学规划项目、省自然科学基金项目50余项，企业咨询项目多项。在《管理世界》《中国软科学》《管理评论》《管理科学》等国内外核心期刊上发表文章50余篇，出版专著3部。获得教育部第八届高等学校科学研究优秀成果奖（人文社会科学）二等奖1项、教育部第七届高等学校科学研究优秀成果奖（人文社会科学）三等奖1项；获得广东省哲学社会科学优秀成果著作奖一等奖2项、二等奖2项；获得广东省大学生挑战杯特等奖1项；获得全国高校创意创新创业电子商务挑战赛特等奖1项、一等奖1项；获得优秀指导老师奖2项；获得省级教学成果二等奖1项；获得软件著作权5项。

王　忠　博士，广东工业大学经济学院教授，副院长，广东省决策咨询研究基地大数据战略研究中心执行主任，中国互联网协会青年专家。主要研究方向为数据要素流通与隐私规制、数字化转型与创新。获得清华大学经济学研究所博士后学位，先后任工业和信息化部电子科学技术情报研究所工程师，北京市社会科学院经济所助理研究员、副研究员，曾在北京市委办公厅信息综合室挂职，英国 University of Southampton 访问学者。主持完成国家自然科学基金项目 1 项、国家社会科学基金项目 1 项、北京市社会科学基金项目 2 项、博士后科学基金一等资助项目 1 项。在 Computer Law and Security Review 等国内外期刊上发表论文 30 多篇，出版专著 4 部。获得北京市哲学社会科学优秀成果二等奖 1 项。

刘 艳 博士，广东工业大学经济学院副教授，主要研究方向为创新理论与产业发展。先后主持广东省省级科研项目 2 项、广州市科研项目 1 项、广东省教学质量工程项目 1 项、校级教学质量工程项目 4 项，并参与国家级、省部级等各类科研项目 20 多项。发表论文 30 余篇，参编专著 3 部。获广东省哲学社会科学优秀成果著作奖一等奖 1 项（第三作者）。

郭海珍 博士，广东工业大学经济学院讲师，广东工业大学"青年百人"。主要研究方向为应用金融经济学、制造业数字化转型与创新、工业互联网平台。主持广东省哲学社会科学基金一般项目 1 项、广州市哲学社会科学基金项目 1 项。在 Applied Economics、Tourism Management、Annals of Tourism Research、Journal of Urban Studies、《外国经济与管理》、《科技进步与对策》等国内外期刊上发表论文多篇。

摘　要

　　本书归纳、总结和梳理了 2022 年度中国制造业数字化创新的特征与趋势，并结合汽车制造、家电制造等重要行业和热点专题总结了发展现状与相关经验，探讨了我国制造业数字化创新的发展热点、核心特征以及未来走向，可以为中国制造业高质量、可持续发展提供参考。本书分为总报告、行业篇、专题篇、区域篇共四个部分。

　　总报告基于创新价值链理论及相关文献研究尝试构建了一套制造企业数字化创新水平评价指标体系，进一步使用熵值法刻画了 1817 家 A 股制造企业数字化创新水平，同时检验了各省份制造业数字化创新水平的空间相关性。通过莫兰指数检验其空间相关性，阐述了各省份制造业数字化创新发展的相关性。制造企业数字化创新水平评价指标体系的构建，有利于政府和企业把握数字化转型进程，及时进行政策与企业战略调整，具有重要理论和实践意义。行业篇选择了电子信息、汽车制造、新能源、智能制造、家电等重要行业，通过一手或者二手数据收集和实地访谈调研，介绍了行业集聚态势、发展特点、数字化创新的典型案例和成功经验，以期为本领域的研究提供相关基础支撑。专题篇介绍了制造业关键数字技术、制造业数字税、工业互联网平台价值共创等热点话题。通过专利分析研究了制造业关键数字技术的阶段性特征及地域和行业分布特征。通过国内外比较分析，介绍了全球数字税进展，并分析了数字税对我国企业纳税与市场壁垒的影响。通过工业互联网平台实地调研梳理了价值共创的参与主体、资源及路径。区域篇选择了中国制造业重点区域，分析了其制造业数字化发展的特征与重要趋势。分别

 制造业蓝皮书

介绍了广佛肇、深莞惠的数字化创新的经验与态势，对陕西省和浙江省的数字化历程进行了梳理与评估。

关键词： 制造业　数字化创新　工业互联网　智能制造

目 录 ↳

Ⅰ 总报告

Ⅱ 行业篇

Ⅲ 专题篇

Ⅳ 区域篇

皮书数据库阅读**使用指南**

总 报 告
General Report

B.1

2023年中国制造业数字化创新报告

谢卫红　闫成银　邹玉坤　王　忠*

摘　要： 大数据、云计算、物联网、区块链及人工智能等新兴数字技术为企业数字化创新赋能，提高竞争力已成为制造企业高质量发展的必由之路。科学地测度制造企业的数字化创新水平，是后续理论研究的基础，也是制造企业数字化发展的必然要求。本报告基于创新价值链理论，构建了制造企业数字化创新水平评价指标体系，利用中国上市制造企业数据，运用熵值法与莫兰指数分别对制造企业进行了数字化创新水平测量以及空间相关性研究。研究结果表明：按行业排名，计算机、通信和其他电子设备制造业领先于其他行业；按省份排名，北京、广东以及上海领先于其他省

---

* 谢卫红，博士，广东工业大学经济学院院长，教授，博士生导师，主要研究方向为大数据战略管理、数字化转型与创新、数字技术与产业变革、产业链安全及数据商业模式；闫成银，广东工业大学经济学院应用经济学硕士，主要研究方向为数字化创新；邹玉坤，广东工业大学经济学院博士研究生，主要研究方向为数字化创新；王忠，博士，广东工业大学经济学院副院长，教授，硕士生导师，主要研究方向为数据要素流通与隐私规制、数字化转型与创新。

份；按空间相关性排名，中国各省份制造业数字化创新水平中，广东、北京和天津这三个省市呈现高—高集聚，江西呈现低—高集聚，内蒙古、新疆、云南和西藏这四个省区呈现低—低集聚，黑龙江和四川这两个省呈现高—低集聚。根据研究结果提出以下政策建议：加强创新要素数字化，构建数字化创新生态系统；加强数字技术的研发与应用；发挥优势地区辐射效用，增强区域数字化创新空间均衡性。

关键词： 数字化创新　制造企业　创新价值链　熵值法　莫兰指数

制造业是我国现代产业体系的重要组成部分，是中国特色社会主义市场经济建设的强大支柱。截至 2021 年，我国制造业增加值从 2012 年的 16.98 万亿元增加到 2021 年的 31.40 万亿元，占全球比重从 22.5% 提高到近 30%，研发投入强度从 0.85% 增加到 1.54%，规模以上工业企业新产品收入占业务收入比重从 11.9% 提高到 22.4%。我国制造业不仅规模不断扩大，同时向高端化和智能化不断迈进。"蛟龙"潜海、"双龙"探极、"嫦娥"揽月、"北斗"组网等一大批标志性创新成果引领我国制造业走向高端化，大批智能示范工厂的建成也意味着我国制造业向智能化升级迈进。然而，与发达国家相比，我国制造业发展仍然存在问题，主要体现为智能制造基础理论和技术体系建设落后、高端软件产品缺乏以及关键技术和核心部件受制于人，还面临西方国家"卡脖子"困境。因此，如何推动我国制造业迈向高质量发展之路成为亟待解决的重要问题。

《"十四五"数字经济发展规划》明确提出要实现数字化创新引领发展能力大幅提升、智能化水平明显提升、数字技术与实体经济融合取得显著成效的宏伟目标。因此抓住制造企业数字化这一机遇，在"新赛道"上壮大我国制造业实力，增强我国制造业国际竞争力，改变我国制造业大而不强的现状，实现追赶甚至赶超发达国家的必由之路，便是利用大数据、云计算、物联网、区块链及人工智能等数字技术实现数字化创新赋能和制造业高质量发展，从而提高国际竞争力。

数字经济时代，制造企业急切需要寻找新的创新范式赋予其发展动能，而大数据、云计算、物联网、区块链及人工智能等新一代数字技术的成熟与发展，给制造企业创新带来了强大的技术支持。谢卫红等提出，数字技术的涌现与应用在很大程度上改变了创新的内在本质，从而在与制造企业深度融合的过程中，促使新的产品、服务、生产流程及商业模式产生，助力企业数字化创新，提升企业竞争力。因此，能否抓住"新一轮工业革命"的机遇，通过数字化创新实现赋能、提供发展动力、增强竞争力，是当今时代传统制造企业面临的重大挑战。

如何科学地评价企业数字化创新水平是当前数字化创新相关研究面临的重要挑战，也是未来研究的重要基础。Nambisan等提出，多主体参与，过程与结果边界具有模糊性、动态性等特点，使得数字化创新的测量变得极具挑战性。现有文献基于不同角度对数字化创新的测量与评价进行了讨论。例如，Yu等从价值链数字化、业务流程数字化、产品服务数字化和数字技术应用四个维度提出了衡量企业数字化的量表。Nylen等从用户体验、价值主张、数字化发展扫描、技能和即兴能力五个维度提出了衡量企业数字化创新准备程度的量表。国内学者刘洋等从能力的角度构建了数字化创新能力的两阶五维度框架，包括数字连接能力、数据聚合能力、智能分析能力等一阶维度以及数字敏捷能力和重组创新能力等二阶维度。现有测量方法的全面性不强，主要有问卷调查方法或者专利分析方法。针对以往研究的不足，本报告以创新价值链理论为基础，运用文献分析及企业调研等方法，构建制造企业数字化创新水平评价多维度指标体系，并且以2016～2021年A股市场中1817家制造企业为样本，使用熵值法进行赋权，对制造企业数字化创新水平进行评价，并通过莫兰指数研究空间相关性。本报告在研究制造企业总体数字化创新水平的基础上，进一步研究了区域间与行业间企业数字化创新水平的差异性。

一 数字化创新概念及种类

本报告对数字化创新概念的界定建立在微观企业层面上。事实上，目前学术界与实践界对数字化创新概念的讨论大多从企业层面出发，主要围绕企业产品、服务、生产流程以及商业模式等方面的数字化创新展开研究与论述。

（一）数字化创新概念

当前学术界就数字化创新概念并未形成统一观点，现有研究主要基于不同的理论从结果、过程、重组及整体视角探讨数字化创新概念。本报告对数字化创新概念的界定采取重组视角，认为数字化创新是指企业在创新过程中实现数字资源的重组，从而带来产品、服务、生产流程及商业模式的创新。数字化创新基本具有技术方面与管理方面的两大类特征，技术方面包括可计算、可通信、可感知；管理方面包括创新的平台化、组合化、分布化。

（二）数字化创新种类

科学合理地分类有助于理解数字化创新的内在逻辑。由于目前学术界对数字化创新概念尚未形成一致观点，因此，学者对其的分类也不尽相同。总体而言，对数字化创新的分类主要从技术与产出角度展开。陈劲等从不同的数字技术驱动角度将数字化创新分为人工智能驱动下的创新、区块链驱动下的创新及大数据驱动下的创新等。在基于结果角度的分类中，最具代表性的为余江等基于数字化创新的结果将其分为流程、产品和商业模式创新三种类型。谢卫红等基于创新产出认为数字化创新包括服务创新、组织创新和商业模式创新。闫峻周等根据表现形式将数字化创新划分为数字产品创新、数字服务创新、数字过程创新、数字组织创新和数字商业模式创新五种类型。

（三）数字化创新影响

明确数字化创新所带来的积极影响可以加快企业数字化转型升级。近年来，诸多学者实践证明了数字化创新可以给企业发展带来新动力，加快生产要素的自由流动，推进企业智能化转型，提升企业创新绩效，增强企业可持续发展能力，实现企业高质量发展。在提升企业能力方面，Svahn等和Huang等研究提出数字化创新增强了企业可持续发展的能力；在改变企业内部组织结构以及提升企业绩效方面，Austin等和Bailey等利用案例研究方法，证明了数字技术给企业带来了商业模式、组织战略及绩效上的改变。Hanelt等使用机器学习和文本分析，创新性地对数字化创新进行测量，进一步实证检验了其对原始设备制造企业绩效的影响。在此基础上，国内学者李婉红等以新能源汽车行业上市企业为样本，实证检验了数字化创新通过资源柔性促进企业智能化转型。同样李小青等以新一代信息技术产业上市企业为样本，检验了数字化创新与企业高质量发展之间的关系。总的来说，新一代数字技术与企业深度融合带来的产品、服务、流程及商业模式创新，能够为企业的发展赋能，实现企业高质量发展。

二　数字化创新测度思路

（一）现有文献测量方法

考虑到数字化创新是一个相对较新的概念，相关学者做了许多的尝试，试图准确定量对数字化创新水平进行评价。以往研究中，大部分学者主要使用问卷调查法对数字化创新进行测度，进一步在此基础上开展后续研究。其中比较典型的是国外学者Khin等和国内学者张延林等根据数字化创新概念设置的问卷量表（见表1）。然而，调查问卷具有天然的局限性，采用该方法获取的数据可能会受到人为主观影响以及样本数量限制，也会消耗诸多的人力、物力以及财力。随着后续研究的不断深入，单纯依靠问卷数据已经无法满足未来研究的需求。

表 1 数字化创新问卷量表

作者(年份)	数字化创新量表	数字化创新定义	研究问题
Sabai Khin 等 (2018)	我们的数字解决方案是优于竞争对手的	通过数字技术开发的新产品、服务或解决方案	数字技术、数字能力与组织绩效——数字化创新的中介作用
	我们的数字解决方案的功能更优越		
	我们的数字解决方案的应用与竞争对手的完全不同		
	我们的数字解决方案在产品平台方面与竞争对手的不同		
Sabai Khin 等 (2018)	我们的数字解决方案是对现有产品的微小改进	通过数字技术开发的新产品、服务或解决方案	数字技术、数字能力与组织绩效——数字化创新的中介作用
	我们的一些数字解决方案在推出时是市场上的新产品		
张延林等 (2021)	公司借助信息或数字技术对现有的产品/服务的研发流程进行了改善	企业在创新过程中使用信息或数字技术带来产品、流程及服务的改善	首席信息官自身技能、需求方领导力与数字化创新
	公司通过信息或数字技术提升了产品/服务交付过程的效率和效益		
	公司应用信息或数字技术促进了产品/服务研发流程的创新		
	公司借助信息或数字技术提高了对业务流程进行持续性变革的能力		

资料来源：根据相关文献整理。

　　随着研究的深入，学者逐渐开始采取更加新颖的方式，试图更加准确地测度数字化创新。国外学者 Hanelt 等创新性地采用机器学习和文本分析方法结合专利信息构建出数字专利这一概念，以此来衡量数字化创新，此后，国内诸多学者也借鉴该方式开展研究，例如，李婉红等以新能源汽车行业企业为研究对象，首先利用 Python 提取样本企业新闻稿中涉及数字技术的新产品名称，与《道路机动车辆生产企业及产品》文件进行匹配，从而量化企业数字化创新；李小青等和王新成等均使用数字技术相关关键词是否在样本企业专利文件摘要中出现来判定该项专利是否为数字化创新产出，以此评价企业数字化创新水平。虽然从数字专利产出出发，在一定程度上可以测度数字化创新，但仅从专利角度评价数字化创新水平相对单一。基于数字化创新的概念可以发现，数字化创新产出还包括流程创新、产品创新、服务创新和商业模式创新等不同类型，较多创新产出并不是以数字专利的形式来体现的。数字化创新还包括了从生产要素投入、重组到最终实现创新产出的过程，仅从产出视角实际上并不能全面合理地评价数字化创新水平。

（二）本报告的测度思路

不少学者开始对数字化创新能力进行评价，例如，廖民超等基于动态能力理论，在创新生态系统视角下运用文献编码的方法，构建了包括数字技术基础能力、数字技术融合能力、创新需求捕捉能力、组织内部协同能力及组织外部协同能力五个一级指标在内的评价体系。在区域层面，徐君等从数字化创新综合概念出发，以数字嵌入性、环境赋能性、技术支持性与信息依附性为一级指标，采用熵值法进行赋权，对中国区域数字化创新能力进行定量评价，其中研究数据是在网站收集的二手数据。实际上，数字化创新是涉及企业从投入、重组到最终形成创新产出的复杂过程，数字化创新能力在一定程度上反映了企业重组生产要素进行创新的重要支撑，无法全面真实地评价企业数字化创新水平。

现有研究中针对数字化创新水平评价的文献少之又少，国外学者 Khin 等实证研究了以数字化创新为中介作用的数字技术、数字化能力对组织绩效的影响机制，主要采用问卷调查方法收集相关数据。近年来，诸多学者开始尝试使用机器学习和文本分析的方法，从数字专利这一角度衡量数字化创新。这一视角在一定程度上可以测度数字化创新，但仅从专利角度评价数字化创新水平相对单一。此外，部分学者对数字化创新水平的研究主要停留在区域层面，针对微观企业主要采取问卷调查方法获取数据，研究方法较为单一且具有一定的局限性。

因此本报告试图以创新价值链理论为基础，构建以"创新投入—创新支撑—创新产出"为一级指标的数字化创新水平评价指标体系，以便开展后续相关研究工作。

三 数字化创新水平评价指标体系构建

（一）指标体系构建原则

制造企业数字化创新水平评价指标体系通过科学的评价方法对制造企业数字化创新水平进行客观评价和反映，因此应遵循以下原则。

1. 全面性和代表性原则

为客观准确测量制造企业数字化创新水平，构建的指标体系要尽可能地包含制造企业数字化创新的所有内容，但是选取评价指标不是涉及范围越广泛越好。因此还应结合代表性原则，从制造企业数字化创新的本质切入，筛选出具有代表性的主导指标，并尽可能地简化评价指标体系。

2. 层次性和系统性原则

由于制造企业数字化创新涉及范围广泛，因此该评价指标体系需要涵盖多个层次、多个因素；另外，制造企业数字化创新内容丰富，还需要考虑评价指标体系系统性强的因素。

3. 可行性和数据可获得性原则

在对制造企业数字化创新水平评价时，应以评价目标为导向，确保评价指标能客观反映各个企业的数字化创新水平，同时指标计算方式应该简单明了，具备统计可行性；另外，要考虑数据是否可以获得，进而有利于评价工作的开展。

4. 定性和定量相结合原则

首先，制造企业数字化创新水平评价是涉及多指标、多层次、多因素和多变量的复杂工作，具有一定的模糊性，因此需要采取定量指标以量化制造企业数字化创新的内容。其次，考虑到其中很多无法量化的评价内容，通过定量指标和定性指标相结合进行测量，不仅可以评价制造企业数字化创新水平的全貌，还可以减弱评价指标的复杂性。

（二）指标选取思路

有学者在20世纪初期提出了"创新理论"，并且把创新理解为对生产要素进行重组后形成的新生产函数，强调创新就是改变，就是创造性破坏。近年来，很多学者将创新过程分解细化，其中最具有借鉴意义的是Hansen等最早提出的创新价值链概念，把它分解成经典的"创新投入—创新知识凝聚—创新成果达成"结构框架，这一框架较好地说明了创新过程中的内在关联。余泳泽等在创新价值链的基础上，将创新过程分解为"知识创新—研发创新—产品创新"3个阶段，并利用DEA模型计算各个阶段的创新效率。随后余泳泽将此结构框架继续拓展为"基础研究投入—应用研究—实验发展"，以此对应创新过程的3个阶段内容，分别提出了创新价值链的理论分析范式。在创新价值链进一步细化方面，王伟光等将创新价值链划分为短链、中链、长链结构，并对不同企业采取何种结构价值链的问题建立了理论分析模型。宋砚秋等采用文献研究的方法，把创新价值链分为"知识开发—成果转化—产业化"3个阶段，并构建了创新价值转化的时滞效应模型，分别证明和求解各个阶段的滞后效应和滞后期。从以上分析可以看出，学者从不同角度对该理论进行了丰富和补充，将创新过程不断分解细化以开展研究工作。

本报告研究的数字化创新是企业的创新行为，需要经历传统创新的过程。因此，本报告以创新价值链理论为指导，具有合理性和针对性。创新价值链理论在企业创新行为研究领域被广泛应用。成功创新需要各部门协同合作，形成从研发、生产到商品化的完整创新价值链。考虑到制造企业数字化创新本身是在现代信息技术及数字技术的支撑下实现的，属于创新价值链理论的范畴，因此本报告使用该理论对制造企业数字化创新水平进行研究也具有一定说服力。

根据Hansen等将创新划分为"创新投入—创新知识凝聚—创新成果达成"3个阶段，本报告将制造企业生产运作代入上述各个阶段。从生产视角看，企业创新是从创新要素投入到创新成果达成的过程，即创新产品产出的多个环节、多个要素的价值链传递过程。创新投入方面，各种创新要素投入组合才能使得创新最终形成，因此，企业创新与其创新投入是密不可分的。

当今时代，科技进步是经济增长的源泉和动力，研发创新是企业经久不衰的核心武器，在市场竞争日益激烈的情况下，企业必须掌握创新的主动权，创新投入无疑是企业发展的必经之路。创新知识凝聚方面，企业必须依靠一切有利于自身创新的支撑，适应市场创新环境，将所投入的创新要素进行重新组合、重新设计以适应其发展，从而大大降低创新成本，提高效率。所以说，企业数字化创新和其创新知识凝聚能力是紧密相连的。创新成果达成方面，衡量一个企业的创新水平必须考虑其创新产出，创新是各种创新要素投入最终成果达成的过程。企业通过创新投入与创新知识凝聚，最终产生新产品、新服务及新商业模式等，这些产出均属于数字化创新的范畴。综上所述，制造企业数字化创新可以采用创新价值链的3个阶段进行解读和划分。

本报告遵循 Hansen 等对创新的划分，借鉴余泳泽等的研究方法将创新价值链分为3个阶段：数字化创新投入，与创新投入和基础研究投入阶段对应；数字化创新支撑，与创新知识凝聚和应用研究阶段对应；数字化创新产出，与创新成果达成和实验发展阶段对应。本报告提出"创新投入—创新支撑—创新产出"的研究框架，尝试构建中国数字经济下的制造企业数字化创新水平评价指标体系，进而开展后续研究。根据以上分析，本报告的研究框架如图1所示。

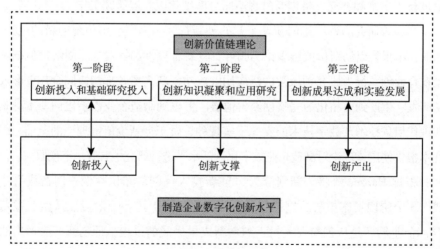

图 1　研究框架

资料来源：根据相关文献整理。

（三）评价指标体系构成

数字化创新是数字经济时代一种全新的创新范式，尽管大类上仍然属于创新的范畴，但是创新的基本要素以及概念都发生了变化，呈现出新的面貌和特点。本报告对创新价值链理论及相关文献归纳总结，将数字化创新划分为"数字化创新投入—数字化创新支撑—数字化创新产出"3个维度进行刻画，并结合相关文献与企业实践展开具体指标体系的构建（见表2）。

1. 数字化创新投入

创新投入是实现创新产出过程中必不可少的环节，由于企业数字资本投入数据不可知，本报告将创新投入集中体现在基础建设上，包括数字基础设施建设与科研基地建设。基础建设为企业孕育数字化创新，是企业不断创新、增强自身竞争力的重要保障，因此在数字化创新中发挥着至关重要的作用。本报告通过剔除MD&A（"管理层讨论与分析"章节）内容后，数字基础建设在年报中出现的频次来衡量数字基础设施建设这一指标，该部分内容主要体现公司回顾、展望等内容，因此选择剔除后的内容进行义本分析；通过企业科研基地数目衡量企业科研基地建设情况。

2. 数字化创新支撑

数字化创新支撑是指环境对数字化创新的催化能力，良好的环境是创新的基础保障，为数字化创新提供支撑，主要分为企业内部环境与企业外部环境两个部分。其中企业内部环境指企业内部数字技术支撑、CIO、CDO与高管素质。数字技术在企业数字化创新中扮演着十分重要的角色，一些学者甚至认为数字技术是数字化创新的重要主体，企业数字化创新必须有坚实的数字技术支撑。数字经济时代，高管素质和CIO需求领导力可以影响企业的数字化创新；王新成在研究企业数字化创新前因时发现，设置CIO的企业进行数字化创新的可能性更大，且数字化创新绩效更好。因此本报告选择数字技术支撑、CIO、CDO以及高管素质来作为解释企业内部环境的指标。企业外部环境选择行业与城市层面能够体现数字化程度的一些指标。本报告通过公司高管的学历加权平均数来衡量高管素质；通过高管职位信息中是否拥

表2 制造企业数字化创新水平指标体系及权重

一级指标	二级指标	三级指标	数据来源说明
数字化创新投入	基础建设(0.22)	数字基础设施建设(0.11)	剔除MD&A内容后,相关特征词在年报中出现的频次,CSMAR
		科研基地建设(0.11)	CSMAR
		数字技术支撑(0.07)	剔除MD&A内容后,相关特征词在年报中出现的频次,CSMAR
	企业内部环境(0.21)	CIO(0.04)	CSMAR高管职位信息获得,1=设置,0=未设置
		CDO(0.10)	CSMAR高管职位信息获得,1=设置,0=未设置
数字化创新支撑		高管素质(0.002)	CSMAR高管学历均值,1=中专及以下,2=大专,3=本科,4=硕士,5=博士,6=其他(荣誉博士、函授等),7=MBA/EMBA
	企业外部环境(0.15)	所在行业数字技术强度(0.06)	公司所在行业数字技术特征词平均值
		各城市移动交换机容量(0.06)	城市电信收入该省份电信业务总量*该省份移动交换机容量
		各城市互联网宽带接入用户规模(0.01)	各城市互联网宽带接入用户数占年末户籍人口数比重
		各城市移动互联网用户规模(0.02)	各城市移动电话用户数占年末户籍人口数比重
	数字化创新成果(0.11)	数字发明专利(0.03)	相关数字发明专利已授权数量,专利数据来自国家统计局,CSMAR
		国内数字化创新论文(0.04)	中国知网:计算机软件及计算机应用,互联网技术,电信技术,CSMAR
数字化创新产出		国外数字化创新论文(0.04)	Scopus:Computer Science,CSMAR
	数字化创新应用(0.31)	技术创新(0.08)	剔除MD&A内容后,相关特征词在年报中出现的频次,CSMAR
		流程创新(0.07)	剔除MD&A内容后,相关特征词在年报中出现的频次,CSMAR
		商业模式创新(0.07)	剔除MD&A内容后,相关特征词在年报中出现的频次,CSMAR
		业务创新(0.09)	剔除MD&A内容后,相关特征词在年报中出现的频次,CSMAR

注:表中括号内的数字表示指标的权重,通过熵值法求得;CIO首席信息官;CDO省首席数字官,国外数字化创新论文是指学者在国外发表的相关论文。

资料来源:根据相关理论、文献整理。

有 CIO 职位、CDO 职位来衡量企业 CIO、CDO 职位情况，其中 1 表示设置该职位，0 表示未设置该职位；通过对企业年报中剔除 MD&A 部分内容的文本分析，选择"人工智能技术""区块链技术""云计算技术""大数据技术"这些特征词作为关键词进行词频统计，以此衡量企业数字技术支撑。对于企业外部环境，本报告通过中国统计年鉴和中国城市年鉴获得数据，主要包括所在行业数字技术强度、各城市移动交换机容量、各城市互联网宽带接入用户规模和各城市移动互联网用户规模。

3. 数字化创新产出

企业的数字化创新产出最能体现其数字化创新水平，本报告根据数字化创新概念，提出更加全面的数字化创新产出指标，包括数字化创新成果与数字化创新应用。在原有仅仅通过专利水平测度的基础上，借鉴吴非等刻画企业数字化转型的方式，重点关注技术创新、流程创新、商业模式创新与业务创新，并使用相关特征词在年报中出现的频次来衡量企业的数字化创新应用；结合企业数字发明专利以及国内、国外数字化创新论文来衡量企业的数字化创新成果，最终刻画数字化创新产出。

综上，本报告首先基于创新价值链理论以及相关文献，构建了以数字化创新投入、数字化创新支撑、数字化创新产出为一级指标的评价体系，进而刻画制造企业数字化创新水平，并根据数字化创新的概念，即数字化创新是企业在创新过程中实现数字资源的重组，带来产品、服务、生产流程及商业模式的创新来拓展二级指标。该指标体系全面涵盖制造企业数字化创新各个环节，指标选取遵循经典文献并结合专家意见。

四　数字化创新水平评价指标模型

（一）研究设计

本报告主要针对以下几个问题进行研究。第一，依据创新价值链理论构建"数字化创新投入—数字化创新支撑—数字化创新产出"的研究框架，

并进一步依据数字化创新概念、专家意见及文献分析拓展评价指标量表。第二，采用客观赋权中的熵值法对1817家制造业上市企业2016~2021年数字化创新水平进行评价，并进一步分别计算出各个指标的得分。第三，分别采用各个省份和行业中样本企业综合得分均值及百分位数来衡量各个省份和行业不同层次的制造业数字化创新水平，并进一步采用全局莫兰指数与局部莫兰指数对各个省份数字化创新水平进行空间相关性检验。

1. 样本选择、数据来源及处理

本报告以2016~2021年中国A股所有制造业上市企业作为初始的研究样本，其中，制造业上市企业按照2012分类标准，依次剔除如下样本：＊ST公司和已退市的企业、主要变量缺失的企业、文本分析中年报数据获取不到的企业。最终获得1817家制造业上市企业样本。数据主要来自CSMAR或者对数据进行二次处理。

处理数据中的缺失值：本报告在建立了数字化创新指标后，由于在CSMAR中找不到可以刻画有些指标的数据，就借鉴了其他学者的做法。利用文本分析法对制造业上市企业的年报进行处理，从而提取可以刻画指标的缺失数据。针对商业模式创新数据，由于CSMAR中没有该字段，本报告使用Python爬取网站年报数据，且年报数据获取渠道有限，因此年报数据与CSMAR样本不统一。对于这种情况，本报告考虑到通过年报数据获取的变量必不可少，因此在样本的选择上，是在获得年报数据企业样本的基础上对CSMAR样本进行筛选的，最终获得样本1817个。

2. 文本分析说明

有关数字化创新的特征词，剔除特征词前存在"没""无""不"等否定词语的表述。其中表述主要有非、别、不、没、无、勿、莫、否、没有、还没、毫无、无须、无关。商业模式创新特征词借鉴学者刻画互联网商业模式的特征词，其余特征词借鉴CSMAR根据众多学者研究结果凝练出的特征词。文本分析过程中所有的特征词整理如图2所示，分别对应表2中需使用特征词频次描述的变量，其中对应的数据范围均是剔除MD&A部分内容后，剩余年报部分进行特征词抓取的结果。

数字基础设施建设	**人工智能技术相关** 人工智能实验室、人工智能平台、人工智能设施、人工智能设备、人工智能基础设施、机器人、人工智能系统、智能终端、智能信息系统	**云计算技术相关** 云实验室、云平台、云系统、云设备、云设施、云终端、云社区、云技术系统
	大数据技术相关 大数据实验室、大数据平台、大数据设施、大数据设备、大数据信息系统、大数据技术系统	**广义数字技术相关** 数字实验室、数字平台、数字社区、数字专利、数字网络、数字设施、数字设备、数字基础设施、数字终端、数字信息系统、数字技术系统、3D打印设备

| 数字化应用 | **商业模式创新**
移动互联网、工业互联网、产业互联网、互联网解决方案、互联网技术、互联网思维、互联网行动、互联网业务、互联网应用、互联网营销、互联网战略、互联网平台、互联网模式、互联网商业模式、互联网生态、电商、电子商务、Internet、互联网+、线上线下、线上到线下、线上和线下、O2O、B2B、C2C、B2C、C2B | **技术创新**
数字孪生、元宇宙、虚拟人、3D打印、5G技术、移动互联、移动互联网、工业互联网、数字技术、纳米计算、智能规划、智能优化、智能穿戴

流程创新
智能制造、智能客服、智能营销、数字营销、无人零售、无人工厂、移动支付、第三方支付、NFC支付、人机交互、社交网络 | **业务创新**
智慧农业、智能交通、智能医疗、智能家居、智能投顾、智能文旅、智能环保、智能电网、智能能源、互联网医疗、互联网金融、数字金融、Fintech、金融科技、量化金融、开放银行、网联、互联网+ |

| 数字技术支撑 | **人工智能技术**
人工智能、商业智能、图像理解、投资决策辅助系统、智能数据分析、智能机器人、机器学习、深度学习、语义搜索、生物识别技术、人脸识别、语音识别、身份验证、自动驾驶、自然语言处理、监督学习、机器翻译、OCR技术、计算机视觉、机器视觉、机器人、智能问答、专家系统、神经网络、学习算法、自动推理、无人驾驶 | **大数据技术**
大数据、数据挖掘、文本挖掘、数据可视化、异构数据、征信、增强现实、混合现实、虚拟现实、文本抓取

区块链技术
数字货币、智能合约、分布式计算、去中心化、比特币、联盟链、差分隐私技术、共识机制 | **云计算技术**
内存计算、云计算、流计算、图计算、物联网、多方安全计算、类脑计算、绿色计算、认知计算、融合架构、亿级并发、EB级存储、信息物理系统、移动计算、云存储、边缘计算、云技术 |

图 2 数字化创新水平结构化特征词

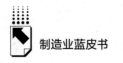

（二）赋权模型——熵值法

要确定制造企业数字化创新水平的综合指数，不仅需要建立科学且可获得数据的具体指标，还需要选择科学合理的赋权方法对相关指标赋予权重。一般来说，已有的赋权法主要分为主观赋权法和客观赋权法。主观赋权法是专业人员通过主观判断对指标赋予相应的权重，典型的方法如 AHP、Delphi 法等；客观赋权法是以指标的原始数据信息为依据进行赋权，典型的方法如主成分分析、灰色关联、熵值法等。随着评价方法研究的兴起，仅使用单一评价法赋权无法令人信服其评价结果。为解决这一问题，有学者采用组合评价法进行赋权，即主观赋权法与客观赋权法结合。主观赋权法受人为的影响，在赋权时可能不能很好地反映指标的相对重要程度。因此，经综合考量，为避免主观赋权法造成最终指数测度不准确，本报告采用客观赋权法中的熵值法对指标进行赋权。

熵是热力学的一个物理概念，代表体系混乱度。在信息论中，熵是对不确定性的一种度量，而信息熵可以定量地描述一条信息包含的信息量。信息熵越大，数据纯度越低，信息量就越多；信息熵越小，数据纯度越高，信息量就越少。根据信息熵的特性，我们可以通过熵值来判断一个事件的随机性及无序程度，也可以通过熵值来判断某个指标的离散程度，指标的离散程度越大，该指标对综合评价的影响越大。

根据上文建立的指标体系，17 个指标来源于不同层次，各个指标值的量纲及数量级均有明显差异。因此，为了保证最终结果的准确性，将其归一化处理以使其具有横向可比性。另外，为了避免后续在计算信息熵的数值时出现错误，将归一化的结果整体向右平移 0.01 个单位。对正向与负向指标处理公式如下：

$$\text{正向指标：} \quad x_{ij}^{*} = \frac{x_{ij} - \min\{x_j\}}{\max\{x_j\} - \min\{x_j\}} + 0.01 \qquad (1)$$

$$\text{负向指标：} \quad x_{ij}^{*} = \frac{\max\{x_j\} - x_{ij}}{\max\{x_j\} - \min\{x_j\}} + 0.01 \qquad (2)$$

其中，$\max\{x_j\}$ 为所有样本数据中 j 指标的最大值，$\min\{x_j\}$ 为所有样本数据中 j 指标的最小值，x_{ij} 为第 j 个指标下 i 样本企业数据，x_{ij}^* 为处理后的无量纲下的数据。在对指标归一化并平移处理后，按照王军等的熵值法求解步骤解出各个指标的客观权重。

计算第 j 个指标下 i 样本企业数据所占比重，使用 p_{ij} 表示：

$$p_{ij} = \frac{x_{ij}^*}{\sum\limits_{i=1}^{n} x_{ij}^*} \tag{3}$$

计算第 j 个指标的信息熵 H_j：

$$H_j = -\frac{1}{\ln(n)} \sum\limits_{i=1}^{n} p_{ij}\ln(p_{ij}) \tag{4}$$

计算各指标最终权重 w_j：

$$w_j = \frac{1-H_j}{\sum\limits_{i=1}^{m}(1-H_j)} \tag{5}$$

其中 H_j 表示第 j 个指标的信息熵，n 表示样本的数量，即样本企业的个数，m 表示指标的个数。基于处理后数据 x_{ij}^* 及计算得出的最终权重 w_j，使用多重线性函数的加权得出制造企业数字化创新指数（$DICI$）及各一级指标得分指数。计算公式如下：

$$DICI_i = \sum\limits_{j=1}^{m} w_j x_{ij}^* \tag{6}$$

$$DICIindex_i = \sum\limits_{j}^{j \subset index} w_j x_{ij}^* \tag{7}$$

通过上述公式计算出企业数字化创新综合指数，其中 $DICI_i$ 表示 i 样本企业的数字化创新综合指数，在 0 和 1 之间。$DICI_i$ 越大，表示企业数字化创新水平越高，反之，企业数字化创新水平越低。另外，$index$ 取值 1、2、3，当 $index$ 取 1 时，j 为一级指标数字化创新投入下的指标集合，$DICI1_i$ 表

示 i 样本企业在数字化创新投入的得分;当 $index$ 取 2 时,$DICI2_i$ 为数字化创新支撑得分;当 $index$ 取 3 时,$DICI3_i$ 为数字化创新产出得分。为了方便比较,统一使用公式(1)进行归一化处理,不同的是,将平移处理改成倍乘 100 处理,目的是将得分全部转换为 0~100。

(三)数字化创新空间相关性模型——莫兰指数

莫兰指数是空间自相关系数的一种,其值分布在 -1~1,用于判别空间是否存在自相关性。莫兰指数能够反映事物某属性彼此之间在空间范围上是否相互影响,即是否存在自相关性。空间相关性包括全局相关性与局部相关性,学术界分别采用全局莫兰指数与局部莫兰指数来衡量。其中,全局莫兰指数用于回答整个空间是否存在空间相关性,而局部莫兰指数能够更准确地反映局部区域之间某属性相关性与集聚情况。本报告为得出每个省份间制造企业数字化创新水平的相关性特征,采用莫兰指数进行分析。

1. 全局莫兰指数

$$I = \frac{n \sum_{i=1}^{n} \sum_{j=1}^{n} w_{ij} z_i z_j}{S_0 \sum_{i=1}^{n} z_i^2} \tag{8}$$

其中 z_i 是要素 i 的属性与其平均值的偏差($x_i - \bar{X}$),w_{ij} 是要素 i 和 j 之间的空间权重,n 等于要素总数,S_0 是所有空间权重的聚合:

$$S_0 = \sum_{i=1}^{n} \sum_{j=1}^{n} w_{ij} \tag{9}$$

统计 z_I 的得分计算公式为:

$$z_I = \frac{I - E[I]}{\sqrt{V[I]}} \tag{10}$$

其中:

$$E[I] = \frac{-1}{(n-1)} \tag{11}$$

$$V[I] = E[I^2] - E[I]^2 \qquad (12)$$

2. 局部莫兰指数

$$I_i = \frac{z_i}{S^2} \sum_{j=1}^{n} w_{ij} z_i \qquad (13)$$

五　数字化创新水平评价结果分析

（一）企业层面分析

本报告所选择的样本企业有限，首先对其进行简单的描述性统计分析。以 2021 年企业所在省份统计，主要分析各个省份所拥有的样本企业个数，其中不包括台湾省、香港特别行政区及澳门特别行政区的样本企业。从图 3 可以看出，本报告所选择的 1817 家制造业上市企业样本省份分布情况能够比较准确地反映实际状况。近年来，沿海地区经济发达的广东省、浙江省、江苏省、山东省以及上海市这 5 个省市都在大力发展制造业。沿海地区依托区位优势，持续加强现代基础设施建设，通过引入重大项目、加快产业转型升级等方式，推动制造业高质量发展，并且取得了一定成就。从以上数据可以看出，就样本企业数量而言，这 5 个制造业省市排名靠前，但是就样本企业数字化创新水平而言，这 5 个制造业省市还需要被评价检验。

表 3 为根据熵值法的赋权模型公式（1）到（7），计算得出的制造业上市企业各数字化创新水平指标得分情况，其中一级指标分别为数字化创新投入、数字化创新产出及数字化创新支撑。前文提到，为了更加清晰地表示，利用公式（1）的变形将其归一化并进行百分制处理。从估计结果可以看出，各样本企业在不同指标上的表现具有显著差异。由于篇幅有限，表 3 只展示了 2021 年前 20 名制造业上市企业数据，历年具体相关数据见附录 1。

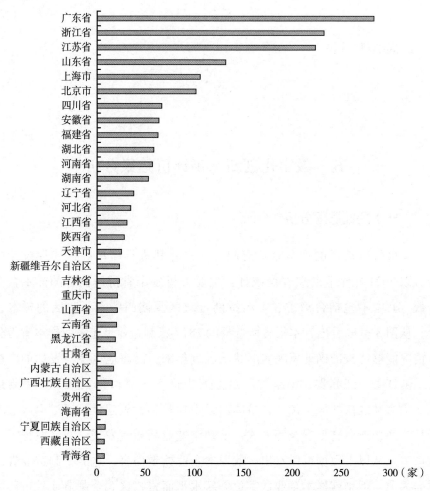

图3 2021年制造业上市企业样本省份分布情况

资料来源：根据收集的数据整理。

表3 2021年前20名制造业上市企业各数字化创新水平指标得分

企业名称	总得分	数字化创新投入	数字化创新产出	数字化创新支撑
中兴通讯	56.86	25.04	58.96	15.22
天地科技	55.43	99.67	1.89	13.71
海康威视	54.18	0.00	78.20	12.18
华铭智能	52.34	88.57	5.34	13.35
海润光伏	51.13	0.00	0.00	56.58

企业名称	总得分	数字化创新投入	数字化创新产出	数字化创新支撑
TCL 集团	50.37	10.76	0.17	50.62
禾丰股份	50.28	21.51	0.00	45.61
中国中车	43.07	64.54	13.91	9.07
创维数字	40.33	22.86	44.81	6.60
华中数控	39.86	22.86	25.32	17.99
机器人	39.13	16.47	15.50	26.16
广电运通	34.02	8.57	33.43	13.24
华工科技	33.81	60.17	1.42	8.50
埃斯顿	33.34	10.76	16.99	21.51
东土科技	28.60	0.00	28.79	14.07
海联金汇	26.60	0.00	30.93	10.55
科陆电子	24.63	2.86	11.23	19.08
优博讯	23.48	5.71	15.79	13.69
上海电气	20.57	0.00	13.50	14.54
京东方 A	16.03	0.00	5.25	14.56

资料来源：根据制造业上市企业数据计算得出（不免有偏差和遗漏）。

从附录 1 中的数据可以看出，从企业角度来说，各个企业在不同指标上的表现具有差异。具体来说，数字化创新投入表现出的差异最大，其中股票代码京东方 A（000725）、东土科技（300353）、海润光伏（600401）和上海电气（601727）的数字化创新投入指标得分几乎连续 6 年为 0，而创维数字（000810）、华工科技（000988）和天地科技（600582）表现较好，数字化创新投入指标得分几乎连续 6 年在 70 以上，甚至达到 90 以上。数字化创新支撑相对于数字化创新投入，企业之间的差距明显小很多，大多数企业保持在 30 左右。数字化创新产出也存在较大差距，一个有趣的现象是，大部分数字化创新投入表现差的企业，数字化创新产出表现也不好，但是也有一些企业的数字化创新投入与数字化创新产出的表现呈现相反趋势。比如，华工科技（000988）和天地科技（600582）的数字化创新投入表现较好，数字化创新产出表现较差，而东土科技（300353）的数字化创新投入表现较

差，数字化创新产出表现较好。此外，深究企业间数字化创新水平的异质性以及差距来源是否依据地理位置及行业性质，提高相对落后企业的水平、缩小企业间数字化创新水平的差距及避免差距拉大仍是当务之急。

从时间维度上来看，企业数字化创新水平综合指数从 16 增长至 100，且综合指数常年保持在 60~100 的样本企业仅有 5 家。比较特殊的是，中兴通讯（000063）常年保持在 55 左右，这是一个比较优异的表现；TCL 集团（000100）虽然呈现出逐年下降的趋势，但是也保持在 50 以上；创维数字（000810）除 2021 年是 40 多以外，其余年份都保持在 65 以上。从增长的趋势来看，大多数企业数字化创新水平指标得分均表现出随时间上下波动的趋势，值得注意的是，较多企业在 2021 年的得分最低。

图 4 为附录 1 中 2016~2021 年前 10 名制造业上市企业数字化创新水平指标得分趋势，图中纵轴表示数字化创新水平指标得分，横轴表示年份，不同折线表示各企业得分趋势情况。可以看出，企业数字化创新水平在上下波动。值得注意的是，企业的数字化创新水平并不是逐年上升的，诸多企业在 2021 年表现比较差。可以看出，即使是制造企业中的佼佼者也存在数字化创新动力不足的问题，并不能保持持续的创新动力。

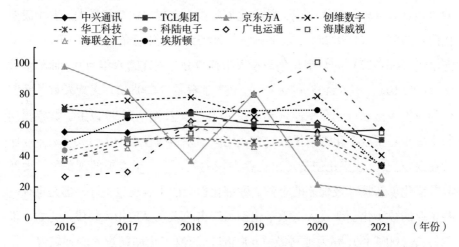

图 4　2016~2021 年前 10 名制造业上市企业数字化创新水平指标得分趋势

（二）行业层面分析

由于篇幅有限，并且考虑到均值具有意义，表4为保留样本企业数量在30个以上的部分行业历年所有样本企业均值表现情况，即表中所有数据均为历年所有样本企业均值情况。在各行业样本企业数量方面，各行业样本企业数量分布差距较大。具体而言，样本企业数量超过100家的行业有计算机、通信和其他电子设备制造业，化学原料及化学制品制造业，电气机械及器材制造业，等等。就各行业数字化创新水平指标得分均值情况来看，仪器仪表制造业，计算机、通信和其他电子设备制造业以及通用设备制造业处于领先水平，并且在各个指标上均领先其他行业，其中差距主要体现在数字化创新支撑上。而酒、饮料和精制茶制造业，黑色金属冶炼及压延加工业，化学原料及化学制品制造业等行业，在各数字化创新水平指标上是落后于其他行业的，其中数字化创新投入与其他行业相比差距最大。以上说明，中国制造业数字化创新水平展现出行业差异性，数字技术密集型行业，如计算机、通信和其他电子设备制造业等在数字化创新方面展现出天然的技术支撑优势，该行业借助此优势，不断推进数字化创新；传统制造业行业不仅在数字化创新支撑上处于劣势，而且无法及时响应时代要求，增加数字化创新投入。因此，这些制造业行业还需要很长一段时间发展。由此得出，缩小行业间差距是制造业高质量发展的必经之路。

表4　行业企业数及企业数字化创新水平指标得分均值情况统计

单位：家

行业名称	行业企业数	数字化创新	数字化创新投入	数字化创新支撑	数字化创新产出
仪器仪表制造业	35	27.04	3.74	24.75	5.64
计算机、通信和其他电子设备制造业	254	21.24	5.52	17.81	5.15
通用设备制造业	106	16.36	1.36	15.22	3.75
专用设备制造业	161	15.06	3.28	13.43	2.85

行业名称	行业企业数	数字化创新	数字化创新投入	数字化创新支撑	数字化创新产出
电气机械及器材制造业	179	13.78	2.56	11.49	4.26
铁路、船舶、航空航天和其他运输设备制造业	38	9.82	2.48	8.73	1.67
金属制品业	47	9.61	0.72	8.58	2.87
农副食品加工业	38	7.70	2.63	5.98	2.2
汽车制造业	94	7.64	1.17	6.37	2.58
食品制造业	39	6.49	1.35	5.25	2.20
纺织业	31	6.13	0.00	5.88	1.54
非金属矿物制品业	71	5.90	1.28	5.23	1.21
医药制造业	170	5.77	1.08	5.17	1.22
酒、饮料和精制茶制造业	37	5.70	0.92	4.47	2.35
橡胶和塑料制品业	60	5.60	0.89	4.88	1.55
黑色金属冶炼及压延加工业	30	5.11	0.93	4.57	1.12
有色金属冶炼及压延加工业	63	4.89	1.73	4.21	0.71
化学原料及化学制品制造业	184	4.71	0.91	4.27	0.92

资料来源：根据收集到的数据整理。

进一步选取上述数字化创新水平指标得分前 10 名的制造业行业 2016～2021 年数字化创新得分均值，图 5 显示了不同制造业行业数字化创新平均水平历年的趋势。从图中可以看出，2016～2021 年，制造业行业数字化创新水平指标得分均值呈现上下波动的趋势，并没有呈现稳步上升的趋势。具体来说，仪器仪表制造业，计算机、通信和其他电子设备制造业，电气机械及器材制造业以及通用设备制造业这 4 个高水平行业波动较大，并且在 2021年处于历年中最低水平。其他行业呈现出轻微波动趋势，许多行业在 2016年或者 2020 年处于最高水平，和以上 4 个行业相同的是，这些行业在 2021年处于最低水平。与前文对企业的分析结果一样，这种现象不仅表现在企业层面，在行业层面也有所体现。其中的原因，需要后续深入研究，但是本报告可以指出，无论是企业还是制造业各个行业，都存在数字化创新动力不足、无法持续创新、对数字化创新重视程度不够的问题。

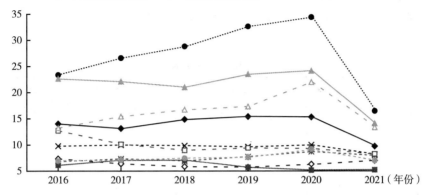

图5　2016~2021年行业数字化创新水平指标得分趋势

（三）省份层面分析

前文分别分析了企业层面与行业层面的数字化创新水平情况，接下来本报告通过各省份样本企业数字化创新水平指数的均值，来刻画这些省份制造企业的数字化创新水平，描述各省份的差距以及各省份历年的变化趋势，为各省份制造业政策的制定和实施提供数据支持。下面以各省份样本A股制造企业数目为基准，重点对平均数量超过100家企业的省份展开阐述，具体有广东省（285家）、浙江省（232家）、江苏省（222家）、山东省（132家）、上海市（105家）以及北京市（102家）。表5的数据与前文行业层面分析中的一样，均为各省份企业历年的平均数据。

从各省份样本企业数量来看，各省份样本企业数量分布呈现出较大差异。具体而言，沿海地区如广东省、浙江省、江苏省以及上海市等的制造企业分布相对密集。在数字化创新水平上，也是这些省份表现较好，其中北京市、广东省以及上海市在各方面领跑全国。与之相反的是，东部地区与西部地区，如云南省、西藏自治区、山西省以及内蒙古自治区等的制造企业数量

较少，且数字化创新水平表现相对较差。从细分指标差异角度来看，其中数字化创新支撑呈现出较大差异，该环节的薄弱导致省份总体数字化创新水平较低。因此，建立健全的数字化创新支撑环节，为制造企业提供信心，敢于投入数字化转型，是制造业高质量发展的必要前提。

表5　省份数字化创新水平汇总

省份	数字化创新	数字化创新投入	数字化创新支撑	数字化创新产出
北京市	22.02	5.26	19.38	4.18
广东省	16.13	2.67	13.84	4.56
上海市	14.70	2.03	13.84	2.47
天津市	12.33	2.75	10.28	3.46
湖北省	11.21	3.67	8.52	3.62
重庆市	10.96	1.31	10.53	1.67
四川省	10.75	4.77	8.10	2.62
江苏省	10.38	1.91	8.89	2.84
福建省	9.90	1.22	9.06	2.23
浙江省	9.46	1.00	8.53	2.47
陕西省	9.20	1.68	8.44	1.63
黑龙江省	9.12	1.56	7.95	2.37
辽宁省	8.48	1.40	7.67	1.79
湖南省	8.45	2.05	7.05	2.27
河南省	8.41	1.56	7.39	2.01
江西省	7.46	0.78	6.69	2.03
山东省	7.35	2.19	5.74	2.30
河北省	7.32	1.32	6.06	2.39
新疆维吾尔自治区	7.13	0.44	6.70	1.68
安徽省	6.87	1.26	5.71	2.20
广西壮族自治区	6.29	1.41	5.13	1.98
青海省	6.21	0.11	5.05	2.97
甘肃省	5.96	1.54	5.15	1.24
吉林省	5.79	0.91	5.03	1.61
宁夏回族自治区	5.69	0.63	4.27	2.89
内蒙古自治区	5.68	3.22	4.04	1.28

省份	数字化创新	数字化创新投入	数字化创新支撑	数字化创新产出
贵州省	5.61	0.60	4.86	1.81
海南省	5.48	1.11	4.32	2.07
山西省	5.31	1.23	4.88	0.74
西藏自治区	4.71	0.00	4.64	1.00
云南省	4.31	1.27	3.67	0.89

资料来源：根据收集到的数据整理。

就广东省而言，首先，广东省是我国制造业的"排头兵"。据统计，在"十三五"时期，广东省规模以上工业增加值由2015年的2.94万亿元增加至2020年的3.31万亿元。广东省在持续推动工业经济产业结构优化和效益提升方面，取得了明显成效。并且，广东省拥有大量互联网头部企业，如华为、腾讯等，为广东省制造业数字化发展提供数字基础建设及数字解决方案。数字技术赋能产业创新是制造业高质量发展的必然选择，也将支撑广东省数字化产业持续领跑，技术创新和场景驱动双向发力。广东省在数字化创新各个指标上仍然处于领先地位。其中，数字化创新产出位居全国第一，数字化创新支撑仅低于北京市，位居全国第二。未来可继续加强数字化创新支撑建设和加大数字化创新投入，以实现制造业稳步向高质量发展迈进。

2021年，浙江省制造业规模实力跨上新台阶，规模以上工业增加值首次突破2万亿元，规模以上工业企业数首次突破5万家。伴随数字经济时代的到来，浙江省在全国率先探索构建了"产业大脑+未来工厂"的基本形态，产业数字化指数连续3年位居全国第一，数字经济核心产业增加值较2016年实现翻番，数字经济发展水平走在全国前列。浙江省在数字化创新各个指标上仅仅处于中等偏上水平。可以看出，浙江省虽然制造企业数量多，但整体数字化创新水平表现不是很好。未来可加强与阿里巴巴等头部互联网企业的合作，为制造企业数字化赋能，培育一批高质量的数字化制造企业。

北京市与上海市作为重要的一线城市，在制造业发展水平上也不落后，均坚决贯彻制造业是实体经济的主体，是城市核心竞争力的重要支撑，推进制造业高质量发展的原则。在数字经济时代，北京市高端产业增势良好，高技术制造业、战略性新兴产业增加值比上年分别增长 1.1 倍和 89.2%，两年平均增长 52.5% 和 43.7%。在数字化创新各个指标上，北京市处于领先水平。其中，数字化创新支撑与数字化创新投入均位居全国第一。上海市发挥自身产业基础和资源禀赋优势，以集成电路、生物医药、人工智能三大先导产业为引领，大力发展电子信息、生命健康、高端装备等产业，从而推动制造业数字化创新发展。在数字化创新中，上海市处于领先水平，其中在数字化创新支撑上与广东省并列全国第二。

就江苏省与山东省来说，二省在制造业发展质量上并没有广东省优异，在高端制造业上与广东省仍存在差距。在数字化创新水平上，各个评价指标表现平平。目前，江苏省与山东省制造业数字化底层设计与环境支持无法与广东省、上海市相比拟。

本报告进一步统计了 2016~2021 年各省份数字化创新水平指标得分均值。为了使得均值具有统计意义，图 6 为保留样本企业数量在 65 个及以上的部分省市历年均值情况。可以看出，2016~2021 年，与行业层面趋势一样，各省市数字化创新水平指标得分均值呈现出上下波动的趋势，并没有呈现出稳步上升的趋势。其中北京市波动较大，并且呈现出逐年下降的趋势，在 2021 年处于历年最低水平。其他省市呈现轻微波动的趋势，许多省市在2016~2020 年呈现出稳步上升的趋势，于 2020 年达到最高值，在 2021 年下降至较低水平。与前文对企业层面、行业层面的分析结果一样，这种现象在省份层面也有所体现。

这种现象的出现，从侧面说明，2021 年制造业数字化创新水平是不升反降的，这种"断崖式"的下降值得注意，显然这种现象的出现并不是巧合，也不是某个企业、行业或者省份内部造成的。本报告认为，这种现象的出现必定与制造企业内部发展环境和外部发展环境相关。从企业内部来说，企业在运营、生产、销售等各个环节均已实现数字化或企业正处于数字化转

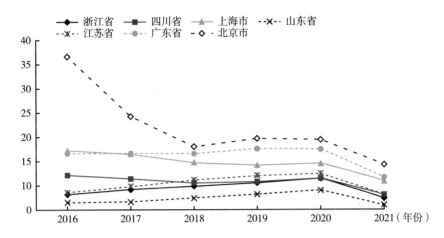

图6　2016~2021年各省市数字化创新水平指标得分均值情况

型时期，比较容易遇到"瓶颈"。从企业外部来说，一方面，由于国内疫情的影响，制造企业大量员工无法按期返岗，这对制造企业造成了十分严重的影响；另一方面，疫情导致全球经济萎靡不振，这对我国制造业发展造成了一定的负面影响。另外，西方打压造成的技术封锁，给我国制造业带来了新的挑战。因此，制造企业更应该主动拥抱数字化、推动智能制造、提升持续进行数字化创新的能力，来迎接未来各种各样的挑战。

以上分析结果表明，样本企业处于不同的数字化创新阶段。因此，在数字化创新投入、数字化创新产出及数字化创新支撑上表现出差异性，进而数字化创新水平也参差不齐。处于不同的数字化创新阶段的样本企业对数字化创新的理解及转型路径也不尽相同，所以企业本身对不同方面的重视程度及展现出的结果也有差异。造成这种差异的原因包括三个方面。第一，制造企业数字化创新主要包括数字技术引导产品、流程、商业模式升级以及产生新的服务与组织方式，因此对数字技术高度依赖。又因为不同企业对数字技术的掌握存在差距，不同类型制造企业的数字技术发展水平展现出差异性。第二，企业所在地区的环境也发挥着至关重要的作用，不同地区的数字化政策、数字人才储备及数字经济发展状况存在较大差异，这种差异也决定着企业的数字化创新水平。第三，企业面临的合作、竞争及行业环境也有所不

同。换言之，积极的环境对制造企业数字化转型升级起着正向推进作用，相反，恶意竞争、互不信任、行业内管理方式与技术严格保密等情况，则不利于企业转型升级。因此，构建一套科学有效的制造企业数字化创新水平评价指标体系至关重要，该指标体系可以准确地反映企业总体数字化创新水平，并为企业数字化发展指明方向，进而为制造企业数字化转型升级策略的制定提供参考。

六 数字化创新水平空间相关性分析

本报告所选择的样本企业有限，在对各省份制造业数字化创新水平进行刻画时，采用该省份当年全部样本企业数字化创新水平均值，来衡量该省份当年制造业数字化创新水平，完整数据见附录2。样本企业数据来自内地31个省份，不包括台湾省、香港特别行政区及澳门特别行政区，本报告进一步利用该数据研究制造企业数字化创新水平空间相关性。

制造业数字化创新水平空间分布存在一定的集聚特征，为深入探究其空间相关性及特点，更好地发挥优势地区带动辐射效应，本报告利用全局莫兰指数与局部莫兰指数对研究区域的制造业进行空间相关性分析。表6为2016~2021年31个省份数据的全局莫兰指数检验结果。

表6 2016~2021年31个省份数据的全局莫兰指数检验结果

年份	I	E(I)	Sd(I)	z	P-value*
2016	0.237437	−0.033333	0.009023	2.850564	0.004364 ***
2017	0.230919	−0.033333	0.011979	2.414368	0.015763 **
2018	0.173759	−0.033333	0.013204	1.802259	0.071505 *
2019	0.191493	−0.033333	0.013182	1.958178	0.050209 *
2020	0.202050	−0.033333	0.014142	1.979367	0.047775 **
2021	0.048866	−0.033333	0.013163	0.716458	0.473709

注：***、** 和 * 分别表示在1%、5%和10%的显著性水平上显著。
资料来源：根据ArcGIS运行结果整理。

可以看出，只有 2021 年未通过检验，其余考察年份的全局莫兰指数均大于 0，且都通过了至少 10% 的显著性检验。这表明在 2016~2020 年，中国制造业省级层面数字化创新水平的空间分布不是随机游走的，而是存在明显的空间正相关性的，即对于一个制造业数字化创新水平较高的省份来说，至少存在一个数字化创新水平较高的省份与之相邻，对于一个制造业数字化创新水平较低的省份来说，至少存在一个数字化创新水平较低的省份与之相邻。据此可以推断出，中国制造业数字化创新水平的空间溢出效应逐步凸显，且区域带动作用明显，这一变化对提升制造业整体数字化创新水平、缩小区域差距具有重要意义。从全局莫兰指数的变化趋势来看，2016~2020 年，制造业数字化创新水平空间关联度呈现波动下降的趋势，空间关联度从 2016 年的 0.237 下降至 2018 年的 0.174，再上升至 2020 年的 0.202，但相较于 2016 年，仍然下降了 0.035，甚至在 2021 年未通过检验，表明空间相关性总体是减弱的。

2016~2020 年全局莫兰指数的显著性证实了我国制造业数字化创新水平空间相关性的存在，要进一步分析我国哪些省份存在空间集聚现象，则需要对局部莫兰指数进一步分析。本报告采用局部莫兰指数散点图和 LISA（Local Indicators of Spatial Association）聚集图来研究各省份制造业数字化创新水平的相关情况。局部莫兰指数散点图的构成包括 4 个象限：第一象限代表高观测值的区域单元被同是高观测值的区域所包围的空间联系形式（高—高聚集区）；第二象限代表低观测值的区域单元被高观测值的区域所包围的空间联系形式（低—高聚集区）；第三象限代表低观测值的区域单元被同是低观测值的区域所包围的空间联系形式（低—低聚集区）；第四象限代表高观测值的区域单元被低观测值的区域所包围的空间联系形式（高—低聚集区）。LISA 聚集图则是在散点图的基础上，通过局部莫兰指数检验的区域聚集情况，进一步将结果呈现在地图上的一种形式。除了散点图的 4 个聚集区域外，该图中还标记了不显著的区域以及无数据的区域。考虑到篇幅以及历年散点图差异不大，本报告只给出了 2016 年的局部莫兰指数散点图。

散点图如图 7 所示。散点图显示大部分省份落在了第一、第三象限，说明中国各省份之间制造业数字化创新水平高—高聚集与低—低聚集的现象比较普遍，而低—高聚集与高—低聚集的现象比较少。

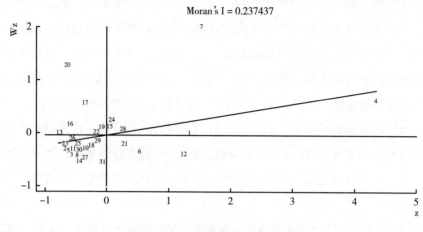

图7　2016年局部莫兰指数散点图

整体来看，表7显示呈现高—高聚集的主要包括北京市、天津市和广东省3个省市。这些省市制造业数字化创新水平高，周边区域数字化创新水平也高。北京市和天津市是中国的两个直辖市，各方面联系比较紧密，这两个省市形成高—高聚集区，辐射带动作用不明显。未来应该借助其优势带动周边区域制造业数字化创新发展，扩大聚集区范围，形成京津冀地区的高—高聚集区。珠三角地区的广东省是中国制造业强省，制造业数字化创新水平高，周边区域制造业数字化创新水平也高，足以见得广东省对周边区域起到了不小的带动作用，但是却没有形成聚集区。未来应该借助其优势，增强辐射效应，扩大聚集区范围，形成珠三角地区的高—高聚集区。呈现低—高聚集并且通过显著性检验的主要是江西省，该省份制造业数字化创新水平低，但周边区域数字化创新水平较高。主要因为江西省与广东省相邻，二省制造业数字化创新水平形成鲜明的对比，但受到广东省的辐射带动效应又很弱。呈现低—低聚集并且通过显著性检验的主要包括内蒙古自治区、新疆维吾尔自治区、云南省和西藏自治区4个省区。这些省区制造业数字化创新水平低，周边区域数字化创新水平也低，不利于制造业数字化创新的发展。它们处于中西部内陆地区，各方面发展条件受限，导致数字化创新环境较差，难以受到辐射带动效应，彼此之间容易形成对资源的恶性竞争，缺乏合作共赢。要想打破这种局面，必须加强与制造业数字化创新水平高的地区的合作，利用各自优势资源与国家政策支持引进适合扎根本地的制造企业，增强数字化创新意识。呈现高—低聚集并且通过显著性检验的主要有黑龙江省和四川省两个省份。

表7　制造业数字化创新水平聚集汇总

年份	高—高聚集	低—高聚集	低—低聚集	高—低聚集
2016	北京市、天津市、广东省	—	内蒙古自治区	—
2017	北京市、天津市、广东省	—	内蒙古自治区、新疆维吾尔自治区	四川省
2018	北京市、天津市、广东省	江西省	新疆维吾尔自治区	四川省
2019	北京市、天津市、广东省	江西省	新疆维吾尔自治区、云南省	四川省
2020	北京市、广东省	—	新疆维吾尔自治区、西藏自治区、云南省	黑龙江省

资料来源：根据数据分析整理。

从不同年份来看，高—高聚集区几乎没有发生变化。2020年天津市脱离了聚集区；低—高聚集区中的江西省在2018~2019年通过了显著性检验，而在其他年份未通过显著性检验；低—低聚集区变化较大，从2016年的东北地区转移到2020年的中西部地区；高—低聚集区变化不大，2017~2019年江西省连续通过了显著性检验，2020年仅有黑龙江省通过了显著性检验。其中，高—高聚集区的范围并没有随着时间推移而扩大，说明在2016~2020年，我国制造业数字化创新水平高的省份没有起到很好的辐射带动作用。该现象出现的原因还需要后续研究得出，但不可忽略的是国际形势等对我国制造业数字化创新的影响，这导致发展停滞甚至出现后退。未来应该借助制造业数字化创新水平高的省份的优势，辐射周边省份，最终形成范围更大的高—高聚集区，例如，以北京市、天津市为代表的京津冀高—高聚集区，以广东省为代表的珠三角高—高聚集区。同时加强与制造业数字化创新水平高的省份的合作，缩小低—低聚集区的范围。

七 建议与展望

（一）主要结论

本报告基于创新价值链理论及相关文献构建了制造企业数字化创新水平评价指标体系，结合熵值法赋权，构建了客观评价模型，并采用全局莫兰指数与局部莫兰指数对各省份制造业数字化创新水平空间相关性进行了检验。基于此种思路，得到的指标体系更加科学、完善，弥补了已有研究在确定指标权重时单纯依靠主观或者客观评价的不足。制造企业数字化创新水平评价指标体系的构建，有利于政府和企业把握数字化转型进度，及时做出政策与企业战略调整，具有重要的理论和实践意义。通过莫兰指数检验各省份制造业数字化创新水平空间相关性，阐述各省份制造业数字化创新发展的相关性，为政策调整及制造业发展提供参考。具体研究结论包括以下几个方面。

第一，本报告构建了科学合理的制造企业数字化创新水平评价指标体系。制造企业数字化进程属于技术创新范畴，从生产角度来看，制造企业数字化也是经历从创新投入到创新成果达成的一个多阶段、多要素投入的价值链转移过程，主要由创新投入、创新知识凝聚、创新成果达成3个阶段组成。本报告根据创新价值链理论，把制造企业的数字化创新划分为3个阶段，分别是数字化创新投入，与创新投入和基础研究投入阶段对应；数字化创新支撑，与创新知识凝聚和应用研究阶段对应；数字化创新产出，与创新成果达成和实验发展阶段对应。其中，创新投入主要为数字基础建设；创新知识凝聚包括内部环境与外部环境凝聚；创新成果达成包括数字化创新成果与数字化创新应用。本报告构建的指标体系可以客观且全面地反映制造企业数字化创新水平。从企业角度看，该指标体系不仅可以测度整体数字化创新水平，还可以判断企业在数字化创新进程中每个环节与阶段的表现情况，为企业调整方案及战略提供科学有效的支撑。从政府角度看，该指标体系可以帮助政府客观准确地评估制造企业数字化创新水平现状，从而有针对性地调整指导政策，避免资源浪费与重复建设等问题。

第二，进一步使用熵值法刻画了1817家A股制造业上市企业数字化创新水平。整体上，制造业数字化转型升级还有一段很长的路要走，当然也不缺乏表现优异的企业，例如，创维数字（000810）、华工科技（000988）和天地科技（600582）。行业层面显示计算机、通信和其他电子设备制造业，专用设备制造业以及通用设备制造业行业领先于其他制造业行业。省份层面显示广东省、北京市以及上海市数字化创新水平领先于其他省份。本报告的研究结果能为企业数字化创新提供参考，将新兴的数字技术与传统业务流程深度融合，最终产生新产品、新服务以及新商业模式，为制造业赋能。

第三，检验了各个省份制造业数字化创新水平的空间相关性。本报告采用全局莫兰指数与局部莫兰指数进行了空间相关性检验。全局莫兰指数检验结果显示，中国各省份制造业数字化创新水平在2016~2020年显著正相关，在2021年不相关。局部莫兰指数检验结果显示，在中国各省份制造业数字化创新水平中，北京市、天津市和广东省这3个省市呈现高—高聚集；江西省呈现低—高聚集；内蒙古自治区、新疆维吾尔自治区、云南省和西藏自治区这4个省区呈现低—低聚集；黑龙江省和四川省这两个省呈现高—低聚集。预计在未来，利用高水平省份制造业的辐射效应，带动周边省份制造业数字化创新发展是必要的。

（二）对策建议

第一，加强创新要素数字化，构建数字化创新生态系统。数字化创新不仅是创新成果的数字化产出能力，更是整个创新范式的转型。因此只有完善数字化创新的配套制度以及加强生态系统建设，才能实现数字化创新从量变到质变的提高，促进创新主体的数字化转型。在数字经济下，制造企业内部应该率先提高数字化创新的战略地位，加大对数字化创新的研发投入，提高数字化成果的商业价值，从而形成数字化的研发生产流程及服务；制造企业外部应该分析数字化市场需求变化，做出合理决策，并积极参与数字化创新背景下的商业模式建立，与政府、高校、科研机构密切联系，创建良好的数

字化创新环境以支撑企业数字化转型升级。政府要发挥对数字化创新的催化作用，加强对市场监管、数字化创新成果的保护，积极投资基础建设，为企业数字化创新提供最基础的保障。

第二，加强数字技术的研发与应用。制造企业应该主动拥抱数字化，向智能化过渡。数字技术的深层次应用，可以帮助企业提高员工的协作效率，提高生产与运营的透明度，帮助企业更高效地应对市场需求的波动。制造企业应更加注重推进柔性自动化生产线的应用，建立智能工厂。同时，应着力提升物流供应链的智能化水平，提升供应链的抗风险能力。

第三，发挥优势地区辐射效用，增强区域数字化创新空间均衡性。中国各省份制造业数字化创新水平发展存在空间相关性与空间分异性，因此要充分利用好优势地区的辐射效应与溢出效应。地区之间要加强合作，将优势地区的数字化成果及经验传输到周边区域，将一些数字化业务迁移到周边区域，做好数字化资源合理分配，提高数字化创新效率，促进区域一体化发展。在未来应该借助制造业数字化创新水平高的省份的优势，辐射周边省份，最终形成范围更大的高—高聚集区。例如，以北京市、天津市为代表的京津冀高—高聚集区，以广东省为代表的珠三角高—高聚集区。低—低聚集区主要处于中西部内陆地区，各方面条件落后，数字化创新受到制约，周边区域制造业数字化创新环境差，辐射带动效应发挥受阻，彼此间比较容易形成对数字资源的恶性竞争，缺少合作机会。要想打破这个窘迫的局面，必须加强与我国东部地区制造企业的合作，利用各自优势资源与政策，发展特色产业，学习其数字化转型理念，加强其数字化创新意识，逐步提高制造业数字化创新水平，进而缩小低—低聚集区的范围。

（三）意义与展望

本报告从创新价值链理论切入并结合制造企业数字化创新相关概念，从数字化创新投入、数字化创新支撑与数字化创新产出3个维度构建了制造企业数字化创新水平评价指标体系。在评价方法上，弥补主观评价方法的缺陷，采用熵值法进行赋权，通过数据库以及文本分析数据，研究了1817个A股制造业上市企业的数字化创新水平。评价结果显示，本报告所建立的指标体系是可行的，其评价结果能够准确、客观地反映制造企业数字化创新实际情况。本报告补充了学术界对制造企业数字化创新水平评价的研究，丰富了创新价值链理论应用场景，提出了一种"创新投入—创新支撑—创新产出"的研究范式。

参考文献

陈劲、李佳雪：《数字科技下的创新范式》，《信息与管理研究》2020年第Z1期。

范柏乃、吴晓彤、李旭桦：《城市创新能力的空间分布及其影响因素研究》，《科学学研究》2020年第8期。

江鹃等：《劳动力结构变化影响制造业结构升级的实证研究》，《科学决策》2018年第8期。

李婉红、王帆：《数字创新、战略柔性与企业智能化转型——考虑环境复杂性的调节效应》，《科学学研究》2023年第3期。

李习保：《区域创新环境对创新活动效率影响的实证研究》，《数量经济技术经济研究》2007年第8期。

李小青、何玮萱：《数字化创新、营商环境与企业高质量发展——基于新一代信息技术产业上市公司的经验证据》，《科学学与科学技术管理》2022年第11期。

廖民超等：《创新生态系统下的企业数字创新能力：内涵重构与量表开发》，《软科学》2022年第5期。

刘华军、曲惠敏：《中国城市创新力的空间格局及其演变》，《财贸研究》2021年第1期。

刘婷婷：《R&D投入、创新机制与经济增长——新技术指标体系下的理论分析与实证检验》，《南开经济研究》2017年第3期。

刘洋、董久钰、魏江：《数字创新管理：理论框架与未来研究》，《管理世界》2020年第7期。

刘洋、应震洲、应瑛：《数字创新能力：内涵结构与理论框架》，《科学学研究》2021年第6期。

刘正阳等：《商业模式对企业绩效的影响探究——基于新能源上市企业数据》，《管理评论》2019年第7期。

宋砚秋、胡军、齐永欣：《创新价值转化时滞效应模型构建及实证研究》，《科研管理》2022年第3期。

王海燕、郑秀梅：《创新驱动发展的理论基础、内涵与评价》，《中国软科学》2017

年第 1 期。

王军、邹广平、石先进：《制度变迁对中国经济增长的影响——基于 VAR 模型的实证研究》，《中国工业经济》2013 年第 6 期。

王伟光、张钟元、侯军利：《创新价值链及其结构：一个理论框架》，《科技进步与对策》2019 年第 1 期。

王新成、李垣：《首席信息官、企业领导者与企业数字创新》，《科技进步与对策》2022 年第 13 期。

吴非等：《企业数字化转型与资本市场表现——来自股票流动性的经验证据》，《管理世界》2021 年第 7 期。

谢卫红等：《数字化创新研究的知识结构与拓展方向》，《经济管理》2020 年第 12 期。

谢卫红等：《数字化创新：内涵特征、价值创造与展望》，《外国经济与管理》2020 年第 9 期。

徐君、郭鑫、蒋雨晨：《中国区域数字创新能力评价及空间相关性与分异性研究》，《软科学》2022 年第 11 期。

闫俊周、姬婉莹、熊壮：《数字创新研究综述与展望》，《科研管理》2021 年第 4 期。

阳立高等：《人力资本积累影响制造业结构升级的实证研究》，《科学决策》2018 年第 3 期。

余江等：《数字创新：创新研究新视角的探索及启示》，《科学学研究》2017 年第 7 期。

余泳泽：《中国区域创新活动的"协同效应"与"挤占效应"——基于创新价值链视角的研究》，《中国工业经济》2015 年第 10 期。

余泳泽、刘大勇：《我国区域创新效率的空间外溢效应与价值链外溢效应——创新价值链视角下的多维空间面板模型研究》，《管理世界》2013 年第 7 期。

张延林、邓福祥、唐洪婷：《CIO 自身技能、需求方领导力与数字化创新》，《管理评论》2021 年第 11 期。

A. Hanelt et al. , Digital M&A, "Digital Innovation, and Firm Performance：An Empirical Investigation," *European Journal of Information Systems* 2020（11）.

K. H. Lee, B. Min, "Green R&D for Eco-innovation and Its Impact on Carbon Emissions and Firm Performance," *Journal of Cleaner Production* 2015（108）.

D. Autor, D. Dorn, "The Growth of Low Skill Service Jobs and the Polarization of the US Labor Market," *American Economic Review* 2013（5）.

D. E. Bailey, P. M. Leonardi, S. R. Barley, "The Lure of the Virtual," *Organization Science* 2012（5）.

D. Nylen, J. Holmstrom, "Digital Innovation Strategy：A Framework for Diagnosing and

Improving Digital Product and Service Innovation," *Business Horizons* 2015 (1).

F. Yu et al. , "Enterprise Digitalisation and Financial Performance: The Moderating Role of Dynamic Capability," *Technology Analysis & Strategic Management* 2021 (3).

F. Svahn, L. Mathiassen, R. Lindgren, "Embracing Digital Innovation in Incumbent Firms: How Volvo Cars Managed Competing Concerns," *MIS Quarterly* 2017 (7).

J. Huang et al. , "Growing on Steroids: Rapidly Scaling the User Base of Digital Ventures through Digital Innovation," *MIS Quarterly* 2017 (1).

M. T. Hansen, J. Birkinshaw, "The Innovation Value Chain," *Harvard Business Review* 2007 (6).

O. Henfridsson et al. , "Recombination in the Open-ended Value Landscape of Digital Innovation," *Information and Organization* 2018 (2).

R. D. Austin, L. Devin, E. E. Sullivan, "Accidental Innovation," *Organization Science* 2012 (5).

R. G. Fichman, B. L. Dos Santos, Z. E. Zheng, "Digital Innovation as a Fundamental and Powerful Concept in the Information Systems Curriculum," *MIS Quarterly* 2014 (2).

R. J. Boland, K. Lyytinen, Y. Yoo, "Wakes of Innovation in Project Networks: The Case of Digital 3 – D Representations in Architecture, Engineering, and Construction," *Organization Science* 2007 (4).

S. Bharadwaj, A. Bharadwaj, E. Bendoly, "The Performance Effects of Complementarities between Information Systems, Marketing, Manufacturing, and Supply Chain Processes," *Information Systems Research* 2007 (4).

S. F. Jahanmir, J. Cavadas, "Factors Affecting Late Adoption of Digital Innovations," *Journal of Business Research* 2018 (88).

S. Khin, T. C. F. Ho, "Digital Technology, Digital Capability and Organizational Performance: A Mediating Role of Digital Innovation," *International Journal of Innovation Science* 2018 (11).

S. Nambisan et al. , "Digital Innovation Management: Reinventing Innovation Management Research in a Digital World," *MIS Quarterly* 2017 (1).

T. Abrell et al. , "The Role of Users and Customers in Digital Innovation: Insights from B2B Manufacturing Firms," *Information & Management* 2016 (3).

Y. Yoo, O. Henfridsson, K. Lyytinen, "Research Commentary-The New Organizing Logic of Digital Innovation: An Agenda for Information Systems Research," *Information Systems Research* 2010 (4).

附录1

2016~2021年前20名制造业上市企业各数字化创新水平指标得分

股票代码	企业名称	年份	总得分	数字化创新投入	数字化创新产出	数字化创新支撑
000063	中兴通讯	2016	55.58	22.19	42.24	25.34
000063	中兴通讯	2017	54.66	16.47	46.03	24.67
000063	中兴通讯	2018	58.79	19.33	52.62	23.88
000063	中兴通讯	2019	57.83	19.33	50.38	24.19
000063	中兴通讯	2020	55.22	10.76	53.60	23.34
000063	中兴通讯	2021	56.86	25.04	58.96	15.22
000100	TCL集团	2016	69.73	19.33	22.29	54.51
000100	TCL集团	2017	66.49	19.33	14.10	55.93
000100	TCL集团	2018	67.28	30.76	6.01	56.43
000100	TCL集团	2019	60.39	13.61	2.93	58.69
000100	TCL集团	2020	59.94	10.76	2.93	59.52
000100	TCL集团	2021	50.37	10.76	0.17	50.62
000725	京东方A	2016	97.52	0	12.90	100
000725	京东方A	2017	81.03	0	5.13	86.51
000725	京东方A	2018	36.45	0	4.37	37.68
000725	京东方A	2019	80.68	2.86	9.84	81.91
000725	京东方A	2020	21.12	0	3.33	21.36
000725	京东方A	2021	16.03	0	5.25	14.56
000810	创维数字	2016	71.26	94.29	41.72	9.38
000810	创维数字	2017	75.77	97.14	44.57	11.30
000810	创维数字	2018	77.95	94.29	48.25	12.78
000810	创维数字	2019	65.13	62.86	45.54	14.93
000810	创维数字	2020	78.72	62.86	62.32	19.69
000810	创维数字	2021	40.33	22.86	44.81	6.60
000988	华工科技	2016	37.98	48.74	4.40	16.63
000988	华工科技	2017	50.82	71.6	8.93	17.39
000988	华工科技	2018	51.36	74.45	10.71	15.57
000988	华工科技	2019	49.41	71.6	6.33	17.42
000988	华工科技	2020	51.67	71.6	10.59	17.32
000988	华工科技	2021	33.81	60.17	1.42	8.50
002121	科陆电子	2016	43.28	17.14	20.25	27.53

续表

股票代码	企业名称	年份	总得分	数字化创新投入	数字化创新产出	数字化创新支撑
002121	科陆电子	2017	50.70	20	28.40	29.42
002121	科陆电子	2018	51.66	17.14	29.82	30.95
002121	科陆电子	2019	46.16	17.14	16.98	32.72
002121	科陆电子	2020	48.39	20	16.42	34.20
002121	科陆电子	2021	24.63	2.86	11.23	19.08
002152	广电运通	2016	26.52	0	17.32	18.78
002152	广电运通	2017	29.62	0	23.58	18.39
002152	广电运通	2018	62.53	68.57	27.25	20.56
002152	广电运通	2019	62.85	60	34.43	20.52
002152	广电运通	2020	61.01	37.14	39.35	26.14
002152	广电运通	2021	34.02	8.57	33.43	13.24
002415	海康威视	2016	36.88	0	36.01	18.83
002415	海康威视	2017	47.97	17.14	40.83	20.15
002415	海康威视	2018	54.24	25.71	42.27	22.20
002415	海康威视	2019	79.33	37.14	74.63	24.84
002415	海康威视	2020	100	51.43	100	25.53
002415	海康威视	2021	54.18	0	78.20	12.18
002537	海联金汇	2016	37.40	8.57	38.48	13.89
002537	海联金汇	2017	44.87	0	55.94	15.47
002537	海联金汇	2018	60.38	2.86	80.77	16.12
002537	海联金汇	2019	45.54	5.71	52.45	15.69
002537	海联金汇	2020	54.37	2.86	62.84	20.43
002537	海联金汇	2021	26.60	0	30.93	10.55
002747	埃斯顿	2016	48.24	16.47	31.25	26.61
002747	埃斯顿	2017	64.34	22.19	44.33	33.75
002747	埃斯顿	2018	68.30	16.47	42.43	41.96
002747	埃斯顿	2019	69.09	19.33	35.13	45.96
002747	埃斯顿	2020	69.74	16.47	40.99	44.43
002747	埃斯顿	2021	33.34	10.76	16.99	21.51
300024	机器人	2016	35.16	10.76	19.57	21.95
300024	机器人	2017	36.94	10.76	16.09	26.04
300024	机器人	2018	42.85	16.47	16.67	29.56
300024	机器人	2019	46.99	16.47	18.24	33.18
300024	机器人	2020	60.40	16.47	31.42	39.96

续表

股票代码	企业名称	年份	总得分	数字化创新投入	数字化创新产出	数字化创新支撑
300024	机器人	2021	39.13	16.47	15.50	26.16
300161	华中数控	2016	36.14	28.57	10.61	20.20
300161	华中数控	2017	42.99	31.43	18.20	21.80
300161	华中数控	2018	46.95	28.57	15.08	29.43
300161	华中数控	2019	60.88	31.43	37.74	29.65
300161	华中数控	2020	76.58	57.14	35.66	36.29
300161	华中数控	2021	39.86	22.86	25.32	17.99
300353	东土科技	2016	58.01	0	39.43	40.10
300353	东土科技	2017	49.70	0	45.68	27.09
300353	东土科技	2018	42.83	2.86	42.55	20.07
300353	东土科技	2019	49.62	0	54.06	21.88
300353	东土科技	2020	55.05	0	61.90	23.09
300353	东土科技	2021	28.60	0	28.79	14.07
300462	华铭智能	2016	47.78	74.29	0.45	17.96
300462	华铭智能	2017	60.05	100	4.57	17.02
300462	华铭智能	2018	42.93	65.71	1.98	15.66
300462	华铭智能	2019	59.20	82.86	11.66	19.75
300462	华铭智能	2020	58.99	80	13.44	19.76
300462	华铭智能	2021	52.34	88.57	5.34	13.35
300531	优博讯	2016	47.16	45.71	13.06	22.90
300531	优博讯	2017	44.35	37.14	13.70	23.39
300531	优博讯	2018	45.50	40	15.98	21.94
300531	优博讯	2019	52.77	54.29	16.61	22.93
300531	优博讯	2020	55.31	48.57	24.50	23.59
300531	优博讯	2021	23.48	5.71	15.79	13.69
600401	海润光伏	2016	10.18	0	0	11.30
600401	海润光伏	2017	50.15	0	0	55.50
600401	海润光伏	2018	51.13	0	0	56.58
600401	海润光伏	2019	51.13	0	0	56.58
600401	海润光伏	2020	51.13	0	0	56.58
600401	海润光伏	2021	51.13	0	0	56.58
600582	天地科技	2016	64.74	75.30	1.51	35.60
600582	天地科技	2017	54.75	75.30	6.42	21.56
600582	天地科技	2018	47.19	75.30	3.57	14.94

续表

股票代码	企业名称	年份	总得分	数字化创新投入	数字化创新产出	数字化创新支撑
600582	天地科技	2019	51.88	75.30	3.94	19.90
600582	天地科技	2020	55.80	81.01	5.28	20.74
600582	天地科技	2021	55.43	99.67	1.89	13.71
601727	上海电气	2016	75.98	0	6.47	80.10
601727	上海电气	2017	75.19	0	3.25	81.20
601727	上海电气	2018	40.51	0	11.81	37.63
601727	上海电气	2019	28.17	0	18.75	19.74
601727	上海电气	2020	32.73	0	20.34	23.81
601727	上海电气	2021	20.57	0	13.50	14.54
601766	中国中车	2016	60.61	64.54	6.14	33.23
601766	中国中车	2017	48.75	64.54	8.12	18.90
601766	中国中车	2018	43.03	64.54	9.12	11.96
601766	中国中车	2019	42.68	64.54	9.59	11.29
601766	中国中车	2020	47.40	64.54	19.71	10.32
601766	中国中车	2021	43.07	64.54	13.91	9.07
603609	禾丰股份	2016	4.67	0	0	5.21
603609	禾丰股份	2017	47.08	10.76	0	47.09
603609	禾丰股份	2018	50.61	21.51	0	45.98
603609	禾丰股份	2019	50.97	21.51	0	46.37
603609	禾丰股份	2020	52.30	21.51	1.94	46.66
603609	禾丰股份	2021	50.28	21.51	0	45.61

注：为保留更多的企业进行分析，那些退市企业是按照插值法进行确定数据填充的。

资料来源：根据制造业上市企业数据计算得出。

附录2

2016~2021年省份数字化创新水平汇总

单位：个

省份	年份	中值	平均值	25百分位	75百分位	90百分位	计数
安　徽	2016	4.44	5.31	2.28	7.74	9.41	62
安　徽	2017	4.31	6.23	2.21	8.33	11.81	62
安　徽	2018	3.92	7.09	2.09	10.76	12.96	62
安　徽	2019	4.02	7.66	2.24	11.93	17.67	61
安　徽	2020	5.88	8.86	2.78	12.80	18.68	63

续表

省份	年份	中值	平均值	25百分位	75百分位	90百分位	计数
安　徽	2021	4.76	6.07	2.15	7.12	12.63	63
北　京	2016	33.51	36.51	29.74	38.22	45.90	101
北　京	2017	20.58	24.17	16.47	27.52	36.90	101
北　京	2018	15.15	17.99	10.23	22.63	34.68	102
北　京	2019	17.95	19.73	9.86	26.04	35.36	103
北　京	2020	18.32	19.44	9.90	25.42	34.67	101
北　京	2021	12.14	14.33	8.90	16.42	23.65	101
福　建	2016	9.35	8.96	5.13	11.49	15.92	61
福　建	2017	7.35	8.24	4.02	11.42	15.50	61
福　建	2018	7.51	9.26	3.82	13.36	16.86	62
福　建	2019	8.46	10.67	4.34	16.63	20.19	63
福　建	2020	11.97	12.79	5.90	19.08	22.10	63
福　建	2021	9.19	9.40	5.47	13.47	14.52	62
甘　肃	2016	3.64	4.40	2.70	5.10	8.11	18
甘　肃	2017	3.75	5.20	3.34	4.66	10.00	18
甘　肃	2018	3.95	5.45	3.40	7.08	9.46	18
甘　肃	2019	4.07	6.37	3.55	5.89	13.35	18
甘　肃	2020	5.97	8.02	4.68	10.80	15.89	19
甘　肃	2021	5.14	6.16	4.03	6.69	9.29	19
广　东	2016	15.98	16.63	11.44	20.66	26.08	287
广　东	2017	15.70	16.68	10.43	21.07	28.23	287
广　东	2018	15.38	16.62	10.24	20.52	29.61	286
广　东	2019	17.79	17.61	9.69	22.18	29.80	285
广　东	2020	16.64	17.55	9.31	23.15	30.08	284
广　东	2021	10.62	11.61	7.78	13.64	18.47	282
广　西	2016	3.12	3.71	2.15	4.34	7.27	16
广　西	2017	4.68	5.96	2.96	6.97	13.50	16
广　西	2018	3.21	5.40	2.09	4.62	14.71	16
广　西	2019	3.80	5.63	2.71	5.10	12.37	16
广　西	2020	7.19	9.22	4.89	10.38	18.89	16
广　西	2021	6.21	7.83	4.39	10.44	14.62	16
贵　州	2016	4.15	5.11	3.53	4.93	10.71	15
贵　州	2017	3.85	5.81	3.28	6.61	11.30	15
贵　州	2018	4.74	6.08	3.99	5.73	14.08	15

续表

省份	年份	中值	平均值	25百分位	75百分位	90百分位	计数
贵 州	2019	4.30	6.81	3.63	7.02	16.59	15
贵 州	2020	4.14	5.84	3.38	5.14	12.55	15
贵 州	2021	3.61	4.04	2.86	4.15	6.35	15
海 南	2016	4.20	4.57	3.75	4.54	6.66	9
海 南	2017	4.47	5.31	3.29	7.05	8.42	9
海 南	2018	5.02	5.39	3.52	6.33	8.93	10
海 南	2019	4.41	5.36	3.57	6.08	9.03	10
海 南	2020	5.80	6.19	3.85	8.58	9.19	10
海 南	2021	6.07	5.97	3.87	7.73	8.71	10
河 北	2016	4.67	6.42	3.21	10.03	13.46	36
河 北	2017	5.14	6.74	2.92	9.24	13.44	36
河 北	2018	4.69	7.30	2.22	10.01	15.12	36
河 北	2019	5.49	8.43	2.21	12.21	17.54	36
河 北	2020	5.95	9.18	2.38	13.25	18.71	36
河 北	2021	4.73	5.79	2.24	7.79	12.52	35
河 南	2016	5.32	6.97	2.89	9.18	13.29	55
河 南	2017	4.78	6.93	2.12	10.52	12.25	55
河 南	2018	4.40	7.62	2.32	11.74	16.02	55
河 南	2019	6.78	10.38	2.87	13.94	22.76	56
河 南	2020	7.94	10.97	2.71	14.55	23.75	57
河 南	2021	4.51	7.52	2.82	10.06	16.39	57
黑龙江	2016	7.65	8.44	6.51	10.22	12.71	19
黑龙江	2017	5.63	7.07	4.06	9.65	11.64	19
黑龙江	2018	5.19	7.21	4.02	9.84	11.74	19
黑龙江	2019	5.29	8.10	3.76	10.82	15.36	19
黑龙江	2020	11.38	13.37	9.12	16.00	19.54	19
黑龙江	2021	10.62	10.54	9.64	12.23	13.24	19
湖 北	2016	7.34	10.64	2.57	14.72	26.14	58
湖 北	2017	9.24	11.63	2.68	15.34	25.35	58
湖 北	2018	8.09	11.21	2.25	13.18	25.47	58
湖 北	2019	12.28	12.68	3.33	15.45	25.52	58
湖 北	2020	13.14	13.63	3.20	17.48	25.81	58
湖 北	2021	6.41	7.50	3.03	8.01	13.54	58
湖 南	2016	5.27	7.64	3.74	9.95	13.30	52

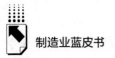

续表

省份	年份	中值	平均值	25百分位	75百分位	90百分位	计数
湖　南	2017	5.97	7.98	3.94	10.42	14.82	52
湖　南	2018	5.64	8.07	3.48	11.10	16.35	52
湖　南	2019	5.65	9.37	3.48	14.10	19.26	52
湖　南	2020	6.21	9.87	3.93	14.66	19.35	52
湖　南	2021	5.76	7.78	3.75	8.47	13.15	53
吉　林	2016	4.59	4.86	2.31	5.22	8.48	22
吉　林	2017	3.94	5.40	2.58	6.54	13.40	22
吉　林	2018	3.59	6.59	1.91	6.78	16.50	22
吉　林	2019	3.49	7.04	1.94	5.91	15.06	22
吉　林	2020	3.78	6.77	2.16	8.13	13.09	23
吉　林	2021	3.28	4.09	1.72	5.09	8.03	23
江　苏	2016	7.13	8.70	4.14	10.31	16.36	222
江　苏	2017	7.51	9.84	3.98	12.64	17.93	222
江　苏	2018	9.18	11.12	4.30	14.34	21.42	221
江　苏	2019	9.92	12.06	4.32	15.92	23.25	223
江　苏	2020	9.67	12.42	4.25	17.34	23.46	222
江　苏	2021	6.60	8.12	3.81	9.90	12.83	222
江　西	2016	3.49	4.81	1.99	5.13	9.25	26
江　西	2017	5.85	7.10	2.68	9.49	13.72	27
江　西	2018	3.79	6.46	2.82	7.66	13.99	28
江　西	2019	5.25	7.62	2.59	12.47	16.16	28
江　西	2020	8.83	11.25	4.07	14.44	22.23	29
江　西	2021	7.05	7.21	4.14	10.09	11.43	31
辽　宁	2016	5.20	6.42	3.69	7.49	11.50	40
辽　宁	2017	5.49	7.77	3.20	9.72	12.48	39
辽　宁	2018	6.02	8.65	2.57	10.90	15.87	38
辽　宁	2019	4.81	9.16	2.47	12.21	15.53	38
辽　宁	2020	5.70	10.81	3.35	15.37	18.91	38
辽　宁	2021	5.21	8.16	2.34	8.13	10.49	38
内蒙古	2016	4.07	5.03	2.97	6.27	8.24	17
内蒙古	2017	4.04	5.26	3.04	7.00	9.74	17
内蒙古	2018	4.56	5.32	3.41	6.92	9.34	17
内蒙古	2019	5.53	6.39	2.77	7.18	11.85	17
内蒙古	2020	5.21	6.31	2.85	7.28	12.24	17

续表

省份	年份	中值	平均值	25百分位	75百分位	90百分位	计数
内蒙古	2021	5.24	5.76	2.42	7.34	9.96	17
宁　夏	2016	4.35	5.64	2.97	6.04	10.68	9
宁　夏	2017	4.69	5.89	3.06	6.79	10.93	9
宁　夏	2018	5.47	6.42	3.45	6.17	12.83	9
宁　夏	2019	2.82	5.39	2.03	5.02	13.31	9
宁　夏	2020	3.28	5.92	2.24	5.11	15.13	9
宁　夏	2021	3.26	4.87	1.84	4.72	10.00	9
青　海	2016	3.97	5.86	3.58	6.68	10.54	9
青　海	2017	3.52	5.30	2.57	5.38	11.37	9
青　海	2018	4.42	6.41	2.72	6.87	13.74	9
青　海	2019	4.08	7.20	3.63	9.96	14.64	9
青　海	2020	4.43	7.45	3.06	8.51	16.41	9
青　海	2021	3.49	4.91	2.99	6.77	8.96	8
山　东	2016	4.87	6.55	2.96	8.22	12.60	132
山　东	2017	4.36	6.71	2.53	8.12	13.40	132
山　东	2018	4.68	7.49	2.26	9.07	15.21	132
山　东	2019	5.18	8.28	2.31	12.27	17.66	131
山　东	2020	5.93	9.08	2.65	13.17	18.99	131
山　东	2021	4.53	5.98	2.37	7.45	10.13	131
山　西	2016	4.23	5.10	3.75	5.09	8.67	21
山　西	2017	3.65	4.95	3.37	5.04	8.72	21
山　西	2018	3.10	4.77	2.85	4.09	10.25	21
山　西	2019	3.92	5.80	2.81	5.81	14.16	20
山　西	2020	3.66	6.08	2.89	4.61	16.02	20
山　西	2021	3.72	5.20	2.67	5.19	10.57	21
陕　西	2016	8.24	7.82	5.58	9.75	12.62	29
陕　西	2017	7.52	7.51	4.63	9.46	12.74	29
陕　西	2018	8.35	8.13	3.97	12.47	13.09	29
陕　西	2019	10.57	9.35	3.64	13.37	15.80	28
陕　西	2020	13.96	13.16	7.87	18.59	21.04	28
陕　西	2021	9.55	9.40	6.50	11.79	15.85	28
上　海	2016	15.18	17.25	13.60	18.09	22.07	106
上　海	2017	14.44	16.49	12.34	18.26	21.28	106
上　海	2018	12.55	14.71	10.24	17.90	22.43	106

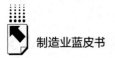

续表

省份	年份	中值	平均值	25百分位	75百分位	90百分位	计数
上 海	2019	11.51	14.19	8.58	18.04	20.98	105
上 海	2020	10.77	14.64	8.38	17.99	25.83	104
上 海	2021	9.40	10.89	7.43	11.62	15.89	105
四 川	2016	11.94	12.16	3.38	17.05	22.01	66
四 川	2017	9.35	11.45	3.57	15.32	22.11	66
四 川	2018	7.34	10.55	4.43	13.91	19.36	65
四 川	2019	6.40	10.77	3.75	15.29	19.91	65
四 川	2020	6.13	11.43	4.10	16.47	21.68	65
四 川	2021	5.47	8.13	3.75	8.89	18.35	66
天 津	2016	16.62	18.53	13.94	20.15	25.07	25
天 津	2017	12.76	14.46	9.85	16.97	20.98	25
天 津	2018	10.15	10.78	4.92	13.20	16.39	25
天 津	2019	10.25	11.43	4.51	14.08	23.27	25
天 津	2020	10.41	10.98	5.03	14.97	22.06	25
天 津	2021	6.98	7.78	4.28	11.05	12.56	25
西 藏	2016	6.83	5.73	4.65	6.96	7.16	8
西 藏	2017	4.67	4.16	4.16	4.83	4.96	8
西 藏	2018	4.78	4.32	3.32	5.05	5.11	8
西 藏	2019	4.52	4.38	4.18	4.61	4.86	8
西 藏	2020	4.82	5.17	4.52	5.28	6.57	8
西 藏	2021	4.31	4.47	4.09	4.72	5.28	8
新 疆	2016	5.53	6.04	4.07	6.95	7.56	22
新 疆	2017	5.78	7.07	4.55	9.02	10.76	23
新 疆	2018	5.98	7.40	4.46	8.92	13.46	23
新 疆	2019	6.08	7.70	4.96	6.96	15.53	23
新 疆	2020	5.66	7.74	5.15	7.30	16.94	23
新 疆	2021	5.95	6.81	4.69	7.95	10.58	23
云 南	2016	3.90	4.65	3.37	5.01	10.22	20
云 南	2017	2.89	4.04	2.30	3.93	11.51	20
云 南	2018	3.00	4.31	2.24	4.16	11.51	20
云 南	2019	2.82	4.20	2.03	4.66	11.50	20
云 南	2020	2.79	4.65	2.48	4.35	11.52	20
云 南	2021	2.87	4.01	2.35	3.83	11.48	20
浙 江	2016	6.98	8.24	4.63	10.14	14.24	233

省份	年份	中值	平均值	25百分位	75百分位	90百分位	计数
浙　江	2017	7.73	9.23	4.84	11.54	15.44	232
浙　江	2018	8.50	9.88	4.82	12.88	17.49	232
浙　江	2019	8.54	10.52	4.16	14.24	17.67	233
浙　江	2020	8.99	11.51	4.49	16.13	20.70	232
浙　江	2021	6.65	7.39	3.86	9.06	12.88	231
重　庆	2016	7.36	10.44	6.84	8.45	15.54	21
重　庆	2017	5.93	9.01	4.80	7.17	14.29	21
重　庆	2018	4.60	5.89	3.35	5.73	8.65	21
重　庆	2019	3.92	6.76	3.08	9.92	11.93	21
重　庆	2020	15.29	17.31	13.29	18.69	22.64	21
重　庆	2021	14.73	16.36	13.23	17.00	22.31	21

资料来源：根据收集到的数据整理。

行 业 篇
Industrial Reports

B.2
新一代电子信息产业研究报告（2023）

王如玉　卓则良　陈镇镜　胡强　谭敏珊*

摘　要： 本报告首先阐述了新一代电子信息产业的概念与范围，对全国新
一代电子信息产业及主要区域的产业集聚情况进行了分析。其次
对新一代电子信息产业的集聚态势进行了分析，阐释了产业由传
统地理空间集聚模式向以数据和信息实时交换为核心的网络虚拟
集聚模式转变的机制。重点分析了新一代电子信息产业的典型虚
拟集聚模式，即生产环节围绕核心企业的供应链虚拟集聚、消费
环节围绕满足碎片化和个性化消费需求的电商平台虚拟集聚，以
及围绕标准和行业联盟的产业虚拟集聚。本报告还对广东省的新
一代电子信息产业现状、优势与问题进行了调研分析。针对广东
省新一代电子信息产业存在的"卡脖子"技术突出、城市间产

---

* 王如玉，博士，广东工业大学经济学院教授，主要研究方向为数字经济、产业集聚、空间
经济等；卓则良，广东工业大学经济学院硕士研究生；陈镇镜，广东工业大学经济学院硕
士研究生；胡强，广东工业大学经济学院硕士研究生；谭敏珊，广东工业大学经济学院硕
士研究生。

业发展极不平衡、投资未能得到有效利用，提出了相应的对策，主要有增强创新能力，提高科研投入质量以及培育虚拟产业集群，推进跨区域协同发展。

关键词： 电子信息　产业集聚　虚拟集聚

一　新一代电子信息产业的概念与范围

（一）新一代信息技术产业

国务院在 2010 年 10 月 10 日公布的《国务院关于加快培育和发展战略性新兴产业的决定》中最先提出了新一代信息技术产业这一概念。要求立足国情，努力实现重点领域快速健康发展。要根据战略性新兴产业的发展阶段和特点，进一步明确发展的重点方向和主要任务，统筹部署，集中力量，加快推进新一代信息技术产业发展。加快建设宽带、泛在、融合、安全的信息网络基础设施，推动新一代移动通信、下一代互联网核心设备和智能终端的研发及产业化，加快推进三网融合，促进物联网、云计算的研发和示范应用。着力发展集成电路、新型显示、高端软件、高端服务器等核心基础产业。提升软件服务、网络增值服务等信息服务能力，加快重要基础设施智能化改造。大力发展虚拟数字等技术，促进文化创意产业发展。

新一代信息技术产业是指运用更高端、更先进技术的信息技术产业，其与传统的信息技术产业相比，具有知识密集程度和资本密集程度更高的特点，因此相应的经济回报率也更高。

2018 年 11 月 26 日，国家统计局以《国民经济行业分类》（GB/T 4754—2017）为基础，发布了《战略性新兴产业分类（2018）》，文件将新一代信息技术产业分为下一代信息网络产业、电子核心产业、新兴软件和新

型信息技术服务产业、互联网与云计算大数据服务产业、人工智能产业5大类（见表1）。

下一代信息网络产业：采用新一代信息技术发展演进和融合的信息网络，提供语言、数据、图像等综合多媒体通信业务。

电子核心产业：处于电子信息产业链的前端，是计算机及网络、发展通信、数字音频等系统和终端产品的关键。

新兴软件和新型信息技术服务产业：依托新一代信息技术和网络形成的信息服务新业态。软件业务中科技含量高、专业业务能力强、附加值高的新兴产品和技术服务。

表1 新一代信息技术产业分类

主要类别	明细类别
下一代信息网络产业	网络设备；新型计算机及信息终端设备；信息安全设备；新一代移动通信网络服务
电子核心产业	集成电路；新型电子元器件；电子专用设备仪器；高储能和关键电子材料
新兴软件和新型信息技术服务产业	新兴软件开发；网络与信息安全软件开发；互联网安全服务；新型信息技术服务
互联网与云计算大数据服务产业	工业互联网及支持服务；互联网平台服务；云计算与大数据服务；互联网相关信息服务
人工智能产业	智能消费设备制造；人工智能软件开发；人工智能系统服务

资料来源：《战略性新兴产业分类（2018）》。

新一代信息技术产业链由上游、中游、下游构成，如图1所示。其中上游是电子信息核心基础产业，它在整个产业链中是最具有关键基础作用的部分，主要包括半导体器件与通信器件。中游是下一代信息网络产业，主要通过对广播、通信、网络的提升更好地实现基于此的应用，主要涉及通信网络与网规网优及解决方案等。下游即新一代信息技术应用，它涉及通信应用、技术应用、行业应用多个方面。

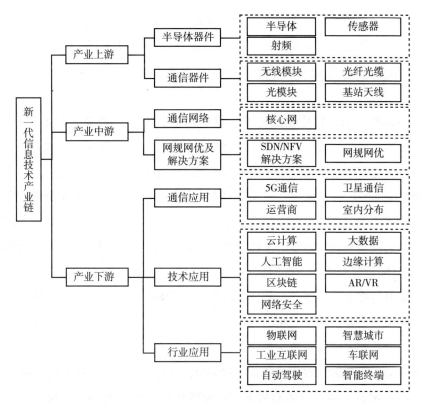

图1 新一代信息技术产业链

资料来源：《战略性新兴产业分类（2018）》。

（二）新一代电子信息产业

根据《广东省发展新一代电子信息战略性支柱产业集群行动计划（2021—2025年）》，新一代电子信息产业包含国民经济行业分类中的计算机制造、广播电视设备制造、通信设备制造、雷达及配套设备制造、非专业视听设备制造、智能消费设备制造、电子器件制造、电子元件及电子专用材料制造、其他电子元件制造，共9项中类36项小类。

新一代信息技术产业与新一代电子信息产业的概念现在经常被混用、通用。新一代信息技术产业与新一代电子信息产业的范围大部分重叠，并不完全一致。新一代电子信息产业不包括新一代信息技术产业中软件相关和服

务相关细分行业，仅包含其中制造类相关细分行业；新一代信息技术产业包括新一代电子信息产业中核心的计算机制造、通信设备制造、电子器件制造、智能消费设备制造、其他电子元件制造、电子元件及电子专用材料制造。

2015 年以来，智能化的电子信息技术产品不断出现在人们的生活中，人工智能、机器学习、大数据、神经网络等技术飞速发展并不断取得突破性进展，在电子信息制造业中使用这些新技术，生产出来的智能化产品，最后应用到交通、医疗、家电、汽车等日常生活的方方面面，丰富了电子信息产业的使用场景，扩大了电子信息产业的规模，为电子信息产业的发展不断注入新的血液和动力。传统电子信息产业链由上游的电子材料产业，中游的电子元器件/硬件产业，下游的软件和信息服务产业组成，也就是说，电子信息产业链传统上分为硬件、软件、服务 3 个领域。这 3 个领域组合成一个系统，如果一个客户想要应用一套电子信息产品的功能，就需要购买相应的硬件、软件及其配套的服务，倘若缺失了其中一项，这项服务功能就不能使用或者不能发挥最大的效用。现今，随着电子信息产业日趋智能化，并且在互联网应用越来越丰富的趋势下，产业链也由传统模式向智能模式发展演变。新一代电子信息产业可以划分为 3 个层面，即终端层面、网络层面、云层面。其中终端层面就是传感器、操作系统等基础终端，它是面向用户的应用，也是信息的交互平台；网络层面是互联网、物联网应用连接在一起的基础设施，希望将各种终端应用互相连接成网，从而实现终端互联互通、互相共享；云层面即指云计算、大数据、人工智能等最新的尖端技术，它通过将设备接入互联网，利用网络资源进行数据的计算、运行和处理等工作，云层面的接入能大大节约资源，增强设备性能，降低企业成本。

二　我国新一代电子信息产业集聚态势分析

"北上广"作为我国经济发达城市的代表，吸引了众多人才和产业的流入，地区的信息化发展速度较快。与此同时，"北上广"地区由于对外贸易频繁，许多外商投资和技术引入使得地区的信息技术发展有着较高的增速，信息化程度高，因此其电子信息产业的产值相对较高。产业集聚是提高生产效率的有效途径，电子信息产业集聚可以促进产业间协同创新发展，有利于知识溢出和技术创新的发展，可以实现电子信息产业相关资源的合理配置。

本报告选取了2005～2020年，全国3个主要工业区域的电子信息产业产值信息，以及第二产业和第三产业总产值信息，以探究各个省份的电子信息产业集聚的区位熵。数据主要来源于各省份的统计年鉴、国泰安数据库、《中国信息统计年鉴》，个别缺失值用插值法补充。

（一）理论概述

产业集聚的测量方法有许多，常见的有赫芬达尔—赫希曼指数、空间基尼系数和区位熵指数。本报告借鉴赖红波、谢子远等人的测量方法选择区位熵指数测量全国几个主要区域省份的电子信息产业的集聚程度。具体的测算公式为：

$$LQ_i = \left(\frac{e_{ij}}{e_i}\right) \Big/ \left(\frac{e_{kj}}{e_k}\right)$$

上式中，LQ_i 为 i 省份的产值区位熵，e_{ij} 为 i 省份电子信息产业 j 的工业总产值，e_i 为 i 省份的第二产业和第三产业总产值，e_{kj} 为全国电子信息产业 j 的总产值，e_k 为全国第二产业和第三产业总产值，其中 $k>i$，在这里定义 i 为中国的各个省份，k 为全国。若 $LQ_i<1$，表明该省份电子信息产业的空间集群水平低于全国水平，且不具有专业化优势；若 $LQ_i=1$，表明该省份电子信息产业的空间集群水平等于全国水平，专业化发展水平与全国水平一致；若 $LQ_i>1$，表明该省份电子信息产业的空间集群水平高于全国水平，具有专业化优势；若 $LQ_i>1.5$，甚至 $LQ_i>2$，表明该省份专业化发展水平极高且存在产业集群。

（二）主要区域的产业集聚

1. 全国的电子信息产业集聚的区位熵情况

从 2005 年到 2020 年，全国电子信息产业集聚度是提升的，核心的集聚区域是广东、京津冀地区和江浙沪地区（见表 2）。

表 2　全国 2005 年和 2020 年电子信息产业集群的区位熵

省份	2020 年	2005 年	省份	2020 年	2005 年
北　京	1.196	1.326	山　东	0.177	0.586
天　津	1.719	2.376	湖　北	0.489	0.202
河　北	0.154	0.082	广　东	3.002	2.567
内蒙古	0.087	0.104	广　西	0.441	0.067
辽　宁	0.309	0.338	海　南	0.016	0.046
吉　林	0.072	0.038	重　庆	1.807	0.084
黑龙江	0.016	0.028	四　川	0.733	0.312
上　海	1.062	2.084	贵　州	0.229	0.144
江　苏	1.545	1.751	云　南	0.272	0.021
浙　江	0.695	0.621	陕　西	0.535	0.257
安　徽	0.198	0.200	甘　肃	0.125	0.043
福　建	0.741	1.289	青　海	0.033	0.001
江　西	1.192	0.112			

2. 京津冀地区电子信息产业集聚

京津冀地区电子信息产业集聚情况如图 2 所示，可以看出在 3 个地区中，天津的产业集聚程度较高，区位熵的值基本在 1 以上，个别年份达到了 2 以上。北京的产业集聚区位熵则围绕在 1 附近，这意味着京津冀地区的电子信息产业基本分布在天津和北京。而河北在京津冀地区的电子信息产业集聚区位熵是最低的，这可能和河北当地的工业发展重点不一样有关。

电子信息产业作为天津的传统优势产业，其产值在天津工业总产值中的占比一直保持在 20% 以上。电子信息产业中的计算机设备、移动通信和新型元器件产业不仅是天津工业发展中的龙头产业，而且在全国工业中也具有领先地位，在产业竞争中占据优势。河北的工业主要以钢铁、航空等传统重

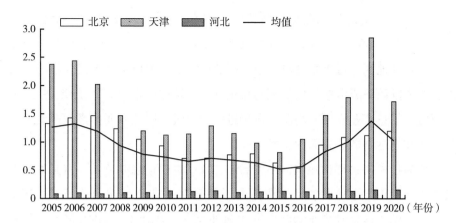

图2　2005～2020年京津冀地区电子信息产业集聚区位熵

资料来源：《中国信息统计年鉴》，各省市的统计年鉴，国泰安数据库。

工业为主，因此电子信息产业的集聚水平相对偏低。

3. 江浙沪地区电子信息产业集聚

江浙沪地区电子信息产业集聚情况如图3所示，上海和江苏的集聚区位熵基本在1以上，两地区有些年份的区位熵也达到了2以上。浙江的产业集聚区位熵则比较低，区位熵都是小于1的，这或许与当地的产业发展政策有关。这也说明了江浙沪地区的电子信息产业主要集聚在上海和江苏。

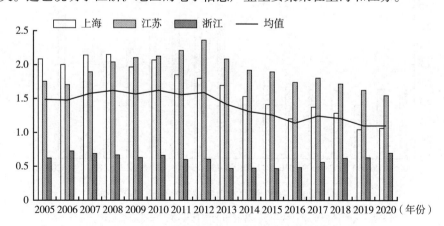

图3　2005～2020年江浙沪地区电子信息产业集聚区位熵

资料来源：《中国信息统计年鉴》，各省市的统计年鉴，国泰安数据库。

2020年,上海的工业增加值达到了9656.51亿元,其中电子信息制造业的产值为6466.23亿元,同比增速为5.3%。上海是中国电子信息产业发展比较早的地区,近年来其电子信息产业的发展主要以集成电路为核心,同时,着力推动集成电路规模扩大与自主创新。按照国家2035年的发展目标,上海电子信息产业需要向高质量发展进一步迈进,因此需要提高生产能力并且加快在先进制造业方面的研发速度。

作为技术密集型和知识密集型的制造业,电子信息制造业一直是外商直接投资(FDI)的重点领域,江苏电子信息制造业也不例外。2011~2015年,江苏电子信息制造业港澳台资本和外商资本合计年均2045亿元,位居全国第一。同期,广东位居全国第二,年均1639亿元,而江浙沪地区除了上海为788亿元外,其他省份均不超过200亿元。

江苏的工业实力主要体现在钢铁、化工、纺织、机械等传统优势产业上,因此其电子信息产业相对来说是在江浙沪地区中集聚程度较低的。

4. 广东(珠三角地区)的电子信息产业集聚

广东的制造业工厂以珠三角地区居多,其区位熵都在2.2以上,如图4所示。

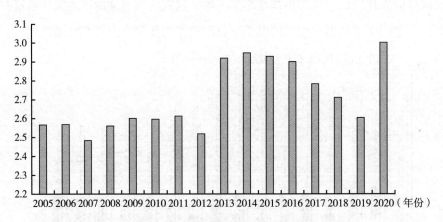

图4　2005~2020年广东电子信息产业集聚区位熵

资料来源:《中国信息统计年鉴》,各省市的统计年鉴,国泰安数据库。

可以看出，广东的电子信息产业集聚程度是比较高的，这也说明了广东的电子信息产业专业化发展水平较高。广东是中国经济第一省，而电子信息产业是广东最大的产业，是广东的支柱产业。电子信息工业产值在 2019 年达 4.3 万亿元，工业增加值约 9000 亿元，连续 29 年位居全国第一，占全省工业产值的 29.4%。

5. 北京、上海、广东的电子信息产业集聚比较

从北京、上海和广东 3 个地区的电子信息产业集聚区位熵来看，广东的电子信息产业集聚区位熵一直处于领先地位，上海和北京的电子信息产业集聚区位熵则依次往后排，如图 5 所示。

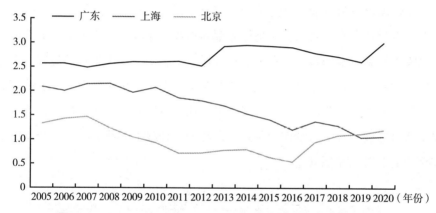

图 5　2005～2020 年北京、上海、广东电子信息产业集聚区位熵

资料来源：《中国信息统计年鉴》，各省市的统计年鉴，国泰安数据库。

广东的电子信息产业拥有众多的人力和技术设备资源，广东也一直是国家电子信息产业的重地，相对来说，上海和北京电子信息产业集聚发展是比不上广东的。

三　新一代电子信息产业虚拟集聚分析

（一）新一代电子信息产业虚拟集聚的机制

从产业空间集聚的角度看，新一代电子信息产业是一个资本密集、人才

密集、技术密集的高新技术产业，一直以来体现了较明显的地理空间集聚特征，主要的集聚区在京津冀地区、长三角地区和珠三角地区。以细分行业电子元器件为例，生产电子元器件的上游企业为下游电子厂商提供生产电子产品需要的电子零部件，从而形成较发达的电子信息产业集聚区，这是传统产业链模式下，产业空间集聚的一个典型形态。

但新一代信息技术的快速发展大为降低了企业与企业之间的地理空间关联度，促使企业之间从原先的地理空间集聚模式，向以数据和信息实时交换为核心的网络虚拟集聚模式转变。物联网、云计算等技术导致产业中的上下游企业在地理空间中的依存度降低。平台商业模式的兴起，使得满足消费者的异质性需求成为可能。这意味着，产业上下游之间并不是按照固定的生产工序绑定生产合作关系的，而是任务型的连接。这改变了原来依靠地理位置近来规避交易成本的做法，实现了对选择成本、交易成本的自动规避，企业可以更便利地选择合作伙伴与服务消费对象，也可以更快捷地与上下游厂商进行信息交流。因此，产业集聚减少了对地理位置近的依赖，进而在信息网络空间中形成一种更为紧密的关系，发展为一种线上和线下融合的产业虚拟集聚的新形态（见图6）。

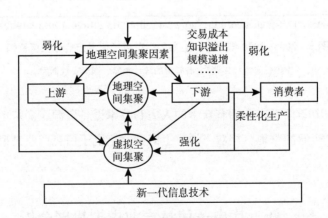

图6 虚拟集聚机制

虚拟集聚与地理集聚，都是"空间集聚"，它们的相同之处在于"集聚"：都是产业集聚的形态；都是资源的空间配置方式。不同之处在于"空间"：依托的空间不同，一个是互联网上的虚拟空间，一个是真实的地理空间；空间的大小不同，一个是可以随信息技术的发展充分扩展的，一个是受自然地理条件及由此引发的人文社会环境局限的；虚拟空间信息传递的时效性更强；虚拟空间有更多的产品终端消费者参与其中。

（二）新一代电子信息产业虚拟集聚的模式

虚拟集聚的模式仍在不断创新，目前可以观察到电子信息产业出现了 3 种典型的虚拟集聚模式。

1. 生产环节围绕核心企业的供应链虚拟集聚

围绕核心企业的需求，上下游企业利用信息系统与核心企业高度集成，但在地理空间上可分布在全球。比如，围绕苹果 iPhone 生产的上下游产业集聚。苹果公布的截至 2021 会计年度前 200 大供应链名单显示，全球各地的 190 家企业供应了苹果 98% 的原料、制造、组装等项目，这些企业来自中国、美国、日本、欧洲、韩国、新加坡等国。苹果 18 家总装工厂，其中 16 家为台资工厂，包括富士康 7 家、广达 3 家、和硕 2 家。所有工厂中，14 家位于中国，2 家位于美国，1 家位于欧洲，1 家位于南美。围绕 iPhone 的生产，苹果公司建立了覆盖全球的生产供应链管理体系，这种资源要素的配置形式正是建立在强大、高效的互联网信息系统之上的。传统上下游企业需要依靠地理位置近来减弱供应链的"长鞭效应"，而通过高效的信息系统和强生产计划性，上下游企业在生产环节能实时透明传递生产信息，极大减少了对地理空间的依赖。

2. 消费环节围绕满足碎片化和个性化消费需求的电商平台虚拟集聚

比如京东、阿里巴巴的消费与生产的集聚模式。以阿里巴巴为例，2020 财年，阿里巴巴数字经济体的消费型商业业务成交额突破 7 万亿元，成为全球最大的移动经济实体，年收入超 5000 亿元，拥有的活跃消费者超 7 亿名。淘宝线上现在有 950 万家卖家，在地理空间上分布广泛。阿里研究院发布的《中国淘宝村研究报告》显示，截至 2020 年底，有 5425 个淘宝村，1756 个淘宝镇，覆盖了 27 个省份。

3.围绕标准和行业联盟的产业虚拟集聚

产业链上的核心环节共同推动产业协调发展，但合作可能是跨区域的，是全国性或者全球性的。比如NB-IoT产业联盟，NB-IoT聚焦于低功耗广覆盖（LPWA）物联网（IoT）市场，是一种可在全球范围内广泛应用的新兴技术，从纵向来看，目前已形成"底层芯片—模组—终端—运营商—应用"的完整产业链。为确保不同厂家的解决方案和业务的互联互通，与NB-IoT所有产业伙伴合作，促进NB-IoT产业未来的快速发展及商用部署，2016年2月，华为等20家企业共同发起成立了NB-IoT Forum，这个组织涵盖了芯片、终端、模组、运营商各环节的众多厂家和组织，在全球范围内推进在NB-IoT技术领域的资源优化配置，2020年NB-IoT全球连接数已超1亿个。这种产业资源配置也与传统空间集聚的形式有较大的不同，是一种新的产业虚拟集聚模式。

四 广东省新一代电子信息产业情况

（一）总量规模大，增长动力强劲

新一代电子信息产业是广东省支柱产业中最具活力、最具创新性的产业之一，具有资本技术及知识高度密集、产业附加值高、辐射带动性强等的特点，在广东省工业体系中占有重要地位，也是世界各国抢占的战略制高点。经过多年的培育发展，广东省新一代电子信息产业已形成较为完整的产业发展体系，技术创新能力大幅提升，龙头企业实力显著增强，生态体系进一步完善，对经济社会发展的支撑引领作用全面凸显，成为我国重要的新一代电子信息产业基地之一。但广东省新一代电子信息产业在发展过程中，仍存在关键领域"卡脖子"、核心技术攻关持续性投入不足、部分领域处于产品价值链中低端、产业链协同联动发展不足等问题。为进一步做大做强广东省新一代电子信息产业，实现从"世界工厂"向"广东创造"的转变，建设世界级新一代电子信息产业集群。在此背景下，2020

年5月20日，广东省出台了《广东省人民政府关于培育发展战略性支柱产业集群和战略性新兴产业集群的意见》，旨在通过顶层设计，统筹推进新一代电子信息产业发展。

2020年9月28日，广东省工业和信息化厅联合广东省发改委等单位制定印发了《广东省发展新一代电子信息战略性支柱产业集群行动计划（2021—2025）》（以下简称《行动计划》）。《行动计划》提出了广东省到2025年新一代电子信息产业发展的5个具体目标。一是创新能力明显增强。力争建设2个国家级制造业创新中心，重点龙头骨干企业研发投入强度超过6%。二是产业规模持续扩大。新一代电子信息产业营业收入达6.6万亿元。三是产业布局更加完善。建成新一代信息通信（5G）园区5个、智能终端产业基地5个、半导体元器件及智能传感器产业基地5个。四是国际化水平不断提升。集群更加开放，集聚和配置全球智慧和资源，全面参与全球产业分工合作，深度融入全球价值链和供应链。五是骨干企业竞争力增强。培育一批具备国际竞争力和品牌影响力的行业领军企业、具有创新引领作用的"独角兽"企业，打造细分行业领域"单项冠军"企业。

2021年，广东省电子信息产业全年营业收入达4.56万亿元，规模连续31年位居全国第一，成为支撑广东省经济发展的主导力量。广东省电子信息产业以珠江东岸电子信息产业带为集聚区，在智能终端、信息通信、集成电路设计等领域具有良好产业基础，5G手机、通信设备、计算机整机等产品产量居全国前列。

2017~2021年，广东省新一代电子信息产业增加值整体呈上升态势（见图7）。2021年，广东省新一代电子信息产业增加值达到9174.97亿元，同比增长6.3%。

截至2020年，广东省新一代电子信息产业的工业企业共有7832个，较位居第二的电气机械和器材制造业的工业企业至少多16%，对比其他制造业更是遥遥领先，这也说明了电子信息产业对广东省发展的重要性，占据广东省制造业的主导地位。

从研发投入的角度看，广东省规模以上工业企业对电子信息产业的研发

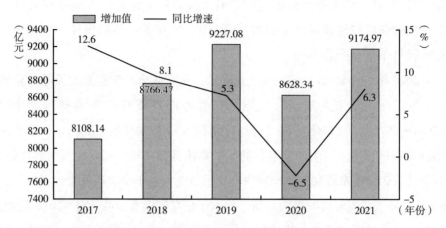

图7 2017～2021年广东省新一代电子信息产业增加值及其同比增速

资料来源：广东省电子信息行业协会。

投入逐年递增，每年电子信息产业的研发投入保持在6%以上的增长率，且投入金额超过800亿元（见图8）。

图8 2015～2021年广东省规模以上工业企业对电子信息产业
研发投入及其增长率

资料来源：广东省电子信息行业协会。

　　从细分行业来看，截至 2022 年 6 月末，广东省移动电话基站总数为 94.9 万个，其中 5G 基站总数为 18.9 万个，5G 基站总数占移动电话基站总数的比例为 19.9%，占全国 5G 基站总数的 10.2%。5G 用户总数为 5172.3 万户，较上年底增加 1076.2 万户，5G 用户总数占移动电话用户总数的比例为 31%，占全国 5G 用户总数的 11.37%。广东物联网终端用户总数为 3.1 亿户，较上年底增加 4641.6 万户，其中 5G 物联网终端连接数为 181.8 万户。

　　2022 年上半年，在地缘冲突、疫情以及全球通胀等因素影响下，消费电子需求较低，影响库存消化，广东省集成电路进口量出现两位数的下滑。但高性能计算、汽车电子对芯片的需求量持续增加，广东省集成电路进口额在 2022 年上半年依然保持增长态势。根据海关总署数据，2022 年上半年，全省集成电路进口 977.0 亿个，同比下降 18.6%，占全国的 34.9%；进口金额 5163.2 亿元，同比增长 2.7%，占全国的 38.1%。全省集成电路出口 260.1 亿个，同比下降 9.8%，占全国的 18.4%；出口金额 854.3 亿元，同比增长 7.1%，占全国的 17.0%。根据广东省统计局数据，2022 年上半年，全省集成电路产量 228.78 亿个，同比下降 17.8%，增速低于全国 11.5 个百分点，占全国的 13.8%。

　　2022 年上半年，广东省手机产量增速持续放缓，且 6 月增速下滑明显。2022 年 1~6 月，广东省手机产量 28919.65 万台，同比下降 3.8%，降幅较 1~5 月提升 1.1 个百分点。其中 6 月产量 5446.76 万台，同比下降 9.8%。海关总署数据显示，2022 年 1~6 月，广东省智能手机出口 10448.08 万台，占全国的 36.36%，出口金额 1140.69 亿元，占全国的 27.22%，次于河南省（1193.61 亿元），位居全国第二；6 月出口 1531.2 万台，环比下降 15.2%，6 月出口金额 162.42 亿元，环比下降 20.8%。

（二）入选2022年中国电子信息百强企业名单

　　2022 年 9 月 2 日，中国电子信息行业联合会执行秘书长高素梅在 2022 世界数字经济大会暨第十二届智慧城市与智能经济博览会主论坛上介绍了 2022 年电子信息企业竞争力指数报告及前百家企业名单。该指数报告是为贯彻落实党中央、国务院关于培育具有全球竞争力的世界一流企业，培育具有创新能力的"排头兵"企业，发展更多优质企业的决策部署，由企业自愿申报，根据企业 2021 年的经营数据，按照指数模型分析而成。广东省 22 家电子信息企业入选 2022 年中国电子信息百强企业名单（见表 3）。

表 3　广东省入选 2022 年中国电子信息百强企业名单的企业

序号	排名	企业名称
1	1	华为技术有限公司
2	5	TCL 集团
3	7	比亚迪股份有限公司
4	9	中兴通讯股份有限公司
5	24	康佳集团股份有限公司
6	26	创维集团有限公司
7	38	天马微电子股份有限公司
8	40	深圳华强集团有限公司
9	43	广东德赛集团有限公司
10	44	深圳市大疆创新科技有限公司
11	51	深圳市兆驰股份有限公司
12	52	欧菲光集团股份有限公司
13	57	普联技术有限公司
14	59	广州无线电集团有限公司
15	62	深圳市特发集团有限公司
16	64	深南电路股份有限公司
17	67	深圳传音制造有限公司
18	69	深圳市泰衡诺科技有限公司
19	75	深圳市康冠科技股份有限公司
20	76	深圳市天珑移动技术有限公司
21	79	深圳市共进电子股份有限公司
22	99	深圳莱宝高科技股份有限公司

资料来源：《2022 年电子信息企业竞争力指数报告及前百家企业名单》。

（三）电子信息制造业引领作用日益增强

广东省电子信息产业以珠江东岸电子信息产业带为集聚区，在智能终端、信息通信、集成电路设计等领域具有良好的产业基础，5G 手机、通信设备、计算机整机等产品产量居全国前列。

从工业总产值来看，表 4 显示，新一代电子信息产业基本集中在珠三角9 市（工业总产值占全省新一代电子信息产业的 97%）。不同城市间的发展差异很大。

表 4　2020 年广东省各市规模以上电子信息产业工业总产值

单位：亿元

序号	城市	工业总产值
1	深圳	23600.34
2	东莞	9850.44
3	惠州	3046.31
4	广州	2122.92
5	珠海	852.84
6	佛山	747.18
7	中山	723.24
8	河源	433.60
9	江门	424.49
10	汕尾	284.02
11	肇庆	180.31
12	梅州	141.64
13	清远	133.08
14	汕头	82.07
15	韶关	53.46
16	潮州	50.83
17	云浮	45.35
18	揭阳	31.70
19	茂名	9.84
20	湛江	2.71
21	阳江	1.51

资料来源：《广东工业统计年鉴 2021》。

从企业数来看，电子信息产业规模以上工业企业大部分集中在深圳和东莞，这两个城市的企业数分别是广州的 6 倍和 3 倍以上（见表 5）。进一步说明了电子信息产业高度集中在珠三角 9 市。

表 5　2020 年广东省电子信息产业规模以上工业企业数

单位：个

排名	城市	工业企业数
1	深圳	3532
2	东莞	1836
3	广州	559
4	惠州	553
5	珠海	288
6	佛山	266
7	中山	252
8	江门	155
9	梅州	93
10	河源	63
11	肇庆	55
12	汕头	39
13	清远	28
14	韶关	25
15	茂名	25
16	揭阳	23
17	汕尾	16
18	云浮	12
19	潮州	6
20	阳江	3
21	湛江	3

资料来源：《广东工业统计年鉴 2021》。

2021 年 12 月 31 日，广东省电子信息行业协会根据对 2020 年广东省电子信息制造业企业的经营情况、研发经费投入、研发专利等相关指标建立模型综合分析研究，发布《2021 年（第二届）广东省电子信息制造业综合实力百强企业榜单》，编制了《2021 年广东省电子信息制造业综合实力 100 强企业》分析报告。2020 年，广东省规模以上电子信息制造业企业共 7832 家，较上年增加 736 家，本届百强企业 2020 年实现营业收入均超过 30 亿元，整体发展规模不断扩大、效益水平保持领先、研发创新能力增强、综合实力日益提升、引领作用增强。

榜单显示，广东省电子信息制造业百强企业 2020 年实现营业收入合计 3.22 万亿元，同比增长 10.1%，占广东省规模以上电子信息制造业企业营业收入的比重超 70%，占广东省规模以上工业企业营业收入的比重超 20%、增速高于广东省规模以上电子信息制造业企业营业收入 6.8 个百分点。前十强企业 2020 年实现营业收入合计 2.15 万亿元，同比增长 12.3%，占广东省规模以上电子信息制造业企业营业收入的比重超 50%，占广东省规模以上工业企业营业收入的比重超 10%。本届百强企业中营业收入超过 1000 亿元的有华为技术有限公司、富士康工业互联网股份有限公司、比亚迪股份有限公司、中兴通讯股份有限公司、OPPO 广东移动通信有限公司 5 家企业，超过 500 亿元的企业有 11 家，超过 100 亿元的企业有 51 家，入围企业最高营业收入达到 8000 亿元，上市企业数高达 57 家，入围企业最低营业收入均超过 30 亿元，比上一届提高 10 亿元。77 家企业 2020 年营业收入增速实现正增长，营业收入同比增长率超过 50% 的企业有 8 家，营业收入同比增长率超过 30% 的企业有 20 家。

榜单显示，广东省电子信息制造业百强企业主要分布在珠江东西岸城市，百强企业数量位居前六的地市分别是深圳市 57 家、惠州市 11 家、东莞市 10 家、广州市 5 家、中山市 4 家、珠海市 3 家，6 市共有百强企业 90 家。其中，深圳市 57 家百强企业营业收入合计同比增长 6.4%，低于本届百强企业营业收入增速 3.7 个百分点，高于广东省规模以上电子信息制造业营业收入增速 3.3 个百分点，占本届百强企业营业总收入的比重超过 70%，占广东省规模以上电子信息制造业企业营业收入的比重超过 50%；惠州市 11 家百强企业营业收入合计同比增长 21.8%，高于本届百强企业营业收入增速 11.7 个百分点，高于广东省规模以上电子信息制造业企业营业收入增速 18.5 个百分点；东莞市 10 家百强企业营业收入合计同比增长 58.1%，高于本届百强企业营业收入增速 48 个百分点，高于广东省规模以上电子信息制造业企业营业收入增速 54.8 个百分点。

五 广东省新一代电子信息产业发展中
存在的问题与对策

（一）存在的问题

1. "卡脖子"技术突出

广东省电子信息产业发展过程中，仍存在关键领域"卡脖子"、核心技术攻关持续性投入不足、部分领域处于产品价值链中低端、产业链协同联动发展不足、高性能芯片被欧美公司垄断等问题。产业内部各个分支行业之间联系松散，缺乏互动协调机制。自主创新能力、综合创新能力亟须提高，鼓励创新的配套政策和管理体制尚不完善。上述问题制约了广东省新一代电子信息产业的发展。

2. 城市间产业发展极不平衡

广东省电子信息产业主要集中在珠三角9市，9市工业总产值合计占比高达全省的97%。电子信息产业在广东省属于支柱型产业，制造业的工业增加值主要以电子信息产业贡献为主，这意味着发展电子信息产业是珠三角9市与粤东西北发展差距增大的直接原因之一。

3. 投资未能得到有效利用

虽然近年来广东省对电子信息制造业的投资力度不断加大，但仍未能有效推动技术突破发展，投资大量涌入技术门槛低的部分细分行业，这部分行业进入产能过剩阶段，企业普遍存在研发能力弱、产品差异化程度低、竞争力弱的问题，生存压力仍然较大。同时，一些地方政府的产业基金也未能起到有效的扶持作用，在实际操作中，资金利用率较低。

（二）对策

1. 增强创新能力，提高科研投入质量

当前国际环境错综复杂，广东省的电子信息产业要降低对外依赖程度。

在提高自主研发能力、掌握核心技术的同时，要利用好国内的消费市场，改变受制于外界的局面；通过"广东创造"来代替"世界工厂"，完善技术和产业的供应链；从珠三角9市辐射内陆，实现产业转移，完善产业结构，通过珠三角电子信息产业集聚带动广东省的发展。同时带动人才集聚，加大对高端人才的引进力度，创建适合高技术人才创业的环境，加大科研投入的同时，大力引进和留住当地高等教育学校的技术人才，提高广东省的人力资本质量。优化对电子信息高端人才的吸引政策，多方位、多地区引进优秀人才，打造一支创新能力强、核心竞争水平高的团队。同时，利用好国家工程实验室、国家工程技术研究中心，提高研发质量。

2. 推动虚拟产业集聚，推进跨区域协同发展

由广东省牵头推动新一代电子信息产业数字化转型，统筹规划深莞惠、广佛、中江珠、粤东西北各区域的产业资源分布，引导产业资源跨区域，在整个产业链范围内高效配置、流动与集聚，构建虚实结合的产业数字化新生态。一方面，打造省级电子信息产业共享平台，例如，重庆市和四川省联合打造的川渝电子信息产业重点产品产业链供需对接平台。另一方面，利用财政补贴、产业基金等政策手段支持，从研发投入、人才吸引、金融支持等方面引导电子信息产业部分上游工业企业迁移至粤东西北，在降低企业用地成本的同时，延长电子信息产业链，拉动粤东西北经济的发展。"补短板、强弱项"，丰富其他城市的产业体系，缩小珠三角9市与其他城市间的发展差距。

参考文献

《2020年软件和信息技术服务业统计公报》，《中国电子报》2021年1月29日。

《〈广东省发展新一代电子信息战略性支柱产业集群行动计划（2021—2025年）〉政策解读》，《广东省人民政府公报》2020年第9期。

《广东省人民政府关于培育发展战略性支柱产业集群和战略性新兴产业集群的意见》，《广东省人民政府公报》2020年第15期。

《战略性新兴产业分类（2018）》，《中华人民共和国国务院公报》2019 年第 5 期。

黄鑫：《软件业将迎来黄金发展期》，《经济日报》2022 年 1 月 12 日。

赖红波、王高兴：《我国东中西部地区创新效率差异研究——基于电子及通信设备制造业产业聚集视角》，《科技进步与对策》2022 年第 11 期。

梁琦、周杰、王如玉：《产业空间组织对高端制造业企业绩效的影响——以电子元器件行业为例》，《中山大学学报》（社会科学版）2017 年第 5 期。

刘新吾：《数字引擎释放强劲动能》，《人民日报》2021 年 9 月 9 日。

王如玉、梁琦、李广乾：《虚拟集聚：新一代信息技术与实体经济深度融合的空间组织新形态》，《管理世界》2018 年第 2 期。

谢子远：《高技术产业区域集聚能提高研发效率吗？——基于医药制造业的实证检验》，《科学学研究》2015 年第 2 期。

B.3
汽车产业集群数字化创新
发展趋势（2023）

王永健　卓德彬　何　瑜　彭　斐*

摘　要： 数字化创新是汽车产业发展的大势所趋，也为汽车产业发展提供
了赶超先进国家的机会窗口。本报告对数字化创新带给汽车产业
发展的技术、市场和制度三类机会窗口进行了详细分析，并从产
品、研发、生产、供应链、营销、管控方面回顾了汽车产业集群
数字化创新发展的现状。产品数字化方面，汽车产品形态逐渐从
传统的工业产物向智能化发展；研发数字化方面，数字技术的
使用提高了研发效率与质量；生产数字化方面，能更好地把控
生产过程与产品质量；供应链数字化方面，数据共享打破了信
息孤岛，提高了供应链主体的协调与应急能力；营销与服务数
字化方面，能更好地了解客户需求，以提供个性化服务；管控
数字化方面，车企协同平台和线上办公软件使得企业能提升业
务管理与客户关系管理水平。此外，本报告从产品、企业和产
业三个层面分析了汽车产业集群数字化创新的未来趋势。产品
层面，仍向着汽车智能化、无人化的公认目标前进；企业层面，
加强内部数字化创新认知，促进外部协同创新，加强内外部数
据共享互通，打造平台化企业架构；产业层面，需要构建良好
的产业发展生态，加强人才培养与提高服务能力。在此基础上，

---

* 王永健，管理学博士，广东工业大学管理学院副教授、硕士生导师，主要研究方向为企业数
字化转型；卓德彬，广东工业大学管理学院硕士生，主要研究方向为企业数字化转型；何
瑜，广东工业大学管理学院硕士生，主要研究方向为企业数字化转型；彭斐，广东工业大学
管理学院硕士生，主要研究方向为企业数字化转型。

本报告以期为汽车产业高质量发展提供方向性指导。

关键词： 汽车产业集群　数字化创新　高质量发展

近年来，数字化浪潮席卷全球，主要发达国家纷纷将制造业数字化转型上升为国家战略。在我国，数字化转型被视为新旧动能转换的关键抓手，党中央、国务院出台了一系列政策措施，积极发挥其在推动经济高质量发展过程中的重要作用。汽车产业是国民经济的支柱产业，为适应时代趋势和国家政策，加快数字化创新是汽车产业转型升级的必由之路，具有必要性和紧迫性。

2018 年 12 月，工信部发布《智能网联汽车产业发展行动计划》，2020 年 2 月，国家发改委、工信部、科技部等 11 个部门联合发布《智能汽车创新发展战略》，着力推动智能网联汽车发展。在国家政策的扶持之下，传统汽车厂商和一批造车新势力在汽车产业数字化的道路上持续深入探索，不断缩小与发达国家汽车产业之间的差距，甚至在一些领域实现了弯道超车。可以说，数字化创新为我国汽车产业赶超发展带来了千载难逢的机遇。面对百年未有之大变局，特别是席卷而来的数字化浪潮，我国需要清醒地认识汽车产业面临的机遇、挑战与未来趋势，从而实现赶超发展，为实现中华民族伟大复兴提供强大支撑。

一　数字化创新为汽车产业赶超发展提供了重要机会窗口

随着数字经济飞速发展，以数字技术为核心的数字化创新为汽车产业赶超发展提供了机会窗口。早有学者提出了机会窗口的概念，并认为机会窗口来自一种新技术范式，可以利用新技术的机会窗口追赶和超越现有领导者。在此基础上，后续研究将机会窗口扩展为三种类型：技术机会窗口、市场机会窗口和制度机会窗口。因此，本报告从上述三个角度来阐述数字化创新为我国汽车产业赶超发展带来的机会窗口。

（一）技术机会窗口

数字化创新为汽车产业赶超发展带来了新的机遇，因为数字化创新带来的新知识、新技术有助于汽车产业实现突破式的创新。数字技术会带来新的技术范式，产生不连续的突破性创新以及为组织创新赋予新的特点：融合性和生成性。首先，融合性使得汽车产业可以利用人工智能、物联网、大数据、3D 打印等数字技术，在原有的技术轨道上进行融合创新或跨界创新。数字技术也可以嵌入汽车产业的方方面面，包括研发、生产、营销以及服务等。例如，在汽车研发方面，利用数据进行模拟仿真测试，可以提高研发效率、降低生产成本。其次，由于数字技术使用具有生成性的特征，大量的数据要素被创造出来，汽车产业创新性地使用这些要素可以带来原始创新或者消费者无法预料的创新。例如，基于客户数据可以提供大规模定制服务，实现产品个性化。

（二）市场机会窗口

数字化创新改变了汽车产业传统的销售模式，帮助企业深刻洞察消费者需求，以及与消费者形成更加紧密的互动关系。随着消费者环保意识的增强，发展新能源汽车产业既有利于企业实现绿色创新发展，也可以满足消费者环保理念的需求。数字技术赋予的动力使得数字商城、全渠道营销等快速发展，也使得汽车销售打通了数据壁垒，丰富了用户的购车体验与路径。例如，首届元宇宙环保车展在淘宝 App 的"绿动乐园"上线，这是天猫联合奥迪、沃尔沃等传统车企和阿维塔、飞凡、KiWi、零跑、哪吒、小鹏等新势力品牌，打造的云端绿色低碳车展活动，给消费者带来了一种全新的体验方式。

（三）制度机会窗口

数字化创新的融合性和生成性特点会带来新的组织形式和制度逻辑。数字化创新所普及的数字技术使得企业的组织形式不断地发生变化，平台

化组织、无边界组织以及生态性组织形式纷纷涌现。数字技术所带来的数字平台，提高了汽车产业的信息共享能力、效率。例如，大众的"大众自造"平台，包含了设计、个性化、环保和汽车互联阶段，很好地将消费者与厂商等汽车产业主体联系了起来。数字化创新也助力汽车产业跨组织、边界共享更多的数据，打造汽车产业的生态体系。总的来说，数字化创新带来的组织形式或制度逻辑变化为汽车产业赶超发展提供了机会窗口。

二 汽车产业集群数字化创新发展的现状

（一）产品数字化

数字化背景下，汽车产品形态正在经历一场重大的变革。从机械体系到电动体系，从人工操作到自动化驾驶，从以硬件为主到软硬件结合，从封闭系统到智能网联。以上的种种迹象，都足以体现汽车逐渐从传统的工业产物向智能化、绿色化的超级移动端转型。随着自动驾驶技术的不断成熟，自动驾驶汽车逐渐走向人民大众。目前，车企在提高汽车硬件质量之外，还大力研发相关软件，因为软件对改善司机驾驶体验或是顾客乘坐体验有重大价值，并且软件升级能够使汽车自我迭代升级。此外，智能网联汽车也令汽车产品形态发生了翻天覆地的变化。从前，汽车只是一个独立的交通工具，与外界环境是不互联的，因而汽车的安全性仍有待增强，而智能网联汽车搭载了各类传感器，能够自主感知外界环境，极大地增强了汽车的安全性。

在产品属性上，汽车早已不是简单的交通工具，而是融合了多种数字技术，能够为消费者提供多种服务且更环保的超级移动端。

（二）研发数字化

传统的汽车研发在线下进行，流程长且要求严格，需要历经需求界定、结构设计、产品部件测试与验证、系统集成与验证等诸多环节。此外，还需要经过多次的试错才能发布到市场，导致研发成本高、周期长。疫情发生后，客户需求发生改变，数字孪生、三维数字化模型等新兴技术诞生，汽车产业在研发过程中开始应用数字化技术。这不仅助力汽车产业将研发方向从以产品为中心改成以客户为中心，而且使得研发效率和质量大大提高。例如，用三维数字化模型替代传统的二维模型进行研发。在研发全周期过程中，众多的数据会产生，如汽车零部件的参数数据、制造数据等。将这些数据导入产品的三维数字化模型中，不仅会极大地保证数据来源的统一性，而且会使设计效率得到质的提升，所设计出来的产品质量也更加稳定。

（三）生产数字化

汽车产业具有良好的自动化与信息化基础，大量的工业机器人、数控机床和 AGV 小车等先进自动化设备已应用于汽车制造过程中。而在数字化时代，生产数字化具有更大的价值。首先，生产工具从传统工具转向智能化工具。例如，利用工业机器人可以进行全自动制造加工、产品质量检测、设备运行检测，利用数控机床可以自动处理所输入的程序，实现程序可控制的制造，最终打造出数字智能工厂。其次，生产方式从实体制造向实体制造与虚拟制造融合转变。汽车产品实体制造与虚拟制造过程的融合，推动生产方式从传统制造的"试错法"向基于数字孪生的"模型择优法"转变，实现了数据驱动生产。除此之外，生产地点从集中化向分散化转变，生产模式从大规模批量生产转向定制化生产。

（四）供应链数字化

汽车产业属于全球化产业，产业链遍布全球。自疫情发生以来，汽车原材料和零部件有时无法及时供应，导致制造停滞。此外，传统汽车供应链响应速度慢、效率低、数据分散。因此，汽车产业供应链面临数字化转型。数字技术可以提高供应链各主体之间信息共享的程度，打通信息孤岛，增强各节点企业以及各部门的协调能力和应急能力，例如，当供应商无法及时提供零部件时，企业可以通过供应链数字化平台及时获取其他供应商的信息，解决遗留问题或未被发现的问题。

（五）营销数字化

疫情极大地冲击了线下各家 4S 店的生意，人们出行频率降低，消费需求也大幅减少，汽车线下销量下降迅速。尽管乘用车的销量正在逐步增加，却始终未迎来与传统消费品行业相似的"报复性"反弹，汽车产业销量仍增长乏力。因此，车企亟须探索出一条新的营销之路。"直播带货"就是这样的新道路。不论是传统车企还是造车新势力，都开始入局直播，促进内容阵地的生态繁荣，争夺流量红利。"东风日产+央视四大名嘴"直播，整场直播累计观看量超 5400 万次；一汽大众"66 天团"的开创性直播，线上观看用户达 40.6 万人。当然，线上直播只是营销数字化的一种形式，营销数字化具有多种途径。深圳企域数字科技有限公司 CEO 沈扬表示，车企营销模式转型的关键点有两个：一是组织架构能否快速转变，二是专业人才的配备是否充足。前者是制度、激励政策上的保证，后者是执行落地的保证。

在以消费者为中心的业务模式下，数字商城、智能门店、全渠道营销快速发展，汽车零售正在通过各种数字化技术打通数据壁垒，丰富用户购车路径中的数字接触点，搭建线上线下协同的营销体系，以更低的成本高效获取用户。

（六）服务数字化

提供更为优质的服务成为车企的"制胜法宝"之一。一方面，车企需要主动迎合消费者需求，向用户提供智能语音、在线娱乐、远程车控、智能导航等智能服务功能。另一方面，车企会向消费者提供优质的甚至超出他们预期的服务，打造维保闭环服务体系，提高维保运营效率，改善客户体验。一汽大众"深谙此道"，向用户提供了车辆体检、状态监测和预约保养维修三类服务。用户不仅可以在手机 App 上查询车辆功能的健康状态，如灯光、发动机、轮胎，以及车辆门窗闭合状态、油耗、续驶里程等信息，以便及时、实时了解车辆整体情况，还可以立即线上预约车辆保养。不仅如此，车企以用户为中心搭建了汽车全生命周期的管家式服务体系。利用数字技术，收集汽车使用和流通环节的用户行为数据，深化用户运营体系建设，为用户提供个性化服务，提高用户感知，增强用户黏性，使车企与购买者建立长期伙伴关系。未来，购车、车险、维保、停车以及车内生活等方面的数字化服务将继续不断推进。

（七）管控数字化

过去，传统车企主要以传统的 ERP 系统和 CRM 系统为核心进行业务管理和客户关系维护。但随着技术的变革，传统信息化工具不适应行业发展的缺陷愈发明显，无法满足用户个性化需求。在客户经营领域，车企需要更加匹配业务需求和行业特征的数字化工具，帮助收集、整理企业内外部客户数据，精准绘制用户画像，并针对其特征实现自动化营销。

车企协同平台和线上办公软件成为实现协同的双利器。车企利用协同平台可以打通价值链上多个环节的数据壁垒，实现数据资产向数据能力转化，实现数据资产的最大化利用，形成统一、闭环集成、开放、可拓展的架构，并在井喷式的 SCRM 市场中，快速了解企业内外部用户需求，培养车企用户思维，实现对用户需求的快速响应，帮助企业培养一批忠诚的消费者。与此同时，线上办公软件，如企业微信和腾讯会议，可助力"办公+生态"双轮驱动的新一代企业内部效能升级，不仅可以提升内部业务部门间的协同效率，还可以促进高效协同办公，进一步增强内部生产力，减少资源浪费。

三 汽车产业集群数字化创新的未来趋势

总体而言，数字化创新是汽车产业发展的大势所趋，但具体的发展方向有哪些，本报告试图从产品、企业和产业三个层面进行剖析。

（一）产品层面的数字化创新趋势

从产品层面来看，汽车智能化是业界公认的发展方向，但业界对于智能

化的理解和实现路径并无统一的认识。基于发展现状和现有研究成果，本报告提出以下三个可能的汽车智能化发展方向。

第一，软件"可迭代、可演进"是汽车智能化的本质要求。从产品形态来看，未来的汽车将不仅仅是一种出行工具，而将成为类似智能手机的移动智能终端，人们可以在车里进行休闲娱乐和办公等。因此，智能汽车软件的"可迭代、可演进"成为必然，这样才能实现服务可编程，从而为用户提供个性化的服务。例如，第一代安卓系统的体验就较差，而随着数据积累、用户反馈和持续迭代，系统功能和服务日趋丰富、完善，用户交互与体验不断改善，驱动手机不断向理想中的智能终端演进。与此类似，汽车如果要向移动智能终端迈进，也需要具备迭代升级的能力。

第二，汽车功能不断向自动驾驶、无人驾驶演进。目前，汽车还是以辅助驾驶为主，但未来向自动化、无人化方向演进是势不可挡的。而且只有最终实现了无人驾驶，汽车才有可能成为真正意义上的移动智能终端。这一趋势也得到了各地政府的政策支持，例如，《广州市智能网联与新能源汽车产业链高质量发展三年行动计划（2022—2024年）》明确提出："到2024年，3级（含）以下级别自动驾驶汽车新车装配率超过50%，4级自动驾驶汽车初步实现规模化生产。"在政策的加持之下，自动驾驶将日益普及，相应的法律法规和管理规范必须加快出台。

第三，汽车电子电气架构不断向中央集中式演进。传统汽车的电子电气架构以分布式为主，由超过80个电控单元（ECU）组成，具有多厂商、多标准、封闭式、长周期等的特征，这也使得汽车软件OTA迭代升级的难度极大，于是可以看到，很多汽车从出厂到报废，软件功能没有任何变化，自然也谈不上智能。此外，数量众多的ECU导致线束布置复杂、车重增加、整车成本较高。因此，汽车的电子电气架构从分布式向集中式转变就成为汽车控制系统创新的重要趋势，从目前来看，其趋势还是以集中控制为主，未来则会向整车集中电子电气架构演变。最终，汽车核心控制单元和系统的软硬件解耦，从SOTA（Software OTA，软件升级）应用层软件更新、信息娱乐等软件升级，向FOTA（Firmware OTA，固件升级）对汽车控制器系统升级，如动力系统、电池管理及底盘、动力、ADAS 等 OS 层的更新。只有这种底层技术的变革，才能促进无人驾驶系统的持续升级。

（二）企业层面的数字化创新趋势

企业层面的数字化创新趋势主要关注的是整车企业的问题，主要有以下几个方面的趋势。

第一，强化数字化创新认知与顶层设计。现如今汽车产业对于数字化创新的认知仍不到位，以及其数字化转型升级也需要顶层设计来协同推进。一些车企认为数字化创新仅仅是企业内相关部门的责任，或者仅仅是为企业升级安装一套数字化系统，但实际上，企业的数字化创新是以业务部门为主导，其他部门协助，持续地完成团队优化。车企对于数字化创新认知的不足，是阻碍其成功转型升级的很大因素。此外，汽车产业数字化转型涉及多行业的协同，从技术验证到标准制定，再到配套运行机制建立，还有大量工作要做，需要顶层设计指导和国家层面的推进。因此未来要加强顶层设计，科学谋划汽车产业发展和布局，研究出台相关扶持政策和发展措施。

第二，促进数据互联互通与多主体协同创新。未来，汽车产业链的多方主体将实现优势互补、相互协作、价值共创。比如，在车企研发制造环节，嵌入网络协同制造模式，使得制造车间具有数字化、敏捷化、柔性化等的特征，冲破人员、技术、地域、设备等限制，实现数据共享、个性化服务、异地设计与研发等功能。

网络协同制造对未来车企的发展有重要意义，不仅可以缩短产品研发周期和生产周期，还可以快速响应用户个性化需求，提高用户满意度。当前，已有部分车企开始探索网络协同制造模式，实现汽车生产制造资源的数字化与网联化封装，将设计、检测、加工等制造能力进行封装上云，推动汽车产品及零部件生产地点从集中化走向分散化，实现跨企业、跨部门、跨地域的协同。

第三，着力打造平台化企业架构。从整车的研发、生产以及营销各个方面来看，数字化创新所带来的平台化架构使得汽车产业的资源配置更优化、

效益最大化,并且使信息稀缺、配送资源稀缺、市场覆盖面不足、商品和服务匮乏等竞争壁垒土崩瓦解。在数字时代,车企必须以数字化连接的大流通为基础搭建开放性平台,谋求共创与发展。

第四,以场景创新引领价值创造。数字技术的广泛普及与应用为汽车产业集群带来了可持续的场景创新,从而满足了消费个性化、定制化的体验需求,实现了汽车产业的价值创造。首先,汽车本身作为"第三生活空间",数字技术的使用使得人与汽车交互的方式逐渐转变,与传统的按钮交互不同,如今触屏交互、语音交互以及手势交互等方式融合了人们的语音、视觉等感知。未来汽车作为"第三生活空间"的发展,也会使得其使用场景不断丰富,智能网联等数字技术为该"第三生活空间"带来了信息、娱乐以及互联等功能,此外,在现如今所聚焦的元宇宙概念下,线上模拟体验汽车已经成为不可阻挡的趋势。其次,汽车产业集群未来也会在其他方面持续进行场景创新。现有场景创新,例如,元宇宙为营销数字化带来了新的场景创新,顾客在购买体验汽车产品的时候,可以通过元宇宙车展来减少出行的不便利、体验不佳等问题,从而使购买率提高。

(三)产业层面的数字化创新趋势

构建良好的产业发展生态是产业层面数字化创新的关键所在,具体可以从以下几个方面入手。

第一,以数字化手段强化智能企业供应链韧性建设。在疫情以及突发情况下,汽车产业集群想要达产,供应链是很重要的一环。供应链韧性一直被认为是中国汽车产业集群的优势,主要是由于汽车产业制造能力较强,在寻找原材料时往往存在多个备份供应商,从而使得汽车产业有更大的应对突发情况的空间。未来,汽车产业利用数字化手段增强供应链韧性的关键在于,汽车产业集群各个环节之间做到了互联互通、打通了数据壁垒、实现了高效协同,如此才能做到全产业集群的资源有效配置,从而打破信息孤岛。

第二,强化核心技术与关键零部件的自主攻关。在突发情况下,核心技术以及关键零部件"卡脖子"问题对汽车产业影响颇大。在贸易摩擦以及疫情期间受影响尤为明显，譬如芯片供应短缺问题，即便是丰田、日产、大众、福特等知名跨国车企，也不可避免地受到了冲击，纷纷陷入生产受阻的焦虑之中。产生此现象的主要原因在于以下几点。首先，芯片研发需要很长的周期、牢固的技术基础以及较大的资金投入。其次，国外行业巨头的垄断也使得芯片等核心技术不足的问题表现得尤为明显。此外，我国车企一些基础性问题和底层技术还没有完全搞清楚，具备性能跃升的前沿技术成果还不够多，这严重影响着我国汽车产业竞争力的提升。因此，汽车产业的基础研究要发挥一定的作用，政府、企业以及科研院所等需要有攻坚克难的勇气。只有汽车产业集群所有零部件、环节在闭环内都完成，才能实现汽车产业的自主可控。

第三，加快汽车产业数字化人才的培养。高层等对数字化转型的认知不断增强，落实产业数字化需要一定的人才基础作为支撑。就多数企业而言，它们还未深刻地认识到数字化转型中人才的重要性。如果一个数字化项目想要成功且顺利地实行，那么其需要众多数字化人才，例如，可能需要可视化分析师、开发工程师、数据工程师等专业数字化人才。而不组建专业的数字化团队，相关的数字化项目或想法都会远离实践。且现有大多数企业严重缺乏数字化专业人才，尤其是既懂得数字化转型，又了解汽车产业的数字化人才。此外，如果直接从市场上外聘，人才往往不熟悉汽车产业，或者在融入车企组织时"水土不服"。因此想要汽车产业集群实现数字化发展，如何更有效果、有效率地培养数字化人才就成为汽车产业必须回答的问题。

第四，提升汽车产业数字化服务商的能力。未来汽车产业服务商的营销服务将会全域化、智能化、协同化，利用数字技术驱动，实现服务商之间数据互通、资源共享。"00后"等年轻一代已成为汽车消费的主力，他们对新兴科技接受度更高，对汽车也赋予了更多的科技想象，以AI、AR等新兴科技为基点的智能化营销成为未来趋势。汽车产业服务商要通过数字技术触达更多的用户，引导用户消费；要借助数字技术，满足用户的个性化需求，洞察用户更多的需求，丰富更多的品牌互动。

第五，完善汽车产业数字化治理体系。数字技术的应用会带来较多的社会问题，例如，相关法律的完善程度、数据安全以及隐私保护等。汽车产业要想通过数字化更快地推动自身发展，这些社会问题是必须解决或者克服的。政府方面可能需要出台相关的政策，让汽车产业更加有据可循。而汽车产业集群自身要做好数据安全和隐私保护工作，防止隐私数据泄露，做好对国家、汽车产业本身以及消费者的数据安全或隐私安全的保护工作。

参考文献

《国双：汽车行业数字化转型报告（52 页）.pdf》，先导研报网站，2022 年 7 月 20 日，https：//www. xdyanbao. com/doc/umcl2yqmgz？bd_ vid=10890267709415723862。

《解读：汽车产业数字化转型发展之路》，"汽车之家研究院"微信公众号，2022 年 5 月 18 日，https：//mp. weixin. qq. com/s/lqHfRWkFuEf0IYVjFJTxAA。

《数字时代下的"秦直道"——2021 巨量引擎汽车直播行业研究报告》，太平洋汽车网站，2021 年 4 月 21 日，https：//www. pcauto. com. cn/qcbj/2487/24872151. html。

《特斯拉丨从拆解 Model3 看智能电动汽车发展趋势》，"中信证券研究"微信公众号，2022 年 7 月 18 日，https：//mp. weixin. qq. com/s/FWwXicVhkFPxjqxGVrj9hg。

《国信证券：汽车前瞻研究系列（十二）汽车数字化大势所趋，拉动产业链价值提升》，魔方文库网，2020 年 9 月 19 日，https：//www. mofile. net/item/1ebfdda14caa4119 b7c93917d6f3587a. html。

黄平：《汽车数字化营销大冲撞》，《商业价值》2012 年第 8 期。

柳卸林、董彩婷、丁雪辰：《数字创新时代：中国的机遇与挑战》，《科学学与科学技术管理》2020 年第 6 期。

《汽车产业数字化转型白皮书》，https：//www. xdyanbao. com/doc/dz0mperw4f？bd_ vid=10021118601702229244。

王平等：《面对数字化转型四大挑战，国内车企如何破障前行》，《麦肯锡季刊》2020 年 4 月 15 日。

《国有汽车企业数字化转型路线图白皮书（1.0）》，中央企业数字化转型峰会，2022 年 1 月 5 日。

C. Perez, L. Soete, *Catching-Up in Technology: Entry Barriers and Windows of Opportunity* (London: Pinter Publishers, 1988).

K. Fichter, "Innovation Communities: The Role of Networks of Promotors in Open

Innovation," *R&D Management* 2009（39）.

K. Lee, F. Malerba, "Catch-up Cycles and Changes in Industrial Leadership: Windows of Opportunity and Responses of Firms and Countries in the Evolution of Sectoral Systems," *Research Policy* 2017（46）.

Y. Yoo et al. , "Organizing for Innovation in the Digitized World," *Organization Science* 2012（23）.

Y. Yoo et al. , "The Next Wave of Digital Innovation: Opportunities and Challenges: A Report on the Research Workshop," *Digital Challenges in Innovation Research* 2010.

B.4
中国半导体产业创新突围之路（2023）

李 莉*

摘　要： 半导体产业是现代信息社会的基石，是促进国民经济社会高质量发展、保障国家安全的基础性和先导性产业。中国政府近年来高度重视半导体产业发展，相继出台了一系列政策，如2014年推出了《国家集成电路产业发展推进纲要》，为我国半导体产业发展注入了强大动力，近年来，我国半导体产业发展迅速，逐渐成为全球市场中不可忽视的力量。但中国半导体产业发展起步晚，面临自主化程度低、产业生态不完善、高端人才资源匮乏等问题，当前更面临以美国为首的发达国家"围追堵截"等困境，亟须摆脱低端锁定，实现技术升级与产品突围。本报告提出强化战略意识，制定中长期发展规划；围绕核心关键技术，实现重点突破；多措并举，着力培育半导体产业生态；加速半导体领域专业人才的引进与培育等针对性的策略。

关键词： 半导体产业　先导性产业　高质量发展

一　引言

半导体产业是现代信息社会的基石，相关技术与产品不仅广泛应用于智

---

* 李莉，博士，广东工业大学经济学院副研究员，主要研究方向为区域经济与经济地理、产业经济、数字经济等。

能手机、电脑、汽车及工业设备，而且创造了人工智能、量子计算和先进无线网络（包括 5G）等新兴市场。世界半导体贸易统计协会（WSTS）资料显示，自 1991 年至今短短 30 年间，全球半导体市场由 546 亿美元成长至 5560 亿美元，年均增速达两位数。半导体产业具有典型的资本密集和技术密集的特征，规模效应明显。从其发展历程来看，早期优势区域集中在美日欧，特别是美国在半导体产业与技术领域长期占据先导地位。伴随产业分工与代工模式的快速发展，韩国及中国台湾地区凭借较强的科技研发能力与政府强力扶持，迅速成为半导体产业的后起之秀，全球半导体产业形成美、欧、东亚三足鼎立的态势。

中国政府近年来高度重视半导体产业发展，将其视作关乎国民经济社会高质量发展、保障国家安全的基础性、战略性和先导性产业，相继出台了一系列政策。特别是 2014 年的《国家集成电路产业发展推进纲要》，对 2015～2030 年产业发展方向与重点进行了全面部署，随后成立国家集成电路产业投资基金，相继吸引了数千亿元地方政府及民间资本投入，为我国半导体产业发展注入了强大动力，中国半导体产业逐渐成为全球市场中不可忽视的力量。美国半导体行业协会（SIA）数据显示，中国 2015 年以来半导体产能及市场增长值均在两位数以上，高于全球平均水平。一批世界先进龙头企业，如华为海思、中芯国际等，开始在封装测试、晶圆制造及原材料领域崭露头角。但总体而言，我国半导体产业仍处于产业链中低端，在高端芯片技术与产能方面严重滞后，且自给率偏低。

疫情引致半导体供应短缺，各国开始关注半导体产业链、供应链韧性问题，一些国家试图将产能本土化。在此背景下，如何摆脱低端锁定、实现技术升级与产品突围、实现跨越式发展成为摆在我国半导体产业面前的重大课题。本报告首先梳理了半导体产业链及其全球分工格局、我国半导体产业发展基本态势，在此基础上分析了其面临的主要问题与重大挑战，最后提出了我国半导体产业创新发展策略。

二　半导体产业及产业链

（一）半导体产业概述

半导体指的是常温下导电性能介于绝缘体（Insulator，如煤、人工晶体、琥珀、陶瓷等）与导体（Conductor，如金、银、铜、铁、锡、铝等金属）之间的材料。20 世纪 30 年代，半导体材料与器件发明取得了重大突破，得到了工业界重视，在此基础上，半导体产业发展了起来。

经过几十年发展，半导体产业形成了极其庞大且复杂的产业链（见图 1），大体可分为上游支撑产业（如 EDA/IP、半导体设备和半导体材料）、中游核心产业及下游应用产业（如物联网、通信、消费电子、汽车、人工智能）。其中半导体核心产业主要包括集成电路（83%）、光电子器件（9%）、分立器件（5%）和传感器（3%）等四类产品的生产。其中集成电路占据主导地位，因此有时将半导体产业和集成电路产业混为一谈。

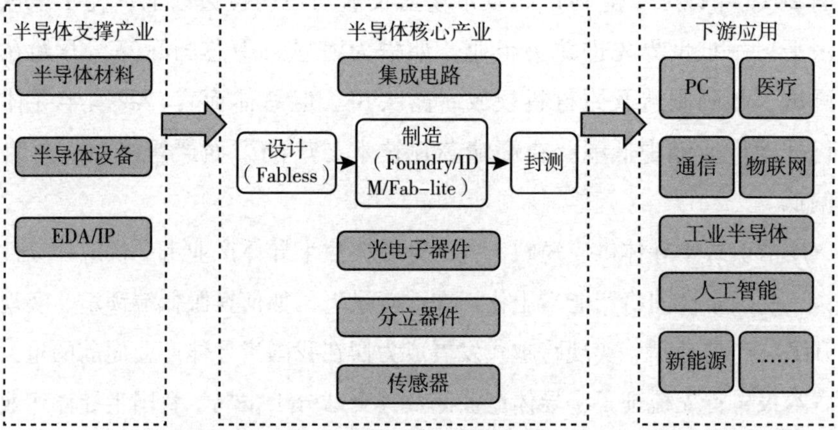

图 1　半导体产业链

（二）半导体产业经营模式

集成电路产业涉及芯片设计、晶圆制造、封装测试几个环节。在半导体产业发展初期，设计、制造、封装测试都在厂商内部进行，以所谓的垂直整合模式 IDM（Integrated Device Manufacturer）运营。但由于半导体产业极为突出的知识密集、技术密集、资本密集特征，以一体化形式运营的厂商面临规模庞大、运营成本高、研发支出大等的弊端，在客户需求日渐个性化、多样化发展的趋势下，垂直分工模式逐渐出现，即部分企业只负责芯片电路设计、研发与销售（Fabless），而将晶圆制造、封装测试等环节外包（Foundry）。

（三）半导体产业链核心环节及其关键技术发展

半导体产业链涉及诸多细分领域，这里重点对产业链中的核心环节及其关键技术进行分析。

1. 半导体材料

半导体材料包括半导体制造材料与半导体封测材料。晶圆制造材料包括硅片及硅基材料、靶材及光刻材料等，由于晶圆制造中芯片及传感器等半导体器件90%以上基于硅材料制造而成，硅片及硅基材料构成了半导体工业的基础，占据半导体材料市场份额的37%，因此有"半导体晶圆制造材料是衡量一国精细化工产业水平的重要标志"这一说法。半导体晶圆制造材料经过70多年的发展，由最早的锗（Ge）、硅（Si）到砷化镓（GaAs）、磷化铟（InP），再到现在的碳化硅（SiC）、氮化镓（GaN）、氮化铝（AlN）、氧化锌（ZnO）、金刚石等，历经三代，不同半导体材料具有不同优势，在不同领域得到应用（见表1）。第3代半导体材料由于在高温、高压、高频环境下的优良表现，将在新一代信息通信、能源、交通、国防等未来重点产业方面发挥重要作用，因此其研发生产受到广泛关注。目前碳化硅和氮化镓在第3代半导体材料中发展势头最猛。半导体封测材料包括引线框架和基板、封装树脂、键合线等，合计占据半导体材料份额的35%。

表1　半导体主要制造材料及其应用

半导体材料	典型代表	应用
第1代	硅 锗	用于低压、低频、中功率晶体管和光电探测器等,涵盖消费电子、通信、光伏、军事及航空航天等
第2代	砷化镓 磷化铟	在高频、高速领域应用较广,如卫星通信、移动通信以及光通信等
第3代	碳化硅 氮化镓	适用于高温、高压、高频领域,如新能源汽车、5G宏基站、光伏、风电、高铁等

资料来源:根据相关资料整理。

2.半导体设备

半导体设备泛指用于生产各类半导体产品的设备。由于芯片设计、晶圆制造和封装测试等均需在设备技术允许范畴内进行,设备技术瓶颈限制半导体产业发展,设备技术进步又反过来推动半导体产业发展。

以半导体产业链中技术难度最高、附加值最大、工艺流程最复杂的集成电路为例,应用于集成电路领域的设备通常可分为硅片加工设备、晶圆制造设备和封装测试设备。单晶硅锭制备主要包括CZ直拉法和垂直区熔法,目前以直拉法为主流,市场占比约90%;单晶硅锭经过切割、倒角、激光打码、研磨、清洗、刻蚀、抛光、外延等加工后,形成单晶硅片。在摩尔定律的驱动下,随着技术工艺不断改进,单晶硅片尺寸(直径)呈现2英寸→3英寸→4英寸→6英寸→8英寸→12英寸→18英寸的变化路径,目前主要以8英寸和12英寸为主流,出货面积占比超过90%。8英寸硅片主要应用于工业、汽车、智能手机等,12英寸硅片则主要应用于智能手机、电脑/服务器、固态硬盘等。晶圆制造涉及数十次薄膜沉积、光刻、刻蚀、清洗等工序。其中,光刻机是晶圆制造的核心部件,成本占比近30%。伴随工艺线宽不断缩小,多重曝光技术应用越来越广泛,刻蚀设备在半导体关键设备市场中占比不断提升,近年来已逐渐超过光刻机,成为第一大设备领域,占比近25%。薄膜沉积分为针对绝缘薄膜的化学气相沉积(CVD)和针对金属薄膜的物理气相沉积(PVD),在晶圆制造设备中占比分别为10%和5%。

封装测试环节分别涉及封装设备及检测测量设备等。

3.集成电路

集成电路通常指的是通过特定工艺流程，将晶体管、二极管等元器件电路互联并集成在半导体晶片上，用于执行特定功能的电路或系统，有时也被称为芯片/晶片（Chip）。集成电路产业是半导体产业中最为重要的细分领域，作为电子信息产业的基础，已发展成为衡量一个国家综合国力的重要标准。伴随通信、消费电子、汽车电子、工业和医疗系统等下游新兴应用的发展，集成电路产业未来发展空间广阔。人工智能、物联网、自动驾驶、5G通信、新基建等未来产业发展也将为集成电路产业发展带来持久需求。

如前所述，按照流程，集成电路产业分为芯片设计环节、晶圆制造环节及封装测试环节。其中晶圆制造环节具有资本密集度高的特征，封装测试环节则具有劳动密集度高的特征，是集成电路产业中附加值相对较低、进入门槛较低的行业。

三 半导体产业全球分工及龙头企业

由于半导体产业具有典型的资本密集、技术密集及规模效应特点，产业先发优势明显，体现为显著的国际巨头垄断及地域分工特征。近年来，伴随国家意志高企，在政府强势产业政策干预下，空间集中程度愈加显化。

就半导体材料而言，日本、欧盟和美国厂商在制造材料上占据绝对优势。以半导体材料市场中占比最高的硅片和靶材为例，日本信越、日本盛高、中国台湾环球晶圆分别占有27%、26%、17%的硅片市场份额，而美国和欧盟分别占有38.46%和27.6%的靶材市场份额。在广泛关注第3代半导体材料的背景下，美日欧等已相继将第3代半导体材料纳入国家战略规划，世界巨头企业也纷纷进入该领域，全面抢占技术和产业制高点。如欧洲2010年由ST公司牵头，联合企业、大学和公共研究中心共同攻关第3代半导体材料关键技术，日本则在2013年将碳化硅纳入"首相战略"。

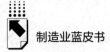

半导体设备领域基本被欧盟（以德国、荷兰、瑞士为主）、美国、日本、韩国厂商垄断。表2展示了硅片加工环节主要设备厂商。晶圆制造环节以光刻机为最重要的设备，基本被欧盟、日本垄断。其中来自荷兰的 ASML 是光刻机市场的领导者，垄断高端光刻机市场。近年来研发出的最先进的 EUV 光刻机，能够适配 7nm 及以下制程芯片的设计制造。日本 Nikon 生产的光刻机范围广泛，特别是在面板（FPD）光刻方面独具优势。而日本 Canon 聚焦中低端光刻机市场，包括封装光刻机、LED 光刻机和面板光刻机等。随着半导体工艺技术不断发展，刻蚀设备重要性日益增强。当前技术及产能主要被美日垄断，美国泛林半导体、Applied Materials 及日本东京电子占据绝大部分市场份额。薄膜沉积也是晶圆制造的重要环节，其技术及产能呈现被美日垄断的态势。其中 CVD 技术被美国 Applied Materials、LAM 及东京电子所垄断，PVD 技术则表现出美国 Applied Materials 一家独大。封装测试环节，检测测量设备以美国 KLA 一家独大，封装设备市场则基本被来自中国香港的 ASM Pacific，来自日本的新川、川崎、Towa，以及来自荷兰的 Besi 5 家企业垄断。

表2　硅片加工环节主要设备厂商

设备种类	厂商
单晶炉	PVA（德国）、KAYEX（美国）、Ferrotec（日本）
切片机	东京精密（日本）、M&B（瑞士）、齐藤（日本）
倒角机	博世（德国）、日立（日本）
磨削设备	IKA（德国）、齐藤（日本）、科库森（日本）
抛光机	Applied Materials（美国）、玛托（德国）
清洗机	DNS（日本）、LAM（美国）
检测设备	Advantest（日本）、泰瑞达（美国）

资料来源：SIMI。

在集成电路生产制造领域，芯片设计环节由美国占据支配地位。TrendForce 数据显示，2019 年位居全球前十的芯片设计公司中有 6 家来自美国；美国集成电路设计业占据全球市场份额约 70%，中国大陆集成电路设计业占据全球市场份额约 20%，其余则为中国台湾、日欧等国家和地区。晶圆制造环节，亚太地区已发展成为晶圆制造，特别是代工生产的主战场。数据显示，2019 年仅中国台湾台积电一家企业就占据全球纯晶圆代工市场 66% 的份额，韩国三星占据 15% 的市场份额，中国大陆企业也逐渐成长为全球晶圆代工不可忽视的重要力量，如中芯国际占比 5.4%，排名第四，华虹半导体和上海华力分别占比 1.7% 和 1.3%，进入全球前十晶圆代工企业。随着亚太地区将半导体产业上升为国家战略，一批新建的晶圆代工厂正在逐步落地，未来半导体产业将进一步在亚太地区集聚。封装测试环节进入壁垒低，分布相对较为分散，中国后来居上，在封装测试行业也占据一席之地，2019 年全球龙头企业以中国台湾日月光、美国安靠、中国大陆长电科技等为代表，占据全球近 60% 的市场份额。

四 我国半导体产业发展基本情况

我国高度重视半导体产业发展，相继从产业重点、关键技术、区域布局、扶持战略等方面颁布了一系列政策措施以推进半导体产业发展。如 2000 年国务院发布《关于印发鼓励软件产业和集成电路产业发展的若干政策的通知》。2008 年科技部和信产部启动"极大规模集成电路制造装备及成套工艺"专项项目，召集了一批国内半导体设备公司针对一系列重点工艺和技术进行攻关。2011 年国务院发布《关于印发进一步鼓励软件产业和集成电路产业发展若干政策的通知》，表明国家对半导体产业持续性支持的态度及将半导体产业做大做强的决心。2014 年国务院印发《国家集成电路产业发展推进纲要》（以下简称《纲要》），提出打造"芯片设计—制造—封装测试—装备与材料"全产业链，于 2030 年产业链主要环节达到国际先进水平，实现跨越式发展的战略目标。《纲要》明确设立国家集成电路产业投资基金（大基金），并实行市场化运作方式吸引大型企业、金融机构共同参与，支持以集成电路为重点产业的发展。《纲要》同时在税收、人才等多个

领域提出支持举措。《纲要》是目前我国发布的最为详细且支持力度最大的政策措施。"十三五"以来,中央政府以举国体制发展半导体产业并实现国产替代的决心与意志日趋明显,进一步从投融资、财税、研发、人才、进出口、知识产权与市场应用等方面,做了全方位扶持政策部署。值得指出的是,作为半导体产业发展重要扶持手段的企业研发支持及税收减免,政府曾根据产业技术进步情况多次进行动态调整,以期与时俱进,实现对规模企业及先进制程的扶助。另外,中央政府格外关注人才培养问题。2021年教育部等七部门联合制定了《关于加强集成电路人才培养的意见》,强调加强集成电路相关学科专业和院系的建设,为集成电路人才创新培养提供支持。在区域产业布局方面,国家以长三角、珠三角等地区为重点进行规划,试图打造区域集成电路产业高地。

国家产业政策成效显著,特别是2014年启动的大基金,第一期投资规模近1400亿元重点支持晶圆制造领域,第二期注册资本2000多亿元重点支持半导体产业国产替代化,吸引了数千亿元地方政府及民间资本投入,带动我国半导体产业迅猛发展。尤其是集成电路产业已形成设计、制造和封装测试的完整产业链,在部分领域尤其是设计和封装测试领域已初步达到世界先进水平,出现了一批优秀的龙头企业。

从集成电路产业发展总体规模和速度来看,集成电路产业规模由2002年的268.0亿元,增至2010年的1440.2亿元,再增至2020年的8915.0亿元,年均增长率超过20%(见表3)。由于早期外国资本如英特尔、富士通等企业最初以独资或合资形式进入国内封装测试环节,且封装测试行业本身具有较低的资金技术门槛,因此封装测试行业产值占比在21世纪初遥遥领先。但随着国家政策对晶圆制造及芯片设计行业支持力度的加大,封装测试行业的优势逐渐被这两个行业所取代,特别是芯片设计行业资金门槛不高,发展尤为迅猛,2016年产值首次超越封装测试行业,其后一直保持领先地位且差距不断拉大。

表 3 我国集成电路产业规模及其构成

单位：亿元，%

年份	集成电路产业		芯片设计环节		晶圆制造环节		封装测试环节	
	规模	比重	规模	比重	规模	比重	规模	比重
2002	268.0	100.0	22.0	8.2	47.0	17.5	199.0	74.3
2005	702.1	100.0	124.3	17.7	232.9	33.2	344.9	49.1
2010	1440.2	100.0	363.9	25.3	447.1	31.0	629.2	43.7
2015	3609.8	100.0	1325.0	36.7	900.8	25.0	1384.0	38.3
2016	4335.5	100.0	1644.3	37.9	1126.9	26.0	1564.3	36.1
2017	5411.3	100.0	2073.5	38.3	1448.1	26.8	1889.7	34.9
2018	6531.4	100.0	2519.3	38.6	1818.2	27.8	2193.9	33.6
2019	7562.3	100.0	3063.5	40.5	2149.1	28.4	2349.7	31.1
2020	8915.0	100.0	3819.4	42.8	2580.0	28.9	2530.0	28.3
平均复合增长率	20.3		31.2		23.5		14.3	

资料来源：相关年份《中国电子信息产业统计年鉴》。

　　从集成电路产业龙头企业层面来看，在芯片设计行业，已形成海思半导体、清华紫光展锐、中兴微电子、智芯微、华大半导体等知名企业。其中，海思半导体是我国最具实力的芯片设计企业，前身是华为集成电路设计中心，正式成立于2004年，主要产品为麒麟系列芯片，其中5G芯片全球市场份额一度达到16%，仅次于美国高通的41%，由于遭到美国制裁，市场份额大幅下跌。但海思半导体设计的芯片，最高端已采用5nm工艺制程，达到国际先进水平，使得中国半导体产业成功打破了美国高通、苹果、英特尔等公司对移动芯片的垄断局面。值得关注的还有一些新兴企业在某些领域处于国际先进水平，如寒武纪在通用型智能芯片及其基础架构软件研发和产品规模化应用方面表现卓越。晶圆代工领域的知名企业包括中芯国际、华虹半导体、上海华力等，在低端及中端成熟制程，特别是大于20nm的制程量产已初具规模。中芯国际已成为世界领先的集成电路晶圆代工企业之一，也是中国集成电路制造业领导者，正在向7nm工艺制程量产进军，有望打破国外晶圆代工在高精度工艺制程上的垄断地位。封装测试行业多以并购形式

提高企业竞争力及市场占有率，我国封装测试行业在大基金的加持下，实现了长电科技对新加坡星科金朋、通富微电对美国 AMD 苏州封测、华天科技对马来西亚 Unisem 等的并购。这些企业成长为行业内的龙头企业，但多以传统技术为主，产品定位于中低端。长电科技是在全球封装测试技术领域处于领先地位的企业，已实现最尖端的 4 nm 工艺制程芯片的封装；在集成电路朝着微小化、复杂化和集成化方向发展的背景下，推出 GPU 等高密度异构集成的 XDFOI™ 多维先进封装技术（涵盖了 2D、2.5D、3D 集成技术），为实现行业颠覆式创新奠定了基础。

在半导体材料及设备方面，我国国产化能力较弱，基本不具备规模销售能力，特别是半导体设备在整个半导体产业中占比极低。我国半导体材料主要集中于封装测试材料方面，半导体制造材料仅能满足国内 20% 左右的产能需求。半导体设备领域，上海微电子处于国内龙头地位，主要生产光刻机，拥有完全自主知识产权的 90nm、110nm、280nm 光刻机产品，可用于 8 寸线或 12 寸线的大规模工业生产，打破了国外对光刻机市场的垄断局面。沈阳拓荆科技作为 CVD 设备的国内龙头企业，自主研发 12 寸薄膜沉积设备，已可满足先进制程工艺需求，这是我国国产化方面的重大突破。

五 我国半导体产业未来发展面临的主要问题及重大挑战

尽管近年来我国半导体产业发展迅速，但技术水平、产业规模、产业生态与美日等发达国家相比仍有较大差距。特别在国际竞争日趋激烈的背景下，我国半导体产业发展面临重大挑战，亟须摆脱低端锁定，实现技术升级与产品突围。

国际形势严峻复杂，面临美国"围追堵截"。近年来，国际形势日趋复杂，主要国家围绕经济、科技、军事展开激烈竞争。特别是美国为维护其科技领域霸权地位，对华发动科技冷战，近年来频繁对我国科技企业实体进行长臂管辖，实施封锁制裁，同时综合运用技术管控、交流阻断、人才封锁等系列手段实施精准脱钩。针对崛起的中国半导体产业，美国相继发布"芯片法案"、发起对华"芯片禁令"等，一方面通过巨额补贴吸聚半导体产业回流，提升本土产能、本土创新能力及全球竞争力，另一方面通过护栏条款等迫使半导体产业企业选边站队，通过划定"实体清单"、强化技术出口管制、严格审查投资等系列举措，将中国排除在全球半导体供应链之外，以遏制我国芯片产业国产化及转型升级进程。

严重依赖国外技术与产能，特别是先进制程。尽管我国半导体产业发展迅速，但由于国内市场规模庞大，产能跟不上需求，相关产品主要依赖进口。以集成电路产业为例，目前只在封装测试行业形成了一定配套能力，晶圆制造已经初步拥有成熟制程量产能力，但产能及良品率严重落后于国际巨头企业，在先进制程上更是与国际巨头企业相差 3 代以上（6 年）。总体而言，国产芯片产能自给率不足 20%，在高端芯片领域的自给率更是严重滞后。半导体设备与半导体材料领域，中国也严重依赖国外技术与产能。以高端光刻机为例，市场基本被尼康、佳能、ASML 3 家企业垄断，在 ASML 被禁止向中国售卖光刻机等技术封锁下，中国高端光刻机发展更是受阻。在芯片设计软件平台上，EDA 软件基本上被铿腾电子、新思科技、明导等美国企业所垄断，中国在取得专利授权后才能正常应用，严重影响了芯片设计创新能力。严重的对外依赖使得产业链韧性极易受到国际经济形势及地缘政治因素影响，因此亟须提高相关产品自主知识产权意识，实现国产化替代。

产业生态亟须完善。一方面，从半导体产业链条上下游企业来看，中国已经涌现出一批技术与规模兼备的龙头企业，如华为海思、中芯国际、华虹半导体、长电科技等，但市场上大多数企业属于中小型企业，既散又弱，融资能力有限，即便有政府资金支持，也难以实现规模经济，更难以实现技术突破，亟须重视兼并整合以进一步提升企业整体实力，特别是以龙头企业为先锋，打造中国半导体产业的国家舰队。另一方面，政府针对半导体企业实行企业所得税、关税免除等系列措施促进其发展，但产业发展缺乏良好的创新与生态环境，在企业技术研发、产学研合作及科研成果转化方面亟须政策予以引导与支持。在这方面，日本 20 世纪 70 ~ 80 年代半导体产业发展初

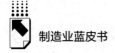

期，政府推进超大规模集成电路（VLSL）项目的经验值得借鉴。当时日本政府集合所有大型半导体制造企业并成立"研究组合"，对产业基础性及共性技术进行资助，总额达 737 亿日元（约合 2.9 亿美元，占总支出金额的 40%）。

人才资源匮乏，特别是高端人才。集成电路是一门与其他学科紧密相连的交叉学科，相应的人才需具备通信、计算机、应用物理等多方面的知识，因而培养半导体行业人才难度大、周期长。《中国集成电路产业人才发展报告》显示，国内集成电路产业正处在布局与发展阶段，行业薪资水平在逐步提高，进入这一领域的员工也在不断增加。2020 年，全国约有 54.1 万名从事集成电路行业的员工，较上年同期增加 5.7%。但目前国内集成电路人才的供应总量仍旧不足，预计到 2022 年，芯片人才缺口将超过 20 万名。特别是高端管理与技术人才极为匮乏，无法满足核心、关键、自主创新技术发展的需要，因此，有必要将解决半导体产业人才资源匮乏问题提上日程。

六 中国半导体产业创新发展策略

针对我国半导体产业要摆脱低端锁定，实现技术创新与产品突围，在巩固现有优势的基础上，进一步强化在国际竞争中的战略自主能力，本报告提出以下建议。

强化战略意识，制定中长期发展规划。半导体产业的发展不仅关乎行业本身，而且也限制了未来先进制造业的发展，并给国防安全等相关产业带来了深远影响。要高度重视半导体产业在国家经济发展及国防安全中的战略地位。建立全局意识、战略思维，着眼于长远的经济、科技与国家安全，在国家层面进行半导体产业的顶层设计和中长期战略规划。在顶层设计引领、规划与指导下，统筹布局和配置资源，促成区域产业合理分布与上下游联动。将半导体产业战略规划与国家其他重大战略规划部署紧密结合，协同发力。制定《中国半导体产业发展促进法》，从法律层面保障我国半导体产业长期稳定发展。

围绕核心关键技术，实现重点突破。充分发挥新型举国体制，加快半导体领域基础研究，设立半导体国家实验室，围绕前沿性、颠覆性、关键性技术，进行跨学科、跨领域、产学研协同攻关，确保取得重大突破。充分把握半导体技术摩尔定律放缓的战略窗口期，力争在第3代半导体材料、RISC-V架构、异构集成与先进封装等领域"换道超车"，实现颠覆性创新。进一步发挥各级政府产业基金的引导和杠杆作用，积极鼓励金融机构和社会资本参与，加大对半导体重点企业、主要环节、关键设备和先进材料的技术研发与产业化的资助力度，并对相关企业实施税收减免。

多措并举，着力培育半导体产业生态。完善优质企业梯度培育体系，培育一批具有生态主导力和核心竞争力的龙头企业。构建龙头企业牵头、科研机构支撑、各创新主体互通有无、协同发展的产业生态。充分发挥行业协会、产业联盟的作用，加强上下游协调联动，构建自主可控、安全高效的产业链、供应链。进一步推进开放式创新，主动融入国际半导体创新网络。

加速半导体领域专业人才的引进与培育。高度重视人才，特别是高端人才在半导体产业中的关键作用。加大对半导体科研机构、重点研发企业海内外领军人才和创新团队引进的支持力度，通过个税减免、股权激励等优惠政策吸引并留住全球学界、商界高端专业人才。进一步鼓励高校建立健全与半导体产业发展相适应的本专科、研究生教育和在职培训人才培养体系，加强半导体领域高层次、急需紧缺和骨干专业技术人才的培育。

参考文献

大半导体产业网（SEMI），https：//www.semi.org.cn。
集邦咨询（TrendForce），https：//www.trendforce.com。
美国半导体行业协会（SIA），https：//www.semiconductors.org。
世界半导体贸易统计协会（WSTS），https：//www.wsts.org。
许明：《光刻机产业链创新链竞争力分析》，载张其仔主编《产业蓝皮书：中国产业竞争力报告（2021）》，社会科学文献出版社，2021。

B.5
新能源产业数字化发展研究（2023）

梁永福*

摘　要： 当前，数字经济蓬勃发展，已成为新能源产业高质量发展的重要动能。本报告在分析我国新能源产业发展现状及其数字化转型需求的基础上，全面梳理了新能源产业数字化转型中新型电力系统、输配电、交易与消费、储能、虚拟电厂、产业链协同、企业管理七个核心环节，重点从转型需求及做法上分析了阿特斯、中节能、金风科技、远光软件、融链科技与能信科技的数字化转型案例。通过深入研究新能源企业数字化转型过程，发现新能源企业普遍存在资源及成本控制需要更精细化，客户呈现更强个性化特点，亟须以信息化手段更好地调整运行控制策略等问题，这些逐渐成为制约新能源企业商业化进程和产业高质量发展的痛点难点。数字化技术正通过虚拟电厂、产业链协同等推动新能源企业转型升级，建议相关部门加大对新能源产业数字化转型重点领域的扶持力度，引导头部企业率先转型。

关键词： 新能源产业　数字化转型　数字化技术

　　数字经济正蓬勃发展，不断推动居民生活方式、各领域生产方式、政府治理方式的深刻变革，重组全球资源、重塑全球架构、改变全球竞争格局成为数字经济影响下的必然趋势。2020年我国数字经济以5.4万亿美元的规

---

* 梁永福，经济学博士，广东工业大学经济学院经济系副主任，副教授，主要研究方向为产业组织理论、技术创新和科技管理等。

模位居全球第二，同比增长9.6%，数字经济正在以迅雷不及掩耳之势渗透包括能源领域在内的经济社会的各个方面。党的十九届五中全会提出要推进能源革命，加快数字化发展，构建智慧能源系统。

在科技进步和政策的引导下，我国以光能、风电、海洋能、核能和生物质能等为主的可再生清洁能源产业快速发展。作为新兴领域，新能源产业呈现碎片化和复杂化的特性，逐渐出现管理困难、供应链金融、可信监管、数据安全等一系列产业发展的新挑战。为了实现高质量发展和能源消纳利用，新能源产业发展需要与产业数字化趋势相融合。

新能源产业数字化旨在以新发展理念为引领方向，以能源技术和数字技术融合应用为核心推动力，利用数据这一关键生产要素，将现代能源网络和信息网络作为主要载体，致力于新能源产业全要素生产率的稳步提升，加快现代能源体系的有效构建。通过引入5G、AI、大数据、IoT等技术，实现全链路的智能化、互联化和数字化，最大限度地提高电力生产效率、能源效率、运维效率。

一　新能源产业发展及数字化转型概况

（一）我国新能源产业发展现状

目前，我国新能源产业呈现多方分立格局。随着发电成本下降，风电和光伏发电竞争力增强，逐渐成为新能源产业发展的主力。一级能源市场作为能源产业链上游，呈现出以太阳能、风能、生物质能、地热能、氢能等可再生、可持续的新能源替代化石能源的趋势，其中风光新能源的产业化进度较快，市场空间快速扩大。

1. 太阳能

近年来，我国光伏发电量不断增加。从图1可见，2019年我国光伏发电量为1172.2亿千瓦时，2020年增至1380.6亿千瓦时，同比增长17.8%。广东是中国光伏产业的主要发源地之一，其光伏科教研发、检测实力在国内领先，移动电源外贸出口量大，其集成应用领域集聚了众多中小企业，光伏市场发展整体比较稳健。2021 年广东新增光伏装机 226.38 万千瓦，其中集中式光伏 99.38 万千瓦，分布式光伏 127 万千瓦；截至 2021 年底，广东光伏装机 10.2 吉瓦，其中集中式 508.2 万千瓦，分布式 511.9 万千瓦。

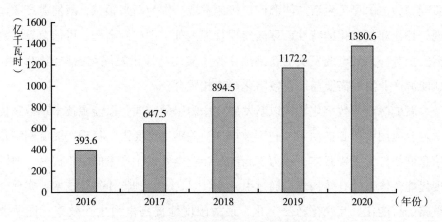

图 1 2016~2020 年中国光伏发电量统计

资料来源：《2021 中国太阳能热发电行业蓝皮书》。

2. 风电

2020 年全国风电新增并网装机 7167 万千瓦，同比增长 179%，其中陆上风电新增 6861 万千瓦（见图 2），海上风电新增 306 万千瓦。截至 2020 年底，我国风电累计装机 2.81 亿千瓦，同比增长 34.6%，其中陆上风电累计装机 2.71 亿千瓦，海上风电累计装机 900 万千瓦。相比而言，海上风电不需要考虑土地资源的规划和成本问题，对自然环境影响小，发展潜力巨大。

在前期陆上风电发展的基础上，经过近年海上风电规划引导和项目建设带动，广东海上风电相关产业发展较快，产业基础建设加快，初步形成覆盖研发、设计、制造、施工、检测、运维等的海上风电全产业链发展格局，为广东打造国内乃至全球海上风电产业基地奠定了必要的基础。其中，阳江海上风电全产业链基地加快建设，叶片、塔筒、整机制造等项目已相继建成投产或即将投产，电机、海缆等 13 个配套项目正在建设；汕头海上风电整机

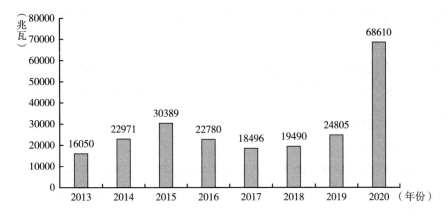

图 2 2013~2020 年中国陆上风电新增装机容量

资料来源：国家能源局。

组装厂已开始调试设备；揭阳、汕尾正在谋划推进风电运维和海工基地建设相关工作。目前全省海上风电产业分工发展格局基本形成。

3. 氢能

目前，我国的氢能源产业已具有一定的基础，全国氢气产能超过 2000 万吨/年。但生产主要依赖化石能源，清洁能源制氢和氢能的能源化利用规模相对较小。国内的氢气近七成以石油、煤、天然气等为化石原料制得，而约三成由工业副产气体制得，仅不到一成由电解水制得。《中国氢能产业发展报告 2022》提到，2021 年新增加氢站数量大幅增长，实现新增 100 座，氢能配套基础设施建设提速。国内加氢站主要分布在北京、山东、湖北、上海、广东等燃料电池产业相对发达的地区。

广东的氢能源产业覆盖了制备、存储运输、氢应用各个方面，通过引入一系列知名企业，大大促进了氢燃料电池电堆、动力系统及空气压缩机研发、生产领域的发展，初步形成了氢能源产业链。

广东新能源汽车产业基地在佛山南海区建成，打造了"仙湖氢谷"，集聚多家企业——广东长江汽车、广顺新能源、广东爱德曼公司、广东泰罗斯汽车、拜特斯特、华特气体；中国中车四方氢燃料电池有轨电车维修基地在佛山高明区建成，促进氢燃料电池有轨电车的产业发展和商业运营；云浮、佛山两市联合建立了氢能产业基地，推动上下游配套产业集群发展和氢燃料电池汽车生产，初步形成了以广东国鸿科技有限公司、云浮飞驰新能源汽车有限公司为代表的龙头企业集群，吸引了美国普顿、北京科泰克、江门联悦、巴拉德、上海重塑、东风特商等氢能源上下游企业及重点项目，氢能源产业链逐步形成。

4. 生物质能

生物质发电是指利用生物质具有的生物质能进行电力供给。截至 2020 年底，我国已投产生物质发电项目 1353 个，并网装机容量 2952 万千瓦（见图3），年发电量 1326 亿千瓦时，年上网发电量 1122 万千瓦时。随着生物质发电的快速发展，我国生物质发电装机容量在 2018~2020 年连续 3 年位居世界第一，我国生物质发电在可再生能源发电中的比重也在每年稳步上升。2020 年，中国生物质年发电量达到 1326 亿千瓦时，同比增长 19.35%。生物质发电装机容量中垃圾焚烧发电和农林生物质发电合计贡献 96%。分地区看，生物质发电累计并网装机容量整体呈现东强西弱的特征，2020 年累计并网装机容量超过 200 万千瓦的 5 个省份分别为山东、广东、浙江、江苏和安徽，这 5 个省份并网装机容量占全国累计并网装机容量的 46.6%，2020 年全国生物质发电新增装机容量排名前五的省份是山东、广东、河南、浙江和安徽。

图 3　2015~2020 年中国生物质发电并网装机容量及年新增装机容量

资料来源：国家能源局。

广东拥有丰富的农业废弃物（生物质）资源，目前300万亩耕地均以生产粮食为主，年产约2450万吨农作物秸秆。除上述生物质能外，广东由于地理位置特殊，地处中国南端，面向南海，海域广阔，海洋资源丰富，理论上可产7000万~8000万吨标准煤，然而有效利用率不高，生物质能占全省能源消费总量不到0.1%。

此外，广东有着国内领先的利用沼气发电的研究与示范基地规模，并建立了国内最大的畜牧场有机污水处理和沼气发电系统。在高温生物质气化方面，建立了MW生物质气化电站和40吨循环流化床气化装置。发展起来的固体废物气化发电技术采用易燃固体有机废物气化，将气体净化后再供给内燃机发电，与传统的垃圾焚烧发电完全不同。广东最早建立了城市生活垃圾焚烧发电厂，因而在生物质能利用方面具有较多的工程经验。

5. 海洋能

海洋能发电主要包括波浪能发电、潮汐能发电、潮流/洋流发电、海水温度差发电、海水盐度差发电等，其中海水温度差及海水盐度差的变化幅度较小，能量密度低，作为大规模动力能源的应用潜力不大。波浪能、潮汐能能量密度大，间歇性较强，国内外已有厂家对其进行了实验性开发。

中国是海洋资源大国，大陆海岸线绵长，达到1.8万公里，位居世界第四。我国海上风电开发潜力近3000吉瓦，将是全球海上风电开发的主要力量。2021年中国新增海上风电装机容量16.9吉瓦，跃升全球海上风电装机规模第一。经过规划和产业扶持，中国已实现"弯道超车"，完成了基础建设和产业链培育，进入平价时代，行业已具备自生能力，将进入发展快车道。广东、江苏、山东3个省份海上风电发展规划已较为成熟，尤其是广东财政补贴，"十四五"规划量全国最大。2021年9月30日《广东省海洋经济发展"十四五"规划》明确指出，截至2021年底，广东海上风电累计建成400万千瓦容量的投产装机；截至2025年底，力争在全国率先实现平价并网，投产装机容量争取达到1800万千瓦。广东将重点建设粤西（阳江、湛江）和粤东两个千万千瓦级的海上风电基地。

6. 核能

相比于其他主要能源,核能具有低碳、稳定、高效的特点,适合作为优质基荷能源发展,在"双碳"目标下重要性凸显。《中共中央国务院关于完整准确全面贯彻新发展理念做好碳达峰碳中和工作的意见》及《2030 年前碳达峰行动方案》,均将核电发展作为非化石能源发展的重要手段之一。一方面,从电源结构上看,2020 年我国核电占比仅为 4.8%,显著低于全球平均水平的 9.52%,仍有较大的提升空间;另一方面,我国核电发电量占比从 2011 年的 1.9%提高至 2020 年的 4.8%,具体机组数如图 4 所示。随着终端用能电力化叠加、电源结构调整,作为非化石能源的核能重要性凸显,占比将继续上升。

目前,广东共有 12 台在运核电机组,装机容量 1330 万千瓦,超过一成的全省电力总装机。与此同时,中广核每年为香港提供超过 100 亿千瓦时的电量,占香港用电量的 1/4。深圳大亚湾核电基地目前拥有核电机组 6 台,每年发电量超过 450 亿千瓦时,相当于深圳七成的年用电量,甚至是香港全年的用电量。

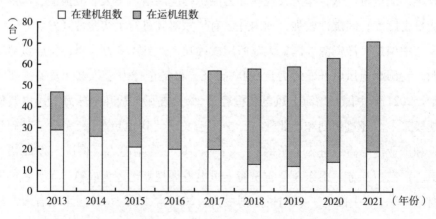

图 4　2013~2021 年中国核电在运机组数及在建机组数

资料来源:中国核能行业协会、世界核协会。

（二）新能源产业数字化转型需求

市场空间：产业数字化需求大，新能源数字化市场规模扩大，新能源占比提高，催生数字化需求。

1.发电/输电

随着能源结构转型的不断深化，大规模新能源与新型负荷对各级电网的接入需求愈发迫切，所呈现的多元复杂性、不确定性、波动性强的特点给电网安全经济运行带来了巨大挑战。如何通过新能源电力的可视化、信息化、数据化，促成新能源电力"可看见、可预测、可调控"变得更为迫切。

2.储电

由于风电、光伏等可再生能源大量接入，储能技术的配套成为其重要组成部分，以提升能源电力系统调节能力、综合效率和安全保障能力。

3.配电/用电

在新能源占比大幅提高的情况下，一方面配电网出现了大量升级改造需求，另一方面对需求侧管理提出了更高要求，需要对发电信息进行实时响应、"削峰填谷"，同时进行"源—网—储—荷"协调配合，进一步推动能源互联网和智能微电网建设。

新能源数字化规模持续扩大。第一，电力数字化市场规模，亿欧智库报告显示，2020 年市场规模为 2210 亿元，预计 2025 年将达到 3700 亿元，这 5 年期间 CAGR 可达 10.80%。第二，新能源数字化市场规模，沙利文报告显示，2019 年，我国新能源软件及数据服务业市场规模约为 26.88 亿元，2014~2019 年 CAGR 为 11.10%。沙利文报告同时预计，2019~2024 年我国新能源软件及数据服务市场 CAGR 为 10.70%，市场规模将达到 44.74 亿元。

随着清洁能源占比提升，新能源发电设备的弱抗扰性、弱支撑性将给电网安全稳定带来挑战，新型智能电网建设成为必要。新能源大规模接入电网后，常规能源机组占比逐步下降，电力系统转动惯量和无功电压支撑能力降低，系统抗扰动能力明显弱化，在出现事故的情况下，电网频率和电压将大幅波动。与此同时，新能源机组自身对过电压、过电流的耐受能力较弱，在

系统出现故障扰动时，新能源机组容易脱网，加剧系统扰动，最终影响电力系统稳定运行。

新型智能电网建设在电网"十四五"规划中占据重要地位。规划要求在电网侧加快建设安全、可靠、绿色、高效、智能的现代化电网，公布的38项重点任务中近半数与新型智能电网建设相关。强调加快数字电网建设，应用先进传感技术、通信信息技术和控制技术，实现"云大物移智链"等现代数字技术和能源技术深度融合，通过平台赋能和数据驱动，使电网具备超强数字感知驱动、智能调度控制、智慧高效运营等能力。加快建设新型电力系统智能调控体系，更好地适应新能源发展安全的需要。智能运维和故障预判系统将有效减少新能源大比例接入对电网的冲击，保障电网的稳定运行，机器替人等应用场景丰富是电网数字化转型的重要方向。

二　新能源产业数字化转型重点领域

新能源开发具有随机性与波动性的特点，为调控电网供求平衡，新型电力系统需要改建扩建储能、电网等配套设施，构建以新能源为主体的新型电力系统。同时，新能源具有区域性特性，未来的大规模风光基地和就近消纳的分布式电源，需要新建相应配套电网、电站。此外，新能源企业管理以及产业链协同都需要数字化转型来应对消费端的新兴需求。新能源产业数字化转型的重点领域包括如下几个方面。

（一）新能源发电预测、控制、运营系统

新能源产业发电（或生产）环节主要围绕预测、控制、运营系统的数字化展开。

1.新能源发电功率预测系统

根据各能源局发布的《发电厂并网运行管理实施细则》的要求，新能源电站必须于每天早上9点前向电网调度部门报送短期功率预测数据，

用于电网调度做未来 1 天或数天的发电计划。根据应用场景的不同，新能源发电功率预测产品可以分为应用于单一新能源电站的单站功率预测产品、应用于发电集团的集中功率预测产品和应用于电网的区域功率预测产品。功率预测系统主要由预测服务器、安装于服务器内的软件和测风或测光设备构成。

2. 新能源并网智能控制系统

为实现电力的实时平衡，电力系统需要根据整体电力供需情况对新能源发电进行有效的管控，使其具备可调性、规律性和平滑性。公司的新能源并网智能控制系统是用于新能源电站根据电网的要求对电力生产进行实时管控的。根据控制方式的不同，分为自动发电控制系统（AGC 系统）、自动电压控制系统（AVC 系统）和快速频率响应系统。

3. 新能源电站智能运营系统

新能源电站智能运营系统具备智能监测、告警管理、运维管理、统计分析、日常办公等模块，可实现电站远程监控、数据统一管理、智能运维、运营指标分析等，可减少电站的人员，提高电站的运营效率和管理效率。

（二）新能源电力输配电

新能源产业输配电环节主要集中在设计软件、输电网能源管理系统（DMS）与配电管理系统（EMS）。

1. BIM 电力设计平台及软件

BIM 平台及软件定位为 BIM 平台及工具层软件研发、销售，包含自主可控的底层 BIM 平台、GIS 平台、物联网平台及应用快速开发平台、BIM 设计系列软件、BIM 造价软件、BIM 基建平台、BIM 运维平台等软件产品。

2. DMS 与 EMS

DMS 与 EMS 的区别在于 DMS 与 EMS 虽属同一层次但目标相异，DMS 负责配电、负荷，EMS 负责发电、输电。EMS 首先采集实时数据，以此为基础进行模拟运算，确保运行模式经济安全，最终完成状态估计、经济运行计算、潮流计算、动静态安全运行分析等工作。SCADA 系统可以现场实时

采集数据，包括各断路器的分、合状态以及各种部件（变压器、线路等）的电压、电流、功率等，基于这些数据监视和控制整个系统。

（三）新能源电力交易与消费

新能源产业用电（或销售）环节主要在营销、智能交易系统。

1. 电力营销系统

主要包括营销稽查监控、营销业务应用、营销电子档案三大板块，主要为国家电网及其子公司提供用电量采集、电费核算、售电、客户服务管理、档案管理等业务。

2. 智能用电系统

主要面向钢铁冶金、石油化工、轨道交通、港口、园区等行业用电领域，提供用电系统智能保护与控制、能效优化、物联安全等整体解决方案与服务；面向终端客户用电场景，提供安全用电、透明用电、可靠用电、经济用电的物联网整体解决方案与服务。因为面向场景丰富，所以参与者非常分散。

（四）新能源电力储能

数字化深度赋能能源变革，伴随储能系统更加智能化、数字化，储能场景更加复杂化，"源—网—储—荷"交流互动常态化，储能将为能源带来新的增量。未来以光伏为代表的新能源将成为重要能源供给方式，由此带来的新能源规模化接入电网、电力"削峰填谷"、调压调频、构建微电网等方面的需要，将催生万亿级储能市场。储能系统需具有电网调频、电压支撑、削峰填谷、备用容量无功支持等多种复杂功能，对其智能化技术提出了更高的要求，而随着技术创新和 ICT 技术的应用，科技公司有望参与解决储能市场面临的系统安全系数低、系统效率低、电池寿命短、运维难度高等问题。

1. 产品底座数字化

未来的储能系统功能应归纳为"自我感知、自我响应、对电网更加友好"。为实现储能系统商业化部署的成功，不可忽视电池储能系统的效率、可靠性和安全性等性能指标；云、大数据、AI、边缘计算等技术全面赋能储能系统的安全、运维以及运行经济效益成为趋势。数字化/信息化赋能储能系统，PCS、BMS 和 EMS 作为基础底座的智能化程度不断提升。目前可见 BMS 和 EMS 向数据赋能、智能化、平台化、云化发展，PCS 也更加强调自主智能、数据打通、协同运行等。各厂商纷纷发力智能/智慧储能，提升产品数字化、智能化程度。

2.场景联动的能源互联网

电力交易市场加速发展，提升经济效益是储能主体的核心诉求。以风光配储新能源电站为例，储能 EM 与发电预测、电力交易形成联动，在满足电网调度控制需求的前提下，一方面一体化数据的打通和协同能够帮助电站形成更合理的储能充放电策略，在交易市场获得更有利的交易价格，直接提升储能收益；另一方面储能 EM 综合考虑电池系统各类参数，进行优化运行策略和控制策略的设计以减少控制成本。储能参与节能管理，助力产业园区峰谷套利，减少电费；虚拟电厂、光储充一体化充电站将成为储能信息化的重要落地场景。

（五）虚拟电厂

虚拟电厂是储能信息化平台的重要落地场景，是分布式和储能崛起下的重要分支场景。虚拟电厂是一种物联网技术，将分布式电源和储能等进行统一协调控制（见图 5），聚合响应电网调度指令。虚拟电厂的核心功能为调节分布式电源及调节储能和可控负荷。由于分布式电源具有规模小、分布广、种类多等特征，虚拟电厂通过储能把分布式电源组织起来，平抑出力波动并进行统一调控。同时，虚拟电厂可以调节可控负荷、储能、电动汽车等，比如，在冬夏两季用电高峰期，虚拟电厂控制系统通过 AI 和远程控制，在不影响人体舒适度的情况下，调节空气温度等。

虚拟电厂将与储能联合运营，参与市场交易。灵活调度资源是目前虚拟电厂提供的辅助服务。电力市场机制正在逐步完善，售电市场也在逐渐加强

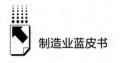

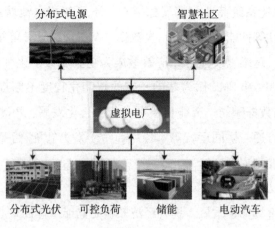

分布式电源　　　　　智慧社区

虚拟电厂

分布式光伏　　可控负荷　　储能　　电动汽车

图5　虚拟电厂

建设，在电力市场交易中售电公司将逐步以虚拟电厂模式加入角逐。受限于用户自身的负载特性及可调性，在电力直接交易和辅助服务市场中，虚拟电厂的单一运营商不可避免地会出现偏差，因此要求电厂必须与储能一起运行，以增强系统的灵活性。目前，全球虚拟电厂规模复合增速超过30%。虚拟电厂在欧美发达国家的发展已经形成一定规模，亚太地区虚拟电厂需求将进一步增长。咨询机构P&S预计，全球虚拟电厂市场规模将从2016年的1.92亿美元增长至2023年的11.88亿美元，年均复合增长率超30%。我国虚拟电厂尚处于初期发展阶段，供需两侧发展潜力巨大。其中，"粤能投"虚拟电厂管理平台是南方电网首个基于市场交易规则设计的虚拟电厂管理平台。"粤能投"虚拟电厂管理平台按照广东电力市场规则要求，创建完整的商业模式，以省、地、区、站点的分层模式打造"网格式"服务，提供日前邀约、日内可中断、实时直控三类产品，依据客户类型打造直控与非直控响应产品，确保做到"可观、可测、可调、可控"。

（六）新能源产业链协同

利用大数据、云计算和区块链等技术，新能源产业的数字化转型可以从如下几个方面展开。

1.新能源企业联盟产业链协作与供应链溯源

传统新能源企业的业务由大型企业经营，业务费用在内部结算，但随着用户之间点对点能源交易的进行，新能源产业从封闭走向开放，业务提供者除了新能源企业外，还包括大量个人能源提供者。为满足新业务生态的需求，产业网络依托区块链进行重构，实现灵活、弹性、自动化。随着新能源产业生态愈发复杂与多样，以往单一链条中某一家或两家新能源企业原本可轻易解决的问题变得棘手。新能源企业可以通过区块链来组成新能源企业服务型联盟，提供供应链、融资供能、能源交易等服务，帮助服务转型升级，除了带来传统生产能源制造以外的服务收入，还可以增强新能源企业联盟服务能力、用户黏性以及生态黏性。通过区块链运用技术与新能源供应链溯源管理，确保链上交易数据真实可信、可追溯，并提供更有价值的资讯产品和服务，从而形成多中心价值共享的价值溯源系统。

2.区块链应用增强新能源企业司法可信

随着新能源产业推动数字化水平的不断提升，大量的电子合同、协议、图纸、工单、新能源产品订单等电子数据产生，电子数据虚拟化、易消失、易篡改、碎片化的特征，增加了法务处理的风险；新能源企业法务往往是企业业务把关的最后一道关卡，责任重大，但绝大部分新能源企业法务是"后知后觉，事后介入"的，被动处理纠纷，对前置业务情况不了解，并且证据往往散落在新能源企业中的各个部门，难以快速收集整理，解决纠纷的效率低。然而，最终直面风险挑战的也是新能源企业法务，电子证据的真实性如何判断、哪些业务环节的电子证据是纠纷案件的关键证据等，稍有不慎就会造成企业的损失。所以，新能源企业法务可以通过区块链完成由被动响应向主动防御的转变，打造主动防御的司法可信体系。

3.便于新能源企业内数据共享与资产管理

新能源产业具有区域性特性，"数据孤岛"现象较为严重。但是，借助区块链技术可以解决这一问题。因为区块链具有共识算法、分布式账本、智能合约等技术，结合这些技术就能够在新能源企业内实现从规模设计、能源销售、能源服务到能源回收的全生命周期的数据互联，这就增强了新能源设备使用的可靠性,同时降低了能耗、物耗与维护费用等。区块链有助于增强新能源企业内设备使用的安全性。为了打通企业内设备数字身份的可信互联,可以在整个链条中为新能源产业设备分配一个区块链的身份。为了管理这些设备,设备所有者可以通过调用设备管理智能合约来定义访问者对设备的访问权限,并把这些定义发布在区块链上。而利用区块链技术就能将访问者对设备的访问权限的策略写进设备,并通过智能合约来管理这些策略。因此,新能源产业与区块链技术相结合,既能利用大数据技术缓解区块链数据处理与分析能力弱的问题,又能利用区块链的价值承载能力为新能源产业高效商业化铺平道路。

(七)新能源企业管理

1. 助力新能源企业管理优化

传统的新能源企业组织内部协调沟通人工成本较高。此外,员工对自身在公司的发展定位以及职责认知不全,导致与企业管理者的利益和目标不完全一致,甚至出现较大的利益冲突,同时缺乏有效的沟通途径和科学的激励机制。而以大数据、云计算、区块链为底层技术,企业组织和管理模式能得以改进,这样一来,企业不同层级之间就能够实现资源共享、优势互补,与此同时,不同地域、不同层次分公司之间就能够有效合作,合作效率就能得以提升。充分利用智能合约数字化信任,提供业务项目、合同和订单等执行的多层级可信记录与存档,减少分工协调的成本,提高分工工作效率。

2. 协助中小型新能源企业解决供应链金融问题

中小型新能源企业面临融资难、融资贵等难题,而随着供给侧结构性改革工作的持续推进,这一问题日益突出。受自身的局限性和金融行业的特殊性影响,新能源资金流问题一直是影响其经营的关键因素。在大数据和区块链技术与供应链金融的结合下,每一笔交易都能通过区块链的共识机制确认其真实性,交易信息无法随意修改,不仅确保了新能源产业链的上下游中小型企业贸易背景的真实性,还使核心新能源企业的信息得以共享。更为重要的是,这些技术的结合能够从根本上解决供应链上"小微融资难、融资贵"

的问题，以更好地满足新能源中小型企业对融资的需求，既有利于优化供给侧结构性改革，也有利于实现核心新能源企业"去库存"的目标，这样就大幅度提高了新能源供应链上的资金运转效率。

三 新能源企业数字化转型案例

（一）阿特斯：中国光伏行业数字化转型的创新者

阿特斯阳光电力集团由归国太阳能专家瞿晓铧博士于2001年创办，并于2006年9月在美国纳斯达克股票交易所上市。阿特斯已累计为全球160多个国家的2000多个活跃客户提供了超过43吉瓦的太阳能光伏发电产品。这些光伏发电产品生产的清洁电力足以满足全球1000多万户家庭的需求。阿特斯发展迅速，其电站开发足迹遍布全球20多个国家，现在不仅是全球领先的太阳能光伏组件制造商和太阳能整体解决方案提供商之一，还是全球最大的太阳能电站开发商之一。

作为全球光伏行业的领军者，阿特斯为更好地满足各类客户个性化的需求，同时保持行业领先的利润水平，近年来不断地尝试和推进管理创新。全球化的市场营销、制造基地、研发团队的布局也大大提高了公司管理的复杂度。推动数字化能力的建设，成为阿特斯应对这些挑战的重要手段。数字化系统实现了全球业务运营和全球人力资源管理效率的提升。标准化的数据体系使全球范围实时可视，并为业务决策和管理优化提供了坚实基础。

1. 数字化转型的需求

光伏市场从大批量采购演变为各种各样的独特需求，加之各个国家的补贴政策不断变化，组件市场的细分趋势越来越明显。后端是全球化批量生产，追求产能最大化，前端是各地的本地化、精细化需求。要想实现前端和后端更好地匹配，更好地满足客户需求，只能依托高水平的管理系统。与此同时，公司需要更好地满足客户需求，且在整体上减少库存，提高产品的周

转率。在满足上述条件的基础上，要尽可能地满足物料采购部门的要求，尽量减少物料种类及其在各个工厂分配上的问题。最后是处理全球范围内的不同税务需求，防范信息对外披露的风险。

2. 数字化转型的做法

一是提升现场作业水平。通过库存管理系统，减少人工操作，增强整体作业的可靠性、及时性，增强库存管理数据的一致性和实时性，为相关的业务分析提供基础。二是提升客户满意度。建立以客户为中心，以订单为主线的客户响应体系，通过订单评审，交期承诺，交付过程跟踪，提升为客户服务的能力，提升客户的满意度。三是供应链快速响应。通过增强需求的可预期性，产能和关键物料瓶颈预警，内部生产和外部协调灵活切换，提升供应链的柔性交付能力和快速响应速度。四是提升业务协同能力。打通内部销售、计划、生产、采购、仓储等业务单元，构建统一的业务节拍，实现客户价值创造的协同一体化。五是实现行业创新。领导光伏行业的数字化供应链建设，解决行业特有的业务痛点问题，打造独特的竞争优势。

3. 数字化转型成效

实现了阿特斯6个洲12家销售公司、5个生产基地的全球销售计划、生产计划、生产供应、采购供应和第三方库存的数据自动流转，大大降低了工作复杂程度，增强了数据准确性；提升了供应链管理精细化颗粒度，实现了系统自动对单片进行追踪回溯；构建了全球统一、规范、标准的财务核算体系。比如，通过数据标准的统一化，减少库存信息不准确的现象，库存准确度提升了50%；通过更好地衔接客户需求和后端供应，实现可视化，库存周转速度提升了25%。

（二）中节能：平台化和数字化战略贯彻者

平台化和数字化战略是当今大数据时代背景下，中节能太阳能公司高度重视平台化和数字化战略研究工作，响应国家高质量发展要求的一项重要战略。公司主要业务包括光伏电池组件制造业务和电站运营业务两个板块。

1. 数字化转型需求

在光伏产业链中，电池和组件制造具有技术水平高、工序环节复杂、人力较多等特点，在生产运营中缺乏全流程管控、对人员和设备生产效率缺乏有效分析、对产品质量的追溯不够、管理成本高；在电站运营方面，目前老旧电站存在人员运维成本高及效率低、专业检测能力不强、现有设备缺乏科学合理的计算分级管理体系等运维问题。这些问题带来了数字化转型需求，因此当前迫切需要研究基于 5G 云平台的数字化工厂核心工艺数字化、工业装备物联感知、设计应用与运维服务多系统和平台集成运行等核心关键技术，这样才能更好地推进数字化转型工作。

2. 数字化转型做法

中节能开展项目"基于 5G+工业互联网光伏智造智维协同创新云平台"，重点围绕 AI/AGV/AR 数据融合的场景创新应用。项目研究"5G+MEC 专网"的多源异构数据，涉及 MES、ERP、SPC、TCM、BI、TPM、HR 等多系统的集成整合；研究"5G+AGV"的智能感知与协同作业对产品智能仓储和物料配送精准控制；研究"5G+AI"机器视觉对产品缺陷智能检测与数据集中分析；研究"5G+AR"和清扫机器人在光伏电站运维过程中的效益提升，构建一套光伏工业互联网云平台的原型系统。为了实现更加扁平化的信息沟通，打造更加透明化的生产现场，中节能建立了基于 5G 的信息化综合管理平台，以便企业推行精细化和标准化管理，并大幅度增强智能化改造效果，构建一套光伏工业互联网云平台的原型系统。

（三）金风科技：数字化助力风电产业转型升级

新疆金风科技股份有限公司依靠新疆达坂城附近的风资源，从风电开发商到风电机组制造商，再到如今清洁能源与节能环保整体解决方案供应商，逐步发展壮大。作为一家民营企业，现在已经占到中国风电行业将近 30% 的市场份额。数字化时代对风电企业提出了新的要求。在这样的背景下，风力发电机组整机厂商、系统解决方案提供商要想保持强竞争力，就要成为一个智慧企业，能够生产、设计、制造出智慧的产品，以帮助业主实现风场的

智慧化。为了实现数字化转型，厂商需要将各种信息流与决策高效结合，这里的核心是通过数字化保障整机厂商决策更准确、更高效。

1. 数字化转型需求

面对全新的竞争态势，风电行业对数字化提出了新要求，可以从以下三个维度来概括新要求：首先是整体解决方案规划设计必须精细，不仅要能准确地评估风力资源，还要能更加精确地把控度电成本；其次是由于客户对产品及方案的应用呈现更强的个性化特点，因此必须进行更加灵活的方案设计，这样才能更好地满足客户各种各样的定制化需求；最后是要智能化，通过结合互联网和云计算等技术，以信息化的手段进行数据分析，挖掘更多价值，从而能够执行更好的运行控制策略，提高发电效率。

2. 数字化转型做法

通过多维度推进企业数字化转型，打破固态，并实现持续不断的创新，而要达到这一目标不仅需要在人才储备、业务流程梳理等方面进行充足的准备，更要在企业内部组织架构上做出规范化调整。金风科技为了顺利推动数字化转型，重新设计了组织内部架构、岗位、绩效测评和激励体制。按照集团数字化转型战略要求，金风科技从集团到业务单元都搭建了专业的数字化团队，根据企业内外部的变化发展，在不同阶段进行针对性的改进，协调、融合集团整体的数字化转型工作，保障转型战略的有效落地。同时，金风科技下属分公司及风电场区也配合集团数字化战略进行了组织架构的整合。从整体组织架构而言，金风科技将数字化转型提高到了业务一线的高度，用以支持整个风电产业的数字化能力提升。

此外，随着风电产业专业化、数字化、自动化、信息化水平的提升，人才结构也会呈现多元化趋势，其中对知识型数字化管理人才的需求量也必然大幅提升。对此，金风科技一方面积极引进各类专业人才，通过 HR 云平台将员工数据从底层打通，进行统一管理；另一方面在企业内部建立了完善的绩效考核和激励创新机制，设立了有针对性的部门负责统筹管理制度，为管理创新、技术创新、商业模式创新提供机制性的保障，并在物质层面和精神层面对有贡献的员工进行相应的奖励。

（四）远光软件：基于区块链技术的分布式光伏结算项目

远光软件股份有限公司是国内主流的区块链解决方案服务商。基于区块链技术的分布式光伏结算产品是远光软件对区块链和分布式光伏结算进行结合的自主探索，具有便捷、易操作、轻量级的特点。通过在光伏结算中引入区块链技术，解决光伏业务中的业财衔接，数据交叉核对，补贴结算、清算等问题，能够进一步保障数据隐私和信息安全、更高效地办理业务，帮助客户更加快速地创造价值和升级转型。

1. 数字化转型需求

近年来，国家对分布式光伏能源的扶持力度加大，分布式光伏的客户数量呈爆炸式增长，电网营销和财务活动的工作量也随之剧增，单靠人力统计和核对报表难度太大；各部门之间数据流通不畅，存在数据壁垒，由于信任机制的缺乏，不同部门间数据的调用可能需要申请权限，即便如此，数据的流通也面临信息泄露和篡改的风险。

2. 数字化转型做法

针对光伏业务的实际痛点，远光软件引入区块链技术，将这一技术贯穿于其在光伏结算业务的申请、计量、采集和用电费用核算的各个环节中。具体而言，远光软件将电价标准、业主信息、电量数据等信息形成财务与营销上链，在用户、业务和财务这三大主体之间实现数据共享，消除数据交叉核对问题，用户可以通过访问区块链获取当前业务进度，以及实际电量数据，财务也能够根据业务数据快速完成订单核对，还能使用智能合约数据上链，把财务的计费、计税等规则导入链上，使计费、计税得以自动完成，显著减少人为造成的失误。另外，项目还引入了发票机器人，以智能机器人为载体，构建一个发票数据网络，实现用户、业务和财务三大主体互联互通，这样可以进一步减少人力工作量，提升数据流转效率。这样一个高效的光伏业务结算系统完美连接了客户端和供给端，为产业链中下游流通拓宽了渠道。

3. 数字化转型成效

通过创新运用区块链技术，光伏业务管理最终实现。一是数据防篡改。

区块链技术使源头数据的真实性得到保障，同时极大地提高了电网财务部门对数据在传递流程中的感知度，这就很好地解决了数据丢失和数据篡改的问题。二是提高业务透明度。通过将各业务参与方纳入区块链中组成联盟链，提高了业务流程的透明度。三是提升工作效率。交易信息可信上链，解决了当前补贴审核周期滞后、不同类型供应商的结算周期无法自定义的问题，解决了购电费用和补贴分头结算但不能合并支付的问题。

（五）融链科技——"融氢"加氢站一体化操作系统

北京融链科技有限公司作为国内领先的能源物联网企业，致力于为能源企业数字化转型提供系统化解决方案。在氢能产业发展势能形成之初，融链科技与国家能源集团氢能公司合作，凭借区块链前沿技术优势，结合物联网、云计算、大数据、人工智能等国际领先技术，推出了国内首个智能加氢站操作系统"融氢"。

1. 数字化转型需求

在国家层面，氢能已成为我国能源体系发展和能源转型的重要方面，但是随着技术的不断进步与产业化的逐步推进，核心技术差距、产业链之间的弱链接、标准缺乏统一等问题开始显现，氢能源的安全运营和安全监控也是重要的问题，这些都制约氢能产业商业化进程和产业高质量发展目标的实现。

2. 数字化转型做法

一是"区块链+AI"。区块链与业界领先的人工智能技术组合，提供前沿的技术支持，加氢、用氢、储运氢和上级监控环节的信息安全共享，形成基于区块链的安全和可追溯的站控维管理体系，建立起综合的氢能数据共享体系。以数据安全共享为基础，实现产业链联动。二是"区块链+物联网"。采用灵活智能化的数据接入方式，高效的分布式数据采集，所有数据上链。各个加氢站关键信息和数据的调取、监控、汇总和统计都将基于此完成，实现设备管理、营销管理和安防监控。三是"大数据+云计算"。可视化的数据分析挖掘算法，使管控服务更加便捷化、智能化，实现加氢站子站与总部集控中心的大数据软件平台的实时数据交互，实现产氢、运氢、购氢一体化生产调度，为优质氢能生态圈构建提供系统解决方案。

（六）能信科技：基于区块链技术的能源资产电商交易平台

杭州能信科技有限公司自主研发的一度店 App 是国内首家通过区块链、大数据、物联网等技术实现光伏电站线上线下双向流通的综合互联网平台。用户可在一度店了解光伏资讯、进行资产评估、买卖光伏电站，并以线下加盟的方式，引入光伏从业专业人员和相关机构为加盟商，以 O2O 的方式解决光伏行业的各种问题，实现资产评估、优质资产上链、资产数据公开透明可查询、资产交易等功能。

1. 数字化转型需求

近几年，国家颁布各项政策大力扶持新能源行业，政策驱动结合市场导向，使得光伏行业发展迅速。过快的发展速度，导致市场上现有的光伏电站质量参差不齐；过大的资金投入，拉长了光伏运营商的回报周期，使其难以开展其他项目；无法可视化的发电数据，降低了民众的信任度；原始发电量很难被证伪，一切都由厂商确定，没有有效的监督。此外，市场上还存在资产确权平台缺失、无法集中管理运维电站、电站资产评估模型缺失等问题，严重影响了光伏行业发展进程，建立健全健康有序的光伏市场秩序迫在眉睫。还存在缺乏官方或具有强公信力的机构对新能源行业进行监管的问题，其数据仅仅保存起来是远远不够的，还需要受到专业人员或部门的监督检查。

2. 数字化转型做法

一是大数据分析。一度店用自研测算方法，通过独有的边缘计算节点，对光伏组件进行测算，确保光伏组件符合统一标准；同时在电站建成后，通过采集器采集各个电站的发电数据，而后进行精确数据清洗、有效数据分析，正确实时把握电站运行情况。二是智能运维。一度店通过远程监控和数据采集器完成数据的采集和分析，对故障及时发出警报并在运维人员排除故障后解除警报，且此过程可在 App 监控，实现线上线下闭环。三是加密采

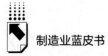

集器。一度店使用非对称加密技术，用唯一的公钥和私钥来代表硬件的身份，在对收集到的发电数据加密后将其上传至区块链，保证数据不可篡改。四是区块链。为了从根本上解决用户的信任问题，一度店引入了区块链技术，将新能源生产、流通、使用到用户协议、备案、出售等每一个环节，以及用户在 App 进行的操作和相关文件，都真实有效地记录在区块链上，实现资产数字化和资产增信，并将其保存在互联网法院（杭州互联网法院），以达到电站司法确权的目的，在保证数据真实有效、不可篡改的同时，也证实其合法性和合规性。解决方案中最具影响力和最具特色的环节是将区块链中的数据保存在杭州互联网法院，互联网不是法外之地，互联网上的交易行为要受到法律的监督和管理。当存在争议性的交易时，可以申请杭州互联网法院进行仲裁调解或公开审理，证据的保留权也在法院手中，这是区块链在新能源监管中的创新应用。

参考文献

刘劲松：《新能源数字经济平台管理创新和应用实践》，《中国电业》2020 年第 12 期。

马巍威、马涛：《数字赋能　新能源电力替代要"稳中求进"》，《数字经济》2021 年第 4 期。

钱丽娜等：《寻找中国经济新动能：数字经济、新基建、新能源》，《商学院》2020 年第 6 期。

佟瑶：《数字革命驱动，新能源加速成链》，《产城》2020 年第 7 期。

王阔、刘辉：《面向新能源多业务场景的大数据平台构建关键技术与应用》，《全球能源互联网》2022 年第 2 期。

王为民：《以数字技术为新能源赋能》，《国家电网》2019 年第 12 期。

朱秀梅、林晓玥：《企业数字化转型：研究脉络梳理与整合框架构建》，《研究与发展管理》2022 年第 4 期。

B.6
智能制造商业模式发展报告（2023）

李忠顺*

摘　要： 本报告研究发现，智能制造商业模式体现为一种数字化商业模式。按照适应性结构化理论的观点，对智能制造商业模式形成的关键影响因素进行了较为全面的梳理和提炼，包括如下6个因素：数字化基础设施、数字化导向、高管团队异质性、服务化、政府支持以及顾客需求不确定性。采用fsQCA方法从整体视角对智能制造商业模式的前因组态展开深入的分析，利用该方法具有经验分类的优势进一步总结智能制造商业模式类型。本报告深化了对智能制造商业模式的认识，提出了有助于智能制造商业模式设计的举措。

关键词： 智能制造　制造业　制造商业模式

随着新兴数字技术的迅猛发展和广泛应用，先进制造技术不断与之深度融合，制造企业正面临全方位的变革，尤其是在商业模式等方面的变革，推动制造企业向智能化迈进。从2015年开始，中国政府陆续发布了《智能制造发展规划（2016—2020年）》《"十四五"智能制造发展规划》等一系列政策文件，全方位有力地促进了智能制造项目和相关企业的发展。从统计数据来看，2021年，我国智能制造装备的供给率获得了实质性的突破，智能制造国家标准300项以上，工业互联网平台约100个，智能制造试点示范项

---
* 李忠顺，管理科学与工程博士，广东工业大学经济学院博士后，主要研究方向为商业模式创新、数字化转型与创新。

目的效率大幅提升。① 在这一进程中，智能制造企业获得了快速的发展，但也面临商业模式识别、选择等多个难题和挑战，特别地，制造企业既有的价值创造逻辑受到了前所未有的冲击。在智能制造环境下，数字化与服务化的耦合不断涌现出数字化制造、服务型制造等，并逐渐形成制造企业发展的重要趋势。例如，越来越多的企业开始关注如何利用数字技术为客户提供个性化的解决方案和服务，有助于企业构建智能制造情境下新的竞争优势。从商业模式的角度来看，这些需要智能制造企业对既有商业模式做出修正或升级。因此，在实践中，选择与当前环境匹配的适宜商业模式对智能制造企业而言至关重要。② 遗憾的是，现有研究对如何形成智能制造商业模式的机制并不清晰。调研显示，在数字化转型的过程中，相较于服务业企业，制造企业通常面临三大挑战，分别是缺乏战略规划、难以培养必要的能力和难以实现价值转化。③ 因此，智能制造企业需要对商业模式的形成有系统的认识。

一　智能制造商业模式的概念内涵与影响因素

本报告首先对智能制造商业模式的概念进行了界定，将其定义为由数字技术的应用和集成引发的重构商业模式的价值逻辑，这一新的价值逻辑对企业原有价值主张和价值创造来源产生了重大影响。从这一角度来看，智能制造商业模式可被视为数字化商业模式的典型，是商业模式在内涵和情境等方面的扩展。商业模式兼受企业内部因素和外部因素的形塑和影响。尽管已有研究对影响因素进行了探讨，但存在理论视角单一和制造企业关注不足的问题。修正后的适应性结构化理论模型提供了一个较为贴切的理论视角，围绕先进信息技术结构、内部结构源、外部结构源三个方面系统地剖析了以先进信息技术为主导的组织结构变革影

① 《"十四五"智能制造发展规划》。
② 北京大学光华管理学院董小英研究团队《2020 中国数字企业白皮书系列》。
③ 埃森哲《2021 年中国企业数字转型指数》。

响因素分析框架，为探究智能制造商业模式的影响因素提供了理论思路和基础。先进信息技术结构着重强调技术特征和技术精神，在智能制造环境下主要体现为数字化基础设施和数字化导向。内部结构源主要是指组织内部因素，包括创新理念、管理模式、组织文化以及治理机制等，对智能制造而言，其主要需要关注高管团队、服务化的重要性。外部结构源则涉及企业的客户、组织间的关系、行业竞争和政府政策等因素，其中，政府支持和顾客需求不确定性尤为重要。基于此，本报告将智能制造情境与适应性结构化理论进行结合，从上述三个方面提炼影响智能制造商业模式的关键因素。具体地，先进信息技术结构可以从数字化基础设施和数字化导向两个方面反映出来，内部结构源集中体现在高管团队异质性和服务化这两个方面，而在外部结构源中，政府支持和顾客需求不确定性无疑是极为关键的因素。综上，本报告从上述六个方面分析智能制造商业模式的组态效应。

本报告旨在通过从组态视角出发的分析，得出智能制造商业模式的内涵，并探究其形成的机理。通过应用 fsQCA 方法，从更加系统的角度揭示上述六个方面与智能制造商业模式的复杂因果关系，继而对智能制造企业商业模式如何形成这一问题进行解构。

二　研究方法

（一）研究方法与数据来源

本报告采用上市公司数据，鉴于研究数据类型的特殊性，将具体使用模糊集定性比较方法——fsQCA 方法进行研究。在广泛搜集和筛选智能制造企业样本的过程中，我们遵循了 QCA 分析中强调理论抽样的做法，主要从以下三个来源搜集数据：第一，现有文献关于中国智能制造企业排名等研究认定的相关名单；第二，工业和信息化部、各省公示的智能制造试点示范项目的企业名单；第三，2014~2018 年，工业和信息化部公示的关于两化融合贯标试点的制造企业名单。将以上不同来源的企业名单进行整理，通过与 A 股上市制造企业名单展开配对，初步确定智能制造上市企业名单，为后续数据搜集奠定重要基础。考虑到本报告所应用的 fsQCA 方法目前尚无法对诸如纵向时间的数据进行有效分析，即无法保障这类分析的准确性，结合我国智能制造发展实际，选取 2016 年、2017 年、2018 年总共 3 年的数据，对其进行加权平均处理，以横截面数据样式展开分析。在这个基础上，对一些缺失严重的样本予以删除，同时对 ST、退市企业等样本进行剔除，最终确定有效样本为 415 家智能制造企业。本报告的数据主要来源于主流数据库，如 CSMAR、同花顺、CCER 等。从行业分布情况来看，样本企业所处的行业主要集中在计算机、通信和其他电子设备制造业（占比17.108%），专用设备制造业（占比 11.807%），电气机械及器材制造业（占比 10.602%），医药制造业（占比 8.916%）和汽车制造业（占比例8.434%）（见表 1）。

表 1　样本企业行业分布情况

单位：个，%

序号	行业名称	样本数	占比
1	计算机、通信和其他电子设备制造业	71	17.108
2	专用设备制造业	49	11.807
3	电气机械及器材制造业	44	10.602
4	医药制造业	37	8.916
5	汽车制造业	35	8.434
6	通用设备制造业	27	6.506
7	化学原料及化学制品制造业	27	6.506
8	非金属矿物制品业	13	3.133
9	黑色金属冶炼及压延加工业	11	2.651
10	橡胶和塑料制品业	11	2.651
11	酒、饮料和精制茶制造业	11	2.651
12	有色金属冶炼及压延加工业	10	2.410

序号	行业名称	样本数	占比
13	仪器仪表制造业	9	2.169
14	农副食品加工业	8	1.928
15	铁路、船舶、航空航天等运输设备制造业	7	1.687
16	家具制造业	7	1.687
17	食品制造业	7	1.687
18	金属制品业	6	1.446
19	造纸及纸制品业	6	1.446
20	纺织服装、服饰业及纺织业	5	1.205
21	化学纤维制造业	4	0.964
22	印刷和记录媒介复制业	2	0.482
23	其他	8	1.928
合计		415	100

注："其他"所涵盖的行业如石油加工、有色金属矿采选业等制造行业。

（二）测量和校准

商业模式。本报告对商业模式的测量主要从如下三个层面考虑，商业模式的内容、结构及治理。商业模式的内容主要可以通过企业的主营业务活动来体现，数据主要源自年报中各主要业务的分布及其占比。商业模式的结构反映了企业与利益相关者的交易结构，这可以从年报中客户、供应商集中度的情况来体现，数据来自企业前五大客户、供应商及其业务占比数据，对这两类数据进行平方计算、加权平均作为商业模式结构的测度。商业模式的治理则能够从企业内部治理角度进行考虑，参考已有文献做法，选择高管持股占比和两职兼任两个指标来反映。在计算上述商业模式的内容、结构和治理三个层面的值之后，将它们进一步加权平均形成一个综合值，以此来反映商业模式。数字化基础设施。对数字化基础设施的测量参考 Park 等的测量方法，从数字化投资强度视角进行替代和测量，以此来反

映数字化基础设施的完善情况。数字化导向。对数字化导向的测量借鉴 Kindermann 等开发的测量方式，从 4 个维度进行考虑，包括数字技术范围、数字能力、数字生态系统及数字架构配置。具体地，采用关键词词频方式进行分析，梳理 4 个维度所涵盖的可能关键词，通过文本分析得出这些关键词在年报中"管理层讨论与分析"章节中的出现频数及占比，用以刻画各维度的占比情况。高管团队异质性。作为比较成熟的概念，根据高管团队成员的人口统计学指标，主要分析年龄、性别、教育程度以及职能背景 4 个方面的差异化程度。服务化。借鉴既有测量方式，使用哑变量的方式处理，根据企业年报披露的主营业务收入结构，查看其中是否有与服务化相关的业务并对其赋值，有则赋值 1，没有则赋值 0。政府支持。该变量的测算是采用政府补贴金额与企业营业收入的比值，其值的大小表征政府支持的力度。对顾客需求不确定性的测量，参考既有文献的一般做法，使用系统风险数据系数 β 来作为替代指标，表征智能制造企业面临的顾客需求方面存在的不确定性的程度。

（三）结果与条件的校准

在 fsQCA 校准过程中，特别需要考虑既有理论文献的现成做法和实践层面累积的经验。在这两项的参考都较为缺乏的情况下，往往根据数据的分布情况来进行校准，即根据数据在客观上的分布情况，也可以通过数据的分位数情况来确定校准过程中的锚点。本报告分析的样本规模较大，无法对具体案例进行全面深刻的认识，给校准工作带来了一定困难。鉴于此，在充分把握理论与实践以及数据本身的特征的情况下，本报告对结果和条件采取了具体而非统一的校准方式。由于对服务化这一条件采用二分类测度方式，所以无须校准，剩余的结果和条件分别采用不同的校准方式，这种针对性的校准做法也见于一些权威文献中。表 2 给出了结果和条件的描述性统计情况，各锚点的值列在表 3 中。

表2　结果和条件的描述性统计

结果和条件	均值	标准差	最小值	最大值	案例数
商业模式	0.543	0.136	0.206	0.910	415
数字化基础设施	0.816	1.289	0	16.201	415
数字化导向	0.019	0.027	0	0.267	415
高管团队异质性	0.362	0.078	0.093	0.511	415
服务化	0.687	0.464	0	1	415
政府支持	0.015	0.032	0	0.515	415
顾客需求不确定性	1.063	0.238	0.084	2.630	415

表3　结果和条件的校准

集合	完全隶属	交叉点	完全不隶属	校准方式
商业模式	0.721	0.546	0.363	90/50/10
数字化基础设施	0.968	0.478	0.181	75/50/25
数字化导向	0.021	0.011	0.006	75/50/25
高管团队异质性	0.458	0.371	0.210	90/50/10
服务化	1	—	0	0、1变量
政府支持	0.015	0.009	0.004	75/50/25
顾客需求不确定性	1.190	1.069	0.935	75/50/25

三　结果与分析

（一）必要性分析

本报告借助软件 fsQCA 3.0 进行组态分析。在此之前，需要对单个条件展开的必要性进行检验，具体结果见表4。分析发现，数字化基础设施等所有条件的一致性水平都明显未突破 0.9 这一临界值。根据 QCA 的分析逻辑，在这些条件中，没有哪个能够影响智能制造商业模式的形成，也就是说，6个影响因素均不构成必要条件。

表 4　必要性分析

条件	商业模式	
	一致性	覆盖度
数字化基础设施	0. 569	0. 584
~数字化基础设施	0. 569	0. 553
数字化导向	0. 586	0. 592
~数字化导向	0. 550	0. 543
高管团队异质性	0. 719	0. 673
~高管团队异质性	0. 546	0. 584
服务化	0. 678	0. 493
~服务化	0. 322	0. 512
政府支持	0. 573	0. 585
~政府支持	0. 576	0. 562
顾客需求不确定性	0. 563	0. 560
~顾客需求不确定性	0. 584	0. 584

注：符号"~"意指不存在。

（二）条件组态的充分性分析

本报告遵循主流文献建议，将原始一致性阈值设定为 0. 8，并结合 PRI 值进行观察和判断。事实上，既有研究对 PRI 值的设定存在不同的看法。部分文献建议 PRI 值应该超过 0. 70 或 0. 75，但也有一些文献指出，PRI 值应该视具体情况设定，但至少高于 0. 50 才是合理的。考虑到分析情况，本报告发现在 0. 58 的位置存在"天然缺口"，根据文献建议，将 PRI 值确定为该值，同时将案例频数的阈值设置为 3。本报告在进行反事实分析时，由于缺乏确定影响智能制造商业模式的因果关系的证据和理论，因此假设单个条件的出现或缺席都可能对其产生影响。为了确定每种组合条件的核心要素，我们比较了中间解和简约解之间的嵌套关系。按照 QCA 分析过程中的步骤和标准，那些既出现在中间解又出现在简约解中的条件被视为该组态的核心条件，而只出现在中间解中的条件被视为边缘条件。表 5 显示了智能制造商业模式的前因组态结果，用主流规范性符号对条件的各类角色进行展示。其中，黑色实心圆表示条件存在，含叉圆则表示条件缺席，空格表示该条件可有可无，也即可以忽略不计。在符号大小方面，大圆表示该条件为核心条件，小圆表示该条件为边缘条件。从表 5 中可以看到，智能制造商业模式的前因组态共有 5 种。

表5　智能制造商业模式的前因组态结果

条件	M1	M2	M3	M4	M5
数字化基础设施		●	⊗	⊗	●
数字化导向	⊗	●	●	●	●
高管团队异质性	●	●	●	●	⊗
服务化	⊗	•	•	⊗	⊗
政府支持	⊗		⊗	⊗	•
顾客需求不确定性	⊗	●	⊗	•	●
一致性	0.857	0.793	0.855	0.855	0.841
原始覆盖度	0.094	0.175	0.083	0.038	0.033
唯一覆盖度	0.078	0.147	0.055	0.018	0.019
总体覆盖度	0.365				
总体一致性	0.819				

注：●指核心条件存在，⊗指核心条件缺席，•指边缘条件存在，⊗指边缘条件缺席，"空格"表示该条件可有可无。

从表 5 的数据结果来看，解的总体一致性为 0.819，高于建议值 0.8，解的总体覆盖度为 0.365。具体来看，组态 M1 表示数字化导向不强且为边缘条件，高管团队异质性强、政府支持度不高、没有服务化、顾客需求不确定性不强以及数字化基础设施的作用可忽略不计。在这种情况下，高管团队异质性变得非常重要，因为其他条件都缺乏。当面临不强的顾客需求不确定性时，企业处于需求变化相对稳定的环境，可以在既有的产品和资源情况下充分地满足顾客需求，也有可能减弱企业将已有的产品主导模式转向服务主导模式的意愿。然而，在政府支持度不高、数字化导向不强的情形下，企业可能会在战略层面缺乏对数字化足够的认知和前瞻性研判的敏感性，从而导致商业模式缺乏服务化以及数字化水平较低。综合而言，这类商业模式形

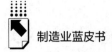

成、实施的动力主要源于高管团队，实现对既有模式的完善，实质上就是对原有产品主导模式的智能制造情境化，但在数字技术的加持下，其模式获得调整和优化，可能衍生少量的基于产品的基本服务，但其附加值相对较低。因此，本报告将其命名为高管主导增强型模式，该模式的内涵与 Foss 和 Saebi 提出的进化型商业模式大致相同。

组态 M2 表现为数字化基础设施完善、数字化导向强、高管团队异质性强、有服务化以及顾客需求不确定性强。其中除了服务化为边缘条件，其余条件均以核心条件的角色出现。在这种组态下，企业需要应对高度不确定的顾客需求，并将服务化作为扩展商业模式内涵、重构商业模式内容的关键。此外，完善的数字化基础设施能够为企业创造很好的数字化条件，帮助企业构建与利益相关者间新的沟通渠道，也即是实现对商业模式结构的优化或创新。该组态的商业模式呈现典型的数字服务化特征，在智能制造情境下，制造企业使用数字技术能够为其与客户、合作伙伴、供应商等利益相关者构建涉及更广泛参与主体的价值共生网络或生态，使商业模式的形成和实施更为复杂。因此，该组态被命名为复杂型模式。

组态 M3 是企业数字化转型的一种模式，表现为数字化基础设施不完善、数字化导向强、高管团队异质性强、政府支持度不高、企业面临的顾客需求不确定性不强，且这些条件均为该组态中的核心条件。与此同时，服务化是边缘条件。尽管企业数字化基础设施不完善，但服务化业务的开展，表明企业尝试对客户开发除产品以外的服务，比如培训、咨询和产品解决方案等，这种商业模式被称为服务化模式。这种商业模式的成功取决于数字化技术的应用和高效的管理团队，因为客户的需求往往比较不确定，同时政府对此也没有给予很大的支持。可以说，数字化导向在该组态的商业模式中具有重要的指导作用。鉴于该组态的特征，本报告将其命名为延伸型模式，其内涵与 Haaker 等提出的"需求拉动"模式相似。

组态 M4 的特征表现为数字化导向强、高管团队异质性强、数字化基础设施不完善、没有服务化且政府支持度不高。通过与组态 M1 进行对比可以发现，两个组态间具有部分相似性，组态 M1 也呈现政府支持度不高、服务化缺乏的现象。不同之处在于，组态 M4 在顾客需求方面呈现出较强的不确定性。企业选择好的商业模式本质上是在深入洞悉客户需求的基础上为其提供个性化的产品和服务，为客户创造价值的同时为企业创造绩效。虽然该组态显示企业尚未具备较为完善的数字化基础设施，但是数字化导向强表明企业在战略层面意识到数字化的重要性。可以说，这类商业模式的实施得益于企业在数字化导向和高管团队这两个方面发力。基于对该组态的分析，本报告将其命名为数字化领导增强型模式。

组态 M5 表现为企业具有相对完善的数字化基础设施、数字化导向强、高管团队异质性不强、政府支持度高、没有服务化以及企业面临较强的顾客需求不确定性。从该组态的特征可以看出，企业处理顾客需求不确定性的能力是至关重要的，但它并没有服务化，这意味着企业当前的状态很有可能聚焦在已有产品及其相关业务上，通过对其进行优化和完善以适应外部环境的变化。此外，数字化基础设施的完善和数字化导向强有助于企业在产品设计和制造等方面实现更大的提升和改进。与其他组态不同的是，组态 M5 的高管团队异质性不强，但政府支持度高，这两个因素都被视为边缘条件，表明在这种商业模式中，政府对企业的关注度很高。综合来看，组态 M5 尽管没有实质性的服务化业务，但其数字化水平比较高，充分体现了数字化对企业已有模式的赋能作用，也可以通过提升数字化水平来适应外部环境。基于这类商业模式所表现出的对环境的适应性特征，本报告将该组态命名为适应型模式，这与 Haaker 等提出的技术推动模式有些相似。

QCA 这种方法在分类研究中具备经验分类的优势，是根据组态的结果进一步将结果变量划分成不同的类型，这样的分类形式能够减弱人为分类产生的主观性和随意性。对于智能制造企业而言，服务化和数字化是影响商业模式形成和实施的重要因素，更为重要的是，二者的耦合过程也是推动商业模式朝数字服务化方向转变的过程。已有文献对这一现象展开了初步的分析。本报告借鉴既有研究思路，从服务化和数字化视角，分析智能制造商业模式的类型。

本报告根据经验分类的思想，将 5 种组态分为有服务化和无服务化两种

状态。同时，本报告选择了数字化基础设施和数字化导向两个条件来刻画数字化水平。在实践中，数字化基础设施是企业智能制造的重要硬件基础，也是能够直接体现企业数字化水平的重要方面。因此，本报告以数字化基础设施作为衡量数字化水平的重要标准。按照这一划分标准，结合上述5种组态的特征进一步构建了一个二维矩阵图，其中组态M1、M4属于增强型模式，组态M2是典型的复杂型模式，组态M3为延伸型模式，组态M5为适应型模式（见图1）。

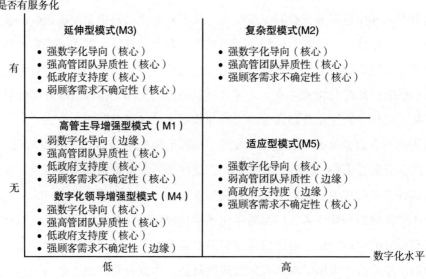

图1　智能制造商业模式组态

需要注意的是，上述5种模式间由于数字化和服务化的水平不同，因此，存在循序渐进的关系。例如，增强型模式数字化水平低且没有服务化，是智能制造企业比较原始的模式状态，通过数字化水平的提升，有效帮助企业商业模式更好地适应外部环境，继而演变成适应型模式。从服务化的角度来看，增强型模式向服务化领域深耕，继而推动商业模式向服务主导模式转变，成为延伸型模式。当数字化和服务化水平都显著提高时，进一步演变成复杂型模式，这类模式也可以是适应型模式和延伸型模式分别在数字化、服务化方面的递进所形成的模式（见图2）。此外，也应看到，在实践中，同一个企业在不同的发展阶段同时存在几个模式并行或相继发展的现象，但这不是本报告分析的重点。本报告从服务化和数字化这两个标准进行分类和讨论，旨在为智能制造企业提供更广泛和全面的理论指导。

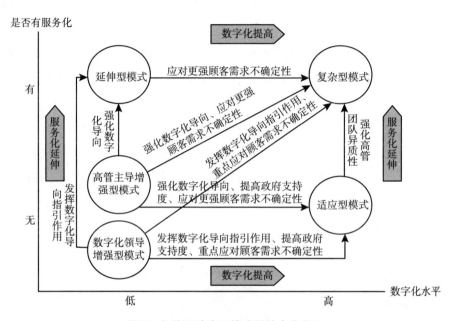

图2　智能制造商业模式间的内在关系

四　研究结论与启示

通过分析415家智能制造企业，本报告对智能制造商业模式的前因组态进行了系统而深入的揭示。从组态分析的经验分类角度进一步概括为5种智能制造商业模式。这5种组态在服务化程度和数字化水平方面存在内在的递进关系。

本报告旨在提供关于智能制造商业模式调整、优化和变革的综合视角。作为一个宏大的概念，商业模式突破了企业乃至行业的边界，影响因素也不仅仅局限于服务化和数字化。数字化导向、高管团队异质性、政府支持以及顾客需求不确定性也是智能制造企业所要重视的因素。本报告提供了以下实践启示。对于增强型模式，企业需要调动高管团队发挥一把手的引领作用，通过在高层不断吸收数字化先进理念，实现高管团队的思想解放。对于适应型模式，企业需要善于合理使用数字化技术，提高其应用的场景价值，例如，改善与客户的关系等，从而提升业务交易的效率。在这个过程中，高管团队亲力亲为与推动显得非常重要。对于延伸型模式，高管团队往往具备较强的数字化理念并对数字化业务大力支持，但应该有效应对顾客需求、政府政策等外部环境的变动。对于实施复杂型模式的企业来说，平台是价值创造的重要载体，受到社会各界尤其是相关政府部门的青睐。在这样的环境下，智能制造企业应该有意识地基于价值链积极打造和构建相关平台，不断积累平台各类资源和利用政策红利，设计合理、有效的平台治理制度，不断将其做大做强。在这个过程中，高管团队特别需要大力提升数字化能力和水平，实现对价值创造活动的数字化管控。

参考文献

杜运周、贾良定：《组态视角与定性比较分析（QCA）：管理学研究的一条新道路》，《管理世界》2017 年第 6 期。

肖挺：《制造企业服务化商业模式与产品创新投入的协同效应检验——"服务化悖论"的一种解释》，《管理评论》2019 年第 7 期。

谢卫红等：《高管支持、大数据能力与商业模式创新》，《研究与发展管理》2018 年第 4 期。

张明、杜运周：《组织与管理研究中 QCA 方法的应用：定位、策略和方向》，《管理学报》2019 年第 9 期。

A. G. Frank, L. S. Dalenogare, N. F. Ayala, "Industry 4.0 Technologies: Implementation Patterns in Manufacturing Companies," *International Journal of Production Economics* 2019 (4).

B. Kindermann, S. Beutel, G. G. De Lomana, "Digital Orientation: Conceptualization and Operationalization of a New Strategic Orientation," *European Management Journal* 2020 (39).

C. Zott, R. Amit, "Business Model Innovation: How to Create Value in a Digital World,"

NIM Marketing Intelligence Review 2017（9）.

D. Schwieger, A. Melcher, C. Ranganathan, "Appropriating Electronic Billing Systems: Adaptive Structuration Theory Analysis," *Human Systems Management* 2004（23）.

I. Visnjic, D. Ringov, S. Arts, "Which Service? How Industry Conditions Shape Firms Service-type Choices," *Journal of Product Innovation Management* 2019（36）.

N. J. Foss, T. Saebi, "Fifteen Years of Research on Business Model Innovation: How Far Have We Come, and Where Should We Go?" *Journal of Management* 2017（43）.

T. Burström, V. Parida, T. Lahti., "AI-enabled Business-model Innovation and Transformation in Industrial Ecosystems: A Framework, Model and Outline for Further Research," *Journal of Business Research* 2021（127）.

T. Haaker, P. T. M. Ly, N. Nguyen-Thanh, "Business Model Innovation Through the Application of the Internet-of-Things: A Comparative Analysis," *Journal of Business Research* 2021（126）.

Y. Park, P. A. Pavlou, N. Saraf, "Configurations for Achieving Organizational Ambidexterity with Digitization," *Information Systems Research* 2020（31）.

B.7
中国家电业工业互联网发展报告（2023）[*]

邓晓锋[**]

摘　要： 在工业互联网迅猛发展的背景下，以工业互联网赋能实体经济创新发展，是实现经济高质量发展的重要着力点。基于2012～2021年中国家电业上市公司数据，本报告利用文本分析法构建了更为全面反映上市公司工业互联网发展指数的指标，并较全面地从区域、行业、规模、技术创新、结构等方面系统分析了家电业工业互联网发展的基本特征。本报告有助于揭示中国家电企业工业互联网发展的总体进程，并为政府和企业如何发展工业互联网相关技术赋能智能制造、促进家电业高质量发展提供重要启示。

关键词： 工业互联网　家电业　智能制造

作为新一代信息技术与工业之间的深度融合，工业互联网被认为是制造业数字化转型的重要支撑。家电业是制造业的典型代表，发展工业互联网也被认为是各大家电企业可持续经营的必然选择，进入存量市场之后，近年来行业内关于工业互联网的声音逐渐变大。

工业互联网在2012年由GE（通用电气）首次提出，被普遍看作"第

---

* 受资助项目：广东省哲学社会科学规划项目"颠覆性技术对产业创新的作用机理与效应研究"（批准号：GD20CYJ31）、广州市哲学社会科学规划项目"区块链视角下的产业园区数字治理机制研究：以广东工业园区为例"（批准号：20ZS0089）。
** 邓晓锋，经济学博士，广东工业大学经济学院讲师，广东省大数据战略研究中心、数字经济与数据治理实验室研究员，主要研究方向为产业经济、数字经济、创新理论等。

四次工业革命"。未来工业发展的趋势是智能制造，工业互联网则成为智能制造发展的重要条件。近年来，越来越多的工业互联网平台在我国建立，并发展壮大，海尔就是这批工业互联网平台当中的佼佼者。海尔现已成为世界重要工业互联网平台，是世界上第一个具备自主知识产权同时强调用户参与制造全流程的工业互联网平台。海尔在中国 9 个不同区域建设了智能互联的制造车间，互联网平台基础上的智能制造让海尔的生产效率提高了 60%，库存量也大大减少，产品不入库率提高到 68%，而凭借制造过程的高效率，海尔可以为客户提供精度更高的个性化定制服务。

尽管目前工业互联网平台取得了这样的成绩，但值得注意的是，中国工业互联网平台的发展还有许多地方不够成熟，总体上还属于初级阶段。以美的集团为例，虽然其近几年在工业互联网的建设上获得了明显的进展，但是工业互联网的应用并没有为其带来总体效益的提升。由图 1 可知，根据美的集团 2003～2021 年相关财务指标情况，美的集团的总资产周转率、流动比率和净利润增长率都存在波动情况，且近年来处于下降阶段。这说明新的技术引进一方面提升了资产周转率，另一方面也提高了企业对新运营模式的管理调整成本。

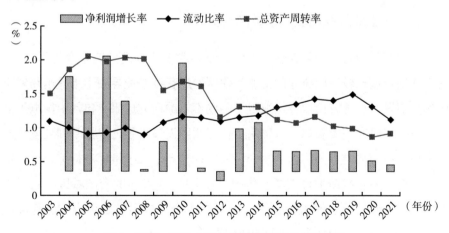

图 1　2003～2021 年美的集团相关财务指标情况

资料来源：相关上市公司年报，下同。

因此如何在新型信息技术快速发展的基础上，认清影响工业互联网发展的因素，推动我国家电业工业互联网创新发展进入快车道，成为本报告研究的主要问题。本报告接下来将以中国家电业上市公司为例，运用文本分析法界定工业互联网发展指数，接着从区域、行业、规模、技术创新、结构等角度分析其对家电业工业互联网发展指数的影响。

一　工业互联网发展指数的界定

（一）样本选择

基于数据的可获得性，本报告所提出的工业互联网发展指数运用了文本分析法从上市公司年报内容中求得，因而运用家电业上市公司在2012~2021年的年度报告数据作为研究的样本，并根据以下要求进行了数据的整理：首先，排除了在样本期内已经暂停上市或 ST 的家电公司；其次，排除了上市年限不到 3 年的家电公司；最后，通过整理获得了 298个样本公司。

（二）工业互联网发展指数的测量

工业互联网是一个创新性比较强、复杂程度比较高的跨企业组织模式，怎么样衡量或比较不同企业的工业互联网发展程度是业界和学术界亟须解决的热点问题。在这方面业界也取得了一些不错的研究成果，包括中国电子信息产业发展研究院发布的金砖国家工业互联网发展指数，根据基础环境、产业发展、市场活力和国际影响 4 个一级指标和 8 个二级指标进行综合评定得出。还有工业互联网平台创新合作中心在 2021 年发布的全国城区、园区工业互联网发展指数，该指数包括一级指标 4 个，分别是融合应用、基础设施、发展环境、产业生态，二级指标 13 个。

已有文献主要从城市区域建设发展的角度衡量工业互联网的发展程度，难以反映企业在发展工业互联网过程当中遇到的问题。本报告试图用文本分析法刻画企业工业互联网发展程度。通过借鉴袁淳等的研究方法，我们收集了与工业互联网相关的国家政策，对政策文本的语义表述进行了词频分析，收集了共31个与工业互联网密切相关的关键词，作为对家电业上市公司年报进行文本分析的词典。

接下来，本报告利用文本分析法对公司年报全文进行了分析，提取了每个关键词在年报中出现的总次数。进一步根据聚类分析将各类指标归类为数字化基础、工业互联网运营程度和工业互联网技术程度3种类型，并通过专家打分法加权平均后获得了企业工业互联网发展指数。这一指标组合，能够比较全面地反映家电业上市公司的工业互联网发展程度。

（三）上市公司工业互联网发展的年报词频分布分析

由图2可知，各家电公司在年报中使用数字化基础关键词最多的是智能、智慧、平台、互联网和数字等概念，尤其是智能的概念从2012年开始就一直高居榜首，进一步说明我国家电业基本进入了智能时代。平台的词频一直保持较大的比重，说明我国家电业已初步为工业互联网打好了数字化平台基础。

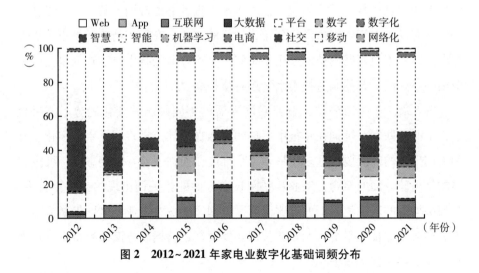

图2　2012~2021年家电业数字化基础词频分布

制造业蓝皮书

从图 3 家电业工业互联网运营程度词频变化来看，物联网、工业互联网和云计算成为各大公司年报的热门词，说明对于家电业来说，腾"云"驾"物"依然是其发展的重要引擎。

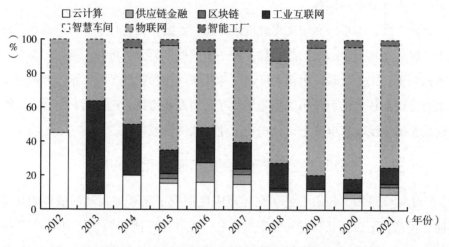

图3　2012~2021年家电业工业互联网运营程度词频变化

从图 4 家电业工业互联网技术程度词频变化来看，边缘计算、工业软件、射频识别、数字孪生等成为公司年报中提及的关键词。其中，边缘计算是一种有助于在用户周边进行分布式计算的方法，有利于精确挖掘市场潜在需求。而将工业互联网技术运用于车间等生产环节的技术目前在家电业中的应用并不广泛，智能制造技术水平还有待提高。

图 5 展示了上市公司工业互联网发展的不同维度的变化趋势。结果显示，工业互联网关键词在年报中出现的次数在总体上增多，其中数字化基础相关词出现的频次要远远多于另外 2 个维度，而在工业互联网方面，披露较多的是运营方面的概念，工业互联网技术方面的相关词出现的频次比较少，其频次均值的增加值也不大。这说明，我国家电业在工业互联网发展方面还没有形成相关技术系统，大多数公司还停留在运营概念方面，有待进一步提升工业互联网技术水平。

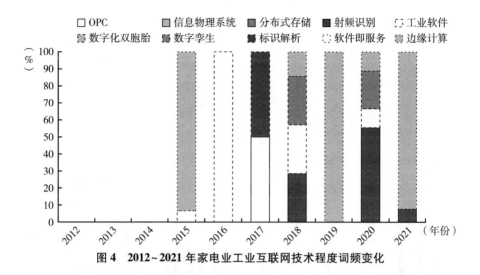

图4　2012~2021年家电业工业互联网技术程度词频变化

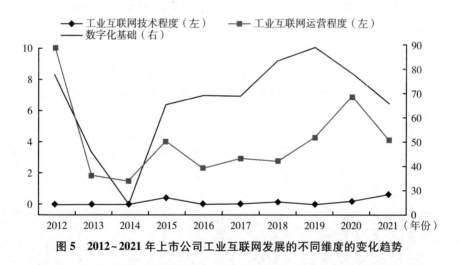

图5　2012~2021年上市公司工业互联网发展的不同维度的变化趋势

二　家电业工业互联网发展的基本特征分析

（一）区域分布情况分析

由图6、图7可知，家电业工业互联网发展较好的上市公司主要位于江西省、福建省和四川省。而发展较好的城市是广东省的佛山、江西省的景德

制造业蓝皮书

镇和浙江省的绍兴。其中以长虹华意压缩机股份有限公司为代表的江西省近
3 年的工业互联网发展指数较高。

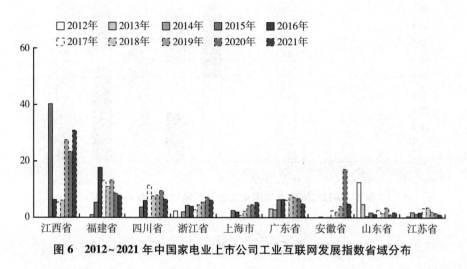

图 6　2012~2021 年中国家电业上市公司工业互联网发展指数省域分布

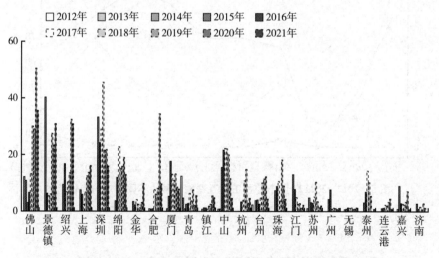

图 7　2012~2021 年中国家电业上市公司工业互联网发展指数市域分布

（二）行业分布情况分析

长虹华意压缩机股份有限公司在产业选择方面进行了战略转型，在做强

原有冰箱压缩机主业的同时，开始增加新能源汽车配件、家庭服务机器人等两项新业务。发展规模不断扩大，2021年格兰博扫地机器人产量61万台，销量59万台。长虹华意压缩机股份有限公司的智能家居清洁机器人产销规模进入全球行业前三强。公司是格兰博的控股股东，格兰博经营开发、生产、加工、销售智能机器人、家用电力器具等。另外，为满足市场需求，高端激光导航平台、教育机器人也开始批量试产。

由图8可知，2014年以前的家电业上市公司工业互联网发展主要体现在家用电器行业上，2014年以后，家用电器行业的工业互联网发展指数稳步提升，且受疫情和贸易问题的影响较小。

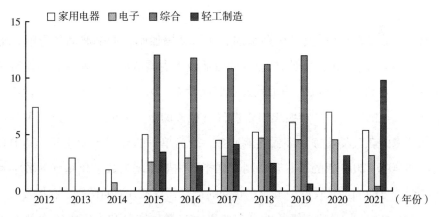

图8　2012~2021年中国家电业上市公司工业互联网发展指数的一级行业分布

家用轻工行业经过多年的发展，在2021年工业互联网发展指数上表现最好（见图9），这主要受浙江哈尔斯真空器皿股份有限公司的影响，哈尔斯在2016年进军智能饮水器具产品市场，2017年通过自主研发技术，制造出了第一款智能水杯，2020年与华为智选合作推出了哈尔斯智能水杯旋盖款。其与华为联合研发的华为智选哈尔斯智能水杯凭借"智能、互联、材料"等三大创新功能及细节设计在2021年获得了德国红点设计奖和IF设计奖。

另外，在2015~2019年综合类家电业指数较高，这主要是由于广东长

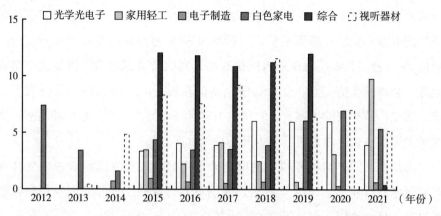

图9　2012~2021年中国家电业上市公司工业互联网发展指数二级行业分布

青集团，在2020年受贸易壁垒增加、贸易摩擦加剧、汇率波动的影响，加之国内行业竞争加剧，燃气具业务的营业收入占同期公司营业收入的比重逐年降低，对公司营业收入的贡献处于萎缩状态，为减少燃气具业务经营不确定性对公司的影响，公司做出出售燃气具业务的重大战略调整。公司主营业务从原来的燃气具业务和环保热能业务，变为单一的环保热能业务。其中长青集团2015~2019年的工业互联网发展指数主要体现为数字化基础的数字和智能两个方面的词频较高，工业互联网的运营和技术方面的词语少有提及。

　　进一步从图10的三级行业分布来看，空调、冰箱和小家电等大部件电器行业的工业互联网发展起步比较早，技术和运营管理也较成熟。但到2021年以后，研究结果发现，以小家电为主的其他家用轻工行业的工业互联网发展指数成为"领头羊"。比如，广东精工智能系统有限公司牵头联合多家服务商，通过4年小家电行业经验积累和近300家客户的应用实践打造的小家电行业互联网平台，于2021年通过了工业互联网平台功能评测。①广东省湛江廉江市获"中国小家电产业基地"称号，集聚电饭锅及配件生产企业超过600家，成品总装家电企业205家。目前，全市规模以上工业企

<hr />

① 《佛山第一家——由精工智能打造的小家电行业工业互联网平台顺利通过评测！》，搜狐网，2021年12月9日，http：//news.sohu.com/a/506682358_120764670。

业 264 家，其中规模以上家电企业 114 家，占比超过 40%。随着 2018 年
《广东省深化"互联网+先进制造业"发展工业互联网的实施方案》和《广
东省支持企业"上云上平台"加快发展工业互联网的若干扶持政策
（2018—2020 年）》等工业互联网政策的发布实施，广东大力支持"互联
网+"工业制造发展，借此东风，廉江市搭建"上云上平台"，开始收集区
域内家电企业的设备数据、系统数据、供应链数据等，鼓励小家电制造企业
运用工业互联网等新技术进行数字化转型升级，同时带动了小家电企业的高
水平集聚。① 以上围绕小家电企业所建设的工业互联网大力发展，表明家电
业工业互联网即将由初级阶段步入快速发展阶段。

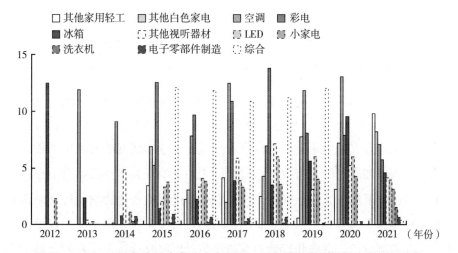

图 10　2012～2021 年中国家电业上市公司工业互联网发展指数三级行业分布

（三）规模分布情况分析

1. 资产规模分布

从图 11 的资产规模分布来看，不同规模的发展区别比较明显，即资产

---

① 《省工信厅领导到廉江市调研小家电工业互联网发展情况》，廉江市人民政府网站，2019 年
6 月 14 日，http：//www. lianjiang. gov. cn/qtlm/yqlj/ljzfbm/ljskgmhxxhj/zwdt/zwdt/content/post_
923557. html。

规模越大，其工业互联网发展指数越大，也就是说，大资产规模企业更愿意推动工业互联网的发展，而且从 2018 年开始，大资产规模企业工业互联网发展总体上拉开了与中小资产规模企业的差距。但除了小资产规模企业外，大中资产规模企业在 2021 年的工业互联网发展指数都有所回落。

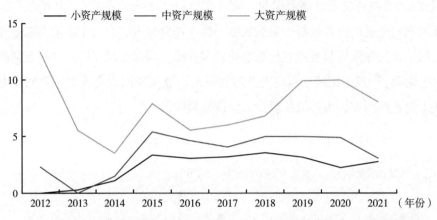

图 11　2012~2021 年中国家电业上市公司工业互联网发展指数的资产规模分布

对于数量众多的中小资产规模企业来说，工业互联网的发展更需投入大量资源对设备和内网等进行改造，只有投入一定的资金支持前期改造和持续运转，才能部署应用工业互联网。这对中小资产规模企业特别是传统制造业企业来说是很不容易的。工业互联网市场仍在起步阶段，中小资产规模企业的数字化转型意识、意愿和行动力有待增强，也需要给行业企业和市场一些接受新事物的时间。

2. 劳动规模分布

从劳动规模分布来看，大劳动规模企业工业互联网发展指数大部分处于高位，说明目前工业互联网的发展尚未让企业摆脱对已有劳动人口的依赖，反而增加了对新技术劳动人口的需求。目前，跟工业互联网相配套的人才和资源显得供不应求，很多家电企业在发展工业互联网时，特别需要既了解企业技术流程又懂互联网架构的综合型人才，这样才能够有效地在产品制造和运营过程中融入工业互联网。"旧的未去、新的未来"，对目前的家电行业来说，工业互联网或数字经济的发展形成的对就业数量的创造效应是超过替代效应的，[①] 对就业的综合效应是需要更多就业，对劳动规模的依赖依然存在。

由图 12 可知，大劳动规模企业除了在 2016 年被中劳动规模企业反超外，到 2021 年，也有可能被中劳动规模企业追上。也就是说，随着工业互联网的逐步推广，从 2021 年起，劳动规模的约束力可能越来越弱。

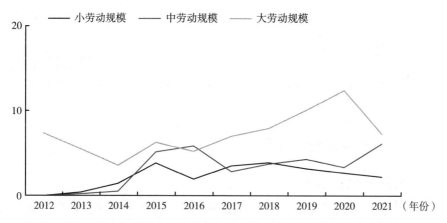

图 12　2012~2021 年中国家电业上市公司工业互联网发展指数的劳动规模分布

3. 市场规模分布

从图 13 的家电业市场规模分布来看，中小市场规模企业工业互联网发展指数普遍低于大市场规模企业。但大市场规模企业的指数变化幅度比较大，分别在 2012 年、2015 年和 2020 年达到阶段性高峰后，开始回落，表现为具有市场结构优势的企业在工业互联网发展指数方面的不稳定。中国家电行业市场集中度一直比较高，但品牌比较分散，缺乏真正的"巨头"，企业实力相当，同质化竞争激烈，缺少资源共享、联合研发的环境和氛围，企业之间的价格战不断。在国外市场上也是如此，常因被反倾销而退出国外市场，面临国外厂家的知识产权压力时更是势单力薄。以上原因，带来了家电业市场结构优势的不稳定，从而影响了工业互联网发展的持续性。

---

① 《数字经济的就业创造效应与就业替代效应探究》，搜狐网，2022 年 8 月 25 日，https：//www.sohu.com/a/579633056_ 120957953。

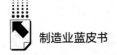
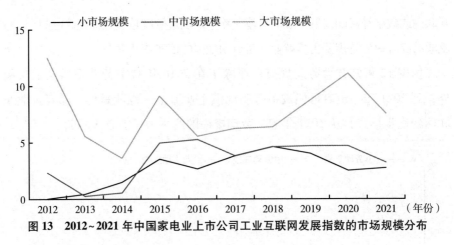

图 13　2012～2021 年中国家电业上市公司工业互联网发展指数的市场规模分布

（四）技术创新分布情况分析

1. 创新人才投入分布

从图 14、图 15 的技术人员比重和研发人员比重分布来看，技术创新人才投入较小的公司，其工业互联网发展指数较高，而技术创新人才投入较大的公司，工业互联网发展指数较低。由此可以看出，家电业内部技术创新仍然以传统产品创新模式为主，并没有将工业互联网平台模式纳入技术创新管理中。只有少数大公司，比如海尔集团，凭借多年积累的技术经验和雄厚的资本，通过自主研发和联合研发，创新推出能够适应企业内部业务的工业互联网平台。

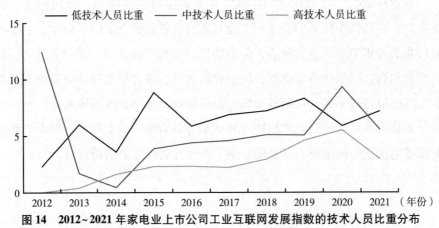

图 14　2012～2021 年家电业上市公司工业互联网发展指数的技术人员比重分布

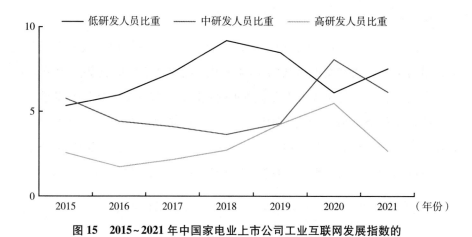

图15　2015~2021年中国家电业上市公司工业互联网发展指数的
研发人员比重分布

　　产生这种情况的原因主要是工业互联网与传统领域不太相同，它具有鲜明的跨专业、跨学科、跨领域的特征。一方面，家电业自身业务流程比较复杂，包括研发、生产、销售等业务，还有一些自动化或数字化设备需要检测和维修，而建立在以上流程基础之上的工业互联网平台，对相关技术人员的能力和经验要求比较高，难以找到合适的人才；另外，工业互联网平台的工作人员需要能将互联网技术同家电制造技术融合在一起，而目前国内大部分人才所掌握的技能相对单一，复合型人才比较稀缺，其工资成本也是很多企业难以承受的。[①]

　　对家电制造业来说，其未来可以通过多种路径实现技术创新研发与工业互联网融合。一是通过将关键设备的重要指标进行数字化后跟平台同步，运用机器学习等先进算法有利于提高生产线的智能化水平。二是可以对生产线的生产流程进行数字化改造。将生产线的重要节点数据同步上传至平台，有助于提高制造车间的工作效率。三是要加强对制造业大数据的分析，不断提升传统制造企业的智能制造水平。[②]

---

① 《工业互联网面临着非常大的人才缺口问题》，新浪网，2022年6月24日，http：//finance. sina. com. cn/meeting/2022-06-24/doc-imizmscu8571750. shtml。

② 《传统制造企业利用工业互联网平台转型升级的路径与策略》，搜狐网，2022年8月4日，http：//news. sohu. com/a/574185881_ 121181656。

2. 创新资金投入分布

从图 16 的研发投入占营业收入比重分布来看，不同研发投入占营业收入比重对工业互联网发展指数的影响作用出现交替起伏的趋势。2016 年以前，中研发投入占营业收入比重企业指数较高，2016~2019 年低研发投入占营业收入比重企业指数较高，2019 年之后，中高研发投入占营业收入比重企业指数提升，最后高研发投入占营业收入比重企业指数在 2018 年开始持续提升的基础上，在 2021 年超过了中低研发投入占营业收入比重企业。

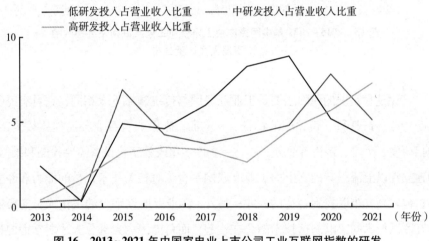

图 16　2013~2021 年中国家电业上市公司工业互联网指数的研发投入占营业收入比重分布

工业互联网属于技术密集型、知识密集型，对前沿技术的创新研发和应用有着较高的要求，需要非常高的、持续性的研发成本投入予以支持。由图 16 也可以发现，经过持续多年的高研发投入之后，工业互联网带来的替代效应变弱，创造效应增强，因而比重较高的企业，在后期表现出越来越高的工业互联网发展指数。

3. 无形资产分布

无形资产是反映企业技术创新能力、市场竞争力和可持续发展能力变化与趋势的核心指标，由图 17 的无形资产比重分布可以看出，低无形资产比重和高无形资产比重企业指数，要高于中无形资产比重企业。而且这种状态保持了一段比较长的时间，这反映了一个现实，当前上市公司技术能力欠缺，即无形资产中技术专利方面比重低，而土地产权等非技术类无形资产比重较高。

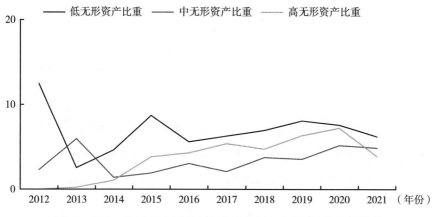

图17　2012~2021年中国家电业上市公司工业互联网发展指数的无形资产比重分布

因为各类公司针对工业互联网的技术产出并不高，对低无形资产比重企业来说，技术产出反而显得更重要，同样，高无形资产比重企业由于资金雄厚，也具备投入工业互联网技术的能力。而中无形资产比重企业既没有新技术投入的压力也没有资金实力，因而保持最弱的工业互联网发展愿望。

（五）结构分布情况分析

1. 资本有机构成分布

由图18可知，2012~2021年中国家电业上市公司各类资本总体上逐步提高，这符合马克思关于资本经济模式下有机构成必然提高的理论判断。另外，在2015年之前，价值构成提高较快，之后减缓，这符合杨虎涛等对资本有机构成演变的观点，他们认为在一种能够颠覆行业的新技术发展初期，关键生产要素往往比较稀缺、价格高，在新技术成熟之前，整体行业的资本有机构成将会落在一个比较大的数值上。随着新技术的外溢，更多企业追加对新技术的投资，因而起初比较稀缺的关键资本要素的价格开始下降，行业的资本有机构成增速也开始降下来。

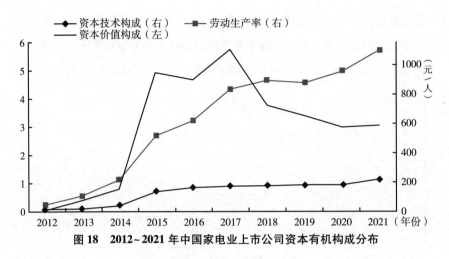

图18　2012~2021年中国家电业上市公司资本有机构成分布

同时，马克思指出，技术构成和价值构成有时候会相互背离，并不一定呈现同向变动的特征。由图19可知，近些年家电业的资本技术构成在趋势上产生了背离，尤其是在2017年之后。而推动背离的主要因素正是劳动生产率的逐年提升，根据马克思的观点，劳动生产率的提升，使得同等劳动下消耗更多的生产资料，与此同时，生产资料价值也会相对降低。

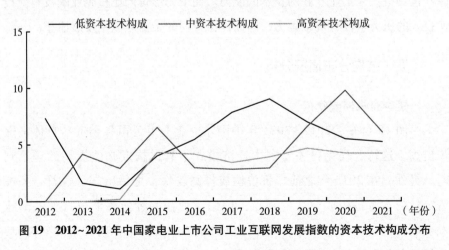

图19　2012~2021年中国家电业上市公司工业互联网发展指数的资本技术构成分布

进一步分析资本价值构成跟工业互联网发展指数的关系。如图20所示，从资本价值构成分布来看，资本价值构成对工业互联网发展指数的影响较大，这符合理论预期。另外，低资本价值构成企业指数要高于高资本价值构成企业指数。而工业互联网发展指数在中资本价值构成情况下，表现为时高时低，起伏较大。

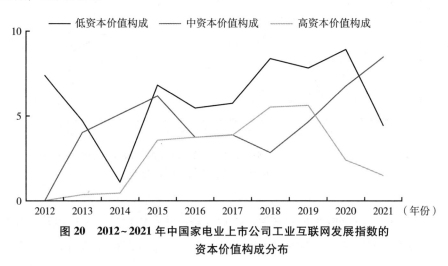

图20　2012~2021年中国家电业上市公司工业互联网发展指数的
资本价值构成分布

2. 公司治理结构分布

从图21的第一大股东持股比例分布来看，高股权集中度企业的工业互联网发展指数明显低于中低股权集中度企业。图22的前五大股东持股比例分布也显示出低股权集中度更有利于企业工业互联网的发展。

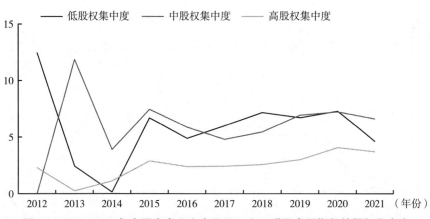

图21　2012~2021年中国家电业上市公司工业互联网发展指数的股权集中度
（第一大股东持股比例）分布

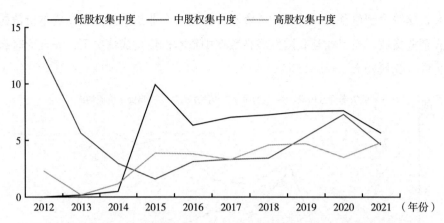

图22 2012~2021年中国家电业上市公司工业互联网发展指数的股权集中度
（前五大股东持股比例）分布

这说明，对家电业企业来说，工业互联网平台仍然是一项高风险、高收益的投资，而国家在政策扶持方面还比较弱，工业互联网发展所需要的各项配套政策还不成熟。因而提高了工业互联网平台研发失败的风险，这会导致以风险规避型为主的国内企业不愿意追加投资。

3. 资本结构分布情况分析

从图23的资本结构分布来看，高资产负债率企业发展工业互联网的愿望更强。这是因为引入债务使企业能够控制较大的现金流，有利于为研发活

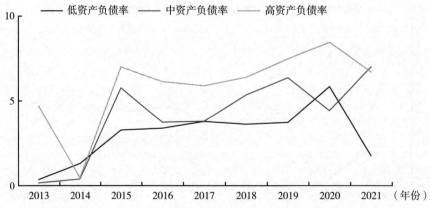

图23 2013~2021年中国家电业上市公司工业互联网发展指数的资本结构分布

动创造稳定的资金环境，同时，债务融资有助于约束管理层降低权益代理成本、降低融资成本和减少资本市场的信息不对称，这些给公司提供了更多机会去发展和创建工业互联网平台。

因而，要想真正为工业互联网平台提供全周期、全生态的服务，就需要创投机构、银行等形成合力。打造"股权+债权"的赋能新模式，发挥金融资本"血脉"的作用，为工业互联网发展建设赋能助力。

三 主要结论与启示

综合以上分析，主要得出以下结论与启示。

第一，我国家电业在数字化基础建设方面相对成熟，而在工业互联网发展方面还没有形成相关技术系统，大多数公司还停留在运营概念方面。家电业内部技术创新仍然以传统产品创新模式为主，并没有将工业互联网平台模式纳入技术创新管理中，只有少数大公司，凭借多年积累的技术经验和雄厚资本，通过自主或联合研发，创新推出能够适应企业内部业务的工业互联网平台。

第二，从工业互联网发展指数的总体趋势和行业分布来看，传统成熟的制造业，尤其是小家电行业的发展说明家电业的工业互联网发展即将由初级阶段步入快速发展阶段。

第三，工业互联网结合的家电产品与服务的核心在于推广、迭代和提升，距离实现规模效益还有一段较长的路。

第四，对目前的家电业来说，工业互联网对就业数量的创造效应是超过替代效应的，对就业的综合效应是需要更多就业，对劳动规模的依赖依然存在。

第五，家电业市场结构优势不稳定，一直以来，中国家电业市场集中度较高，但品牌比较分散，这些市场环境的不确定因素，给工业互联网发展的可持续性带来了影响。

第六，研发投入较大的企业，在后期表现出越来越高的工业互联网发展

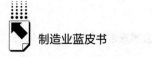

指数。因而，高研发投入比重依然是工业互联网发展所必要的。同样从资本结构分布来看，高资产负债率企业发展工业互联网的愿望更强。因而，需要积极发挥金融资本的"血脉"作用，为工业互联网发展建设赋能助力。

第七，从资本有机构成来看，近年来，家电业数字化转型和工业互联网初步发展，资本价值构成逐步提高，家电业劳动生产率逐年提升。

第八，从治理结构的影响来看，低股权集中度更有利于企业工业互联网的发展。因而建立完善的工业互联网融资环境，降低创新投入的风险，有助于大股东增加对工业互联网的投资。

参考文献

袁淳等：《数字化转型与企业分工：专业化还是纵向一体化》，《中国工业经济》2021 年第 9 期。

王珊珊、王珺瑶：《市场结构对创新的影响：以中国家电企业为例》，《市场论坛》2014 年第 8 期。

杨虎涛、冯鹏程：《技术—经济范式演进与资本有机构成变动——基于美国 1944—2016 年历史数据的分析》，《马克思主义研究》2019 年第 6 期。

马克思：《〈资本论〉》第 1 卷，人民出版社，2004，第 719 页。

贾岩：《股权集中度对企业创新的影响——以我国互联网企业为例》，《商业会计》2019 年第 12 期。

张超、许岑：《产权性质、资本结构与企业创新》，《经济理论与经济管理》2022 年第 3 期。

专题篇
Special Reports

B.8
民营制造企业数字技术分析
——基于专利数据

赵 芳 彭 波[*]

摘　要:　数字技术成为世界经济发展的新动能和新引擎，推动全球价值链分工在产业、空间、规则三个维度上呈现新的发展格局。本报告利用专利文献统计分析了民营制造企业应用的数字技术情况，对这一领域数字技术的整体发展趋势、地域和行业分布特点进行了概括和总结，并且通过专利文献详细的著录项，实现了对关键数字技术方向更精细、更精确的遴选。在此基础上，利用著录项信息，以个例形式对关键数字技术现状从产业、地域、主体方面做了说明。研究发现，民营制造企业数字技术有3个发展阶段，即缓慢发展阶段、跌宕中的高速发展阶段、不明朗阶段；在地域和行业

---

* 赵芳，博士，北京市科学技术研究院科技情报研究所助理研究员，主要研究方向为科技信息采集和分析；彭波，博士，商务部研究院中商智库理论研究部主任、研究员，主要研究方向为宏观经济。

上均呈现集聚或不平衡的特征；其关键数字技术以三个梯级分布
在 7 类国民经济行业中。本报告能够为相关决策者和同人提供
参考。

关键词： 数字技术　制造业　民营企业　专利数据

在全球价值链分工演进中，技术进步、要素禀赋、制度变迁是 3 个关键
要素，技术进步协同要素禀赋和制度变迁，推动全球价值链重构。以数字技
术为代表的新一轮信息技术革命正在迅速推进，向生产和生活的各个领域不
断渗透，数字技术成为世界经济发展的新动能和新引擎，推动全球价值链分
工在产业、空间、规则 3 个维度上呈现新的发展格局。

在数字技术推动全球价值链重构的大背景下，自 2015 年开始，中国
发布了《智能制造发展规划（2016—2020 年）》《促进新一代人工智能
产业发展三年行动计划（2018—2020 年）》《云计算发展三年行动计划
（2017—2019 年）》等，从政策层面支持数字技术的发展，以期在引领
全球价值链演进新趋势中把握新机遇，成为经济全球化的受益者和贡
献者。

面对严峻复杂的国际竞争形势，为了更有效地推进数字技术的发展，
掌握数字技术发展现状，明确关键数字技术，成为基础而必要的科技情
报研究任务。本报告以专利文献为依据，结合现有的数据采集能力，对
民营制造企业应用数字技术的情况进行研究，以期为相关决策者和同人
提供参考。

一　专利数据的采集

本报告选取专利文献来表征民营制造企业应用数字技术的情况。收集专
利文献数据时，有两个关键的检索条件，即数字技术和制造企业。

（一）明确专利检索领域

数字技术是一项与电子计算机相生相伴的科学技术。用专利分析数字技术时，数据检索主要有两种思路：一种是通过设定若干个关键词进行检索，另一种是将数字技术等同信息通信技术，提取属于信息通信技术范畴内的相关专利。第一种检索思路是基于大数据技术和计算机计算能力，根据与数字技术相关的语言表述特征，通过人工筛选和计算机结合，确定和拓展关键词，并采用图谱分析对关键词做出分类。这种方法的弊端是关键词选取不全面、分类不精确。因为用这种方法关键词会或多或少地被遗漏，此外如果仅在标题、摘要部分检索这些关键词，会导致数据检索不全面，而如果在全文检索这些关键词，又会产生大量相关度不高的专利数据。相比之下，第二种检索思路使专利数据范围和分类更为明确，所以为本报告采用。

国际专利分类号（International Patent Code，IPC）对各个类别的技术都有明确界定，据此可将信息通信技术领域的分类号一一提取出来。信息通信技术领域分为信息技术和通信技术两个子领域，分布于 IPC 的 G（物理）和 H（电学）两类，涉及大类、小类共计 20 个（见表 1）。

表 1　信息通信技术领域的分类号

技术领域	涉及分类号
信息技术	G06:计算;推算;计数 G10L:语音分析或合成;语音识别;语音或声音处理;语音或音频编码或解码 G11C:静态存储器
通信技术	G08C:测量值、控制信号或类似信号的传输系统 H01P:波导;谐振器、传输线或其他波导型器件 H01Q:天线 H03B:使用工作于非开关状态的有源元件电路,直接或经频率变换产生振荡;由这样的电路产生噪声 H03C:调制 H03D:由一个载频到另一个载频对调至进行解调或变换 H03H:阻抗网络,如谐振电路;谐振器 H03K:脉冲技术

技术领域	涉及分类号
通信技术	H03L:电子振荡器或脉冲发生器的自动控制、起振、同步或稳定 H03M:一般编码、译码或代码转换 H04B:传输 H04H:广播通信 H04J:多路复用通信 H04K:保密通信 H04L:数字信息的传输 H04M:电话通信 H04Q:选择

资料来源：根据相关资料统计得到。

（二）确定民营制造企业数据范围

有学者将所收集到的信息通信技术领域的专利数据与国民经济分类中的制造业细分行业进行匹配，从而得到了制造业的数字技术专利数据。相比之下，本报告的思路是将制造业的企业主体作为检索项，结合领域检索条件，最后得到制造业的数字技术专利数据。

全国工商联每年发布一份《中国民营企业500强》调研分析报告，其中包含"制造业民营企业500强"专题报告。报告对营业收入进行排序，推出了"制造业民营企业500强"；并按照国民经济行业分类标准对制造业的细分，对500强企业做了行业分类。

本报告以《2021中国制造业民营企业500强榜单》为线索，借助企业信息查询平台（如百度旗下的爱企查），将这些公司投资、控股占比达到50%（含）以上的分公司，也包括在民营制造企业主体数据之中。

最后，在全球专利数据库incoPat中，以"IPC分类号+申请人或受让人"为检索条件，其中IPC包含信息通信技术中的20个分类号，申请人或受让人包含制造业民营企业500强及其分公司。时间跨度为1985年至2022年6月，经过查重、剔除不相关数据，收集到145673条专利数据。将企业数据字段和专利著录项合并共有23个字段，包括总公司、当前权利人、制造业细分领域、标题、摘要、申请号、申请日、IPC 主分类/IPC、国民经济分类/新兴产业分类、申请人省市/地市、被引证次数等。其中申请日期为2017 年至 2022 年 6 月的专利数据有 64864 条，是本报告研究的重点。

二　民营制造企业应用数字技术的现状

以数据和著录项为基础，从多个角度对数据筛选、统计，利用词频统计、关键词抽取等计算机数据处理方法，结合专家判读，对民营制造企业应用数字技术的发展趋势、地域特征、产业分布以及对关键数字技术的遴选和解读进行描述和分析。

（一）民营制造企业数字技术的应用分为三个阶段

在全球专利数据库 incoPat 中以 IPC 进行检索，不区分经济行业，发现全国范围内最早的数字技术专利申请可追溯至 1985 年，申请主体较多样，包括个人、外企、大学、国企等。如果把范围限制在民营制造企业，其最早申请数字技术专利是在 1995 年，华为公司作为民营制造企业的"领头羊"，是业内最早的数字技术专利申请者。这表明民营制造企业数字技术的应用是在有一定程度的技术积累和社会氛围的基础上发展起来的。

观察数字技术专利的历年数量变化，可以看出，在总体趋势上，民营制造企业对数字技术的应用分为三个阶段。1995~2005 年民营制造企业数字技术的应用发展比较缓慢，是第一阶段，即缓慢发展阶段。2006~2018年是第二阶段，是跌宕中的高速发展阶段。相对于全国范围较为平滑的发展曲线，民营制造企业数字技术的应用呈现出跌宕格局，在 2010 年、2015 年两度出现较大幅度的跌落（见图 1、图 2）。2019 年至 2022 年 6月，民营制造企业对数字技术的应用又出现跌落，2006~2010 年出现为期5 年的跌落，当下能否在短暂的低潮期之后出现反弹，还需时间验证，处于不明朗阶段。

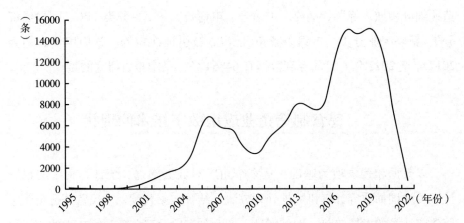

图1　1995 至 2022 年 6 月民营制造企业的数字技术专利数量变化趋势

资料来源：根据全球专利数据库 incoPat 的数据计算得到。

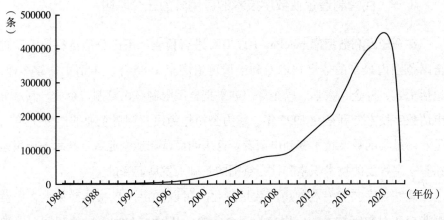

图2　1984 至 2022 年 6 月全国数字技术专利数量变化趋势

资料来源：根据全球专利数据库 incoPat 的数据计算得到。

（二）民营制造企业数字技术的应用在地域上呈现集聚性

选取 2017 年至 2022 年 6 月的专利数据，按申请人所在省份进行统计，民营制造企业数字技术应用分布在 27 个省份（包括香港、台湾），相比 2017 年之前的 23 个省份，进一步拓展了地域范围。但是甘肃、宁夏、西藏、海南、澳门五地的民营制造企业数字技术的应用还没有显现。

民营制造企业数字技术的应用在地域上呈现明显的集聚性特征。在宏观层面上，南北对比来看，南方15个省份的数字技术专利占总量的80%，而北方12个省份的数字技术专利仅占总量的20%，说明数字技术应用主要集聚在南方；东西对比来看，东部11个省份的数字技术专利占总量的92%，中部9个省份的数字技术专利占总量的7%，西部7个省份的数字技术专利占总量的1%，说明数字技术应用主要集聚在东部。在中观层面上，数字技术应用集聚在少数省份，如广东、北京、山东民营制造企业的数字技术应用发展一直位居前三，三省的数字技术专利占总量的85%，其中广东的数字技术专利占总量的比重高达67%，在数字技术应用发展上具有绝对优势（见图3）。[①] 在微观层面上，从第一申请人所在的地市分布看，数字技术分布在94个城市，专利数量超过1000条的城市有9个（见图4），其专利数量占总量的89%，其中深圳专利数量占到了总量的49%。

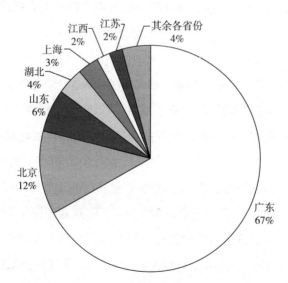

图3　2017年至2022年6月各省民营制造企业的数字技术专利份额

资料来源：根据全球专利数据库 incoPat 的数据计算得到。

---

① 以广东、北京、山东为例，按照专利申请人的总公司所在省份进行统计，分别占74%、11%、7%；按照专利申请人（即公司）所在的省份进行统计，分别占67%、12%、7%。两种标准统计的数据差距不大，不影响定性判断。本报告采用第二种统计标准。

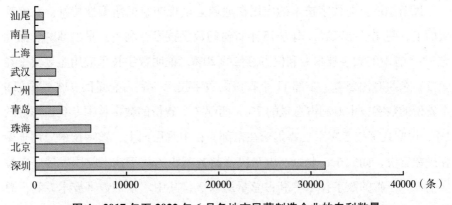

图4 2017年至2022年6月各地市民营制造企业的专利数量

资料来源：根据全球专利数据库 incoPat 的数据计算得到。

民营制造企业的数字技术应用在地域上呈现的集聚性，也可以看作地域不平衡性。相比2017年之前，近5年在地域不平衡性上有所改善，如北方、中西部省份的数字技术发展有了一定程度进步，所占份额分别从4%提高到20%、从2%提高到8%。

此外，相比2017年之前，山东、湖北的民营制造企业的数字技术发展较快，名次靠前，尤其是湖北从排名第八跃居第四，上海、浙江的排名则有所下降。

民营制造企业数字技术的应用发展之所以呈现这样的地域特征，一个重要因素是广东的华为公司（指华为投资控股有限公司旗下的所有企业）的数字技术专利占民营制造企业数字技术专利总量的1/3（2017年至2022年6月占40%，在2017年之前更是达到80%），广东或者说华为公司所在的地理区域必然在份额上具有明显的优势。华为公司的地位举足轻重，2010年、2015年华为公司的数字技术专利数量减少时，民营制造企业整体的数字技术应用发展也出现波折。

（三）民营制造企业的数字技术应用覆盖大部分经济行业且呈现行业集聚性

按照《国民经济行业分类》（2017年），制造业分为31大类。以总公司所在行业为标准统计 2017 年至 2022 年 6 月的专利数据，可以看出民营制造企业的数字技术在绝大部分制造业细分行业中得到了应用，其中仅 8 个细分行业还未应用数字技术，相比 2017 年之前，数字技术应用的行业范围拓展了，增加了医药制造业、仪器仪表制造业、有色金属冶炼和压延加工业、酒/饮料和精制茶制造业、石油/煤炭及其他燃料加工业、造纸和纸制品业 6 个行业（见表 2）。①

表 2　民营制造企业的数字技术应用在制造业中的分布情况

数字技术应用覆盖的制造业细分行业	计算机/通信和其他电子设备制造业； 汽车制造业； 专用设备制造业； 通用设备制造业； 农副食品加工业； 化学原料和化学制品制造业； 金属制品业； 文教/工美/体育和娱乐用品制造业； 有色金属冶炼和压延加工业； 石油/煤炭及其他燃料加工业； 医药制造业； 铁路/船舶/航空航天和其他运输设备制造业；	电气机械和器材制造业； 非金属矿物制品业； 黑色金属冶炼和压延加工业； 橡胶和塑料制品业； 食品制造业； 印刷和记录媒介复制业； 化学纤维制造业； 其他制造业； 酒/饮料和精制茶制造业； 造纸和纸制品业； 仪器仪表制造业
数字技术应用未覆盖的制造业细分行业	木材加工和木/竹/藤/棕/草制品业； 皮革/毛皮/羽毛及其制品和制鞋业； 金属制品/机械和设备修理业； 废弃资源综合利用业；	家具制造业； 纺织服装/服饰业； 烟草制品业； 纺织业

资料来源：根据《国民经济行业分类》（2017 年）和行业原始专利数据整理。

根据统计的 2017 年至 2022 年 6 月的专利数据，民营制造企业数字技术的应用在行业上也呈现集聚性的特点。在计算机/通信和其他电子设备制造业中数字技术专利数量最多，占专利总量的 77%，其次是电气机械和器材制造业，占 17%，铁路/船舶/航空航天和其他运输设备制造业超过汽车制

---

① 其中纺织服装/服饰业、皮革/毛皮/羽毛及其制品和制鞋业、家具制造业这 3 个行业有企业在民营制造企业 500 强榜单中，但是这 3 个行业的领军企业没有相关数字技术专利。烟草制品业、金属制品/机械和设备修理业两个行业没有企业进入民营制造企业 500 强榜单，所以受限于数据采集范围，本报告不了解这两个行业的数字技术应用情况。

造业位居第三，占3%（见图5）。

相比2017年之前，这种行业发展上的不平衡，已经得到了一定的改善，如计算机/通信和其他电子设备制造业的数字技术专利份额由94%下降到77%，电气机械和器材制造业的数字技术专利份额从3%增长到17%，铁路/船舶/航空航天和其他运输设备制造业的数字技术专利份额从0.5%上升到3%。但是其他行业的份额提升不大，反映出民营制造企业还有在这些行业拓展数字技术应用的空间。

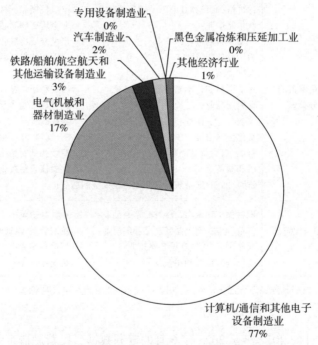

**图5　2017年至2022年6月民营制造企业应用数字技术
在各经济行业中的份额**

资料来源：根据全球专利数据库incoPat的数据计算得到。

三　民营制造企业应用的关键数字技术的遴选和分析

民营制造企业应用的关键数字技术包括两个部分：一是关键数字技术的

遴选，二是对关键数字技术的态势分析，如发展趋势、地域/产业分布、技术应用主体等。

（一）关键数字技术的遴选方法和结果

1. 主观和客观相结合的遴选方法

本报告采取主观和客观相结合的关键数字技术遴选方法（见图6）。

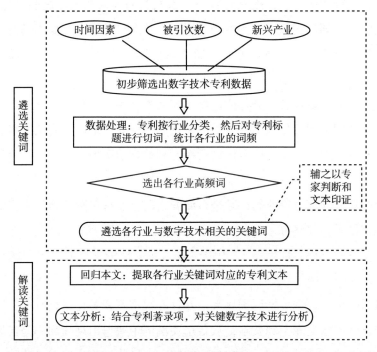

图6　民营制造企业应用的关键数字技术的遴选方法与解读方法

首先，确立3个客观标准初步遴选重要的专利数据。其一，时间因素。摩尔定律揭示了信息通信技术快速更迭换代，所以关键数字技术是动态发展的，有时间的内涵，描述时要限定某个时间段，这与研究前沿的时效性类似。民营制造企业的数字技术专利申请可追溯至1995年，距今近30年，研究意义较小。所以本报告仅截取2017年之后的专利数据用以分析当前的情况。其二，被引次数。被引次数代表文献被业界认可

的程度，反映了文献的影响力，是文献研究的一个重要指标。因此本报告选择被引次数≥1次的专利。其三，新兴产业。新兴产业是指关系国民经济社会发展和产业结构优化升级，具有全局性、长远性、导向性和动态性特征的产业。专利著录项中包含新兴产业的标注，可直接作为遴选指标。

其次，根据3个客观标准遴选出来的专利数据，利用计算机对专利著录项的标题进行切词处理，提取与数字技术相关的词，并统计这些词的词频。最终确定一个词的词频，还需要介入人工。因为切词时2字词与3字词或4字词表达的可能是一个技术方向，如"遥控器"与"遥控"、"图像处理"与"图像"，需要对两个词的词频进行合并。

再次，对制造业各细分行业词的词频从大到小进行排序，选出备选关键词。需要特别说明的是，本报告中的备选关键词在选取时，有两个可以作为参考的因素。除了词频，还有该词所在专利的被引次数，也就是一个词的词频越高、被引次数越多，该词作为关键词的可能性越大。但在实际操作中，分别对制造业各细分行业的词频进行测算之后，发现单独考虑词频得到的备选关键词结果，与将词频和被引次数综合考虑得到的结果相同（排序稍有差别，但不影响做定性判断）。所以本报告在分析中采用的是单独统计词频的方法。

最后，由于备选关键词词量大，并且有很多不相关词掺杂其中，所以本报告结合专家意见和专利文本，从备选关键词中遴选出高频词作为代表该行业关键数字技术的关键词。在确定词频范围、剔除词频高但无具体技术含义的词、鉴别相似词指向的专利文本以及处理方案方面，专家建议必不可少，并且以回归专利文本的方式对其进行了印证。

2.关键词分布具有行业集聚性和梯级特点

通过对制造业各细分行业中与数字技术相关的关键词的词频和数量进行统计，从总体来看，可以发现高频关键词呈现明显的行业集聚性特征，即大量集聚在计算机/通信和其他电子设备制造业、电气机械和器材制造业中，反映出关键数字技术在该行业中具有集聚性。如果代表关键数字技术的关键词从全部专利数据的范围内遴选,行业集聚性特点会使其他制造业细分行业的关键数字技术进入盲区。为了能准确把握制造业每个细分行业中的关键数字技术,分别依据每个细分行业中的词频排序,来遴选关键词。

除了上述所说的行业集聚性,这些代表关键数字技术的关键词在各行业中的分布呈现4个梯级。计算机/通信和其他电子设备制造业、电气机械和器材制造业两个领域的关键词词频高,以关键高频词"存储介质"为例,分别达到2776次、1160次,并且两个领域词频大于100次的高频词比较多,反映出关键数字技术多分布在这两个制造行业,属于民营制造企业应用的关键数字技术所在的第一梯级。

铁路/船舶/航空航天和其他运输设备制造业、汽车制造业两个领域的词频大于100次的词有数个,可作为关键高频词的仅有1~2个,其他可作为关键词的词频多在20~100次。这两个制造行业属于第二梯级。

专用设备制造业、非金属矿物制品业、黑色金属冶炼和压延加工业3个制造行业可作为关键词的词频在5~15次,并且词量很小。这3个行业属于第三梯级。

金属制品业、农副食品加工业等其余14个行业,词频很低(≤5次),将这些行业研判为没有关键数字技术,属于第四梯级(见表3)。

表3 民营制造业各细分行业中代表关键数字技术的关键词

所在梯级	国民经济行业	关键词
关键数字技术第一梯级行业	计算机/通信和其他电子设备制造业	存储介质、显示、控制、通信、传输、数据、智能、移动、检测、面板、触控、天线等
	电气机械和器材制造业	存储介质、智能、控制、语音、移动、显示、检测、数据、识别、推荐等
关键数字技术第二梯级行业	铁路/船舶/航空航天和其他运输设备制造业	存储介质、无人机、移动、控制、图像、检测、天线等
	汽车制造业	控制、存储介质、天线、识别等
关键数字技术第三梯级行业	专用设备制造业	超声、成像、样本分析、存储介质等
	非金属矿物制品业	玻璃、天线等
	黑色金属冶炼和压延加工业	存储介质等

续表

所在梯级	国民经济行业	关键词
关键数字技术第四梯级行业	文教/工美/体育和娱乐用品制造业、金属制品业、农副食品加工业、印刷和记录媒介复制业、化学纤维制造业、食品制造业、通用设备制造业、橡胶和塑料制品业、有色金属冶炼和压延加工业、化学原料和化学制品制造业、医药制造业、酒/饮料和精制茶制造业、石油/煤炭及其他燃料加工业、综合行业	无

资料来源：根据相关资料统计得到。

（二）对关键数字技术的分析

按照技术方向的细化程度，可以分为三个等级，代表第一级关键数字技术的关键词，如高频词"存储介质"自身代表一类关键数字技术，广泛存在于国民经济诸多细分行业中，是第一级关键数字技术。通过提取"存储介质"一词所在的专利数据，从著录项 IPC 角度统计，可将"存储介质"类技术进一步细分，找到更为具体且明确的第二级、第三级关键数字技术方向。

本报告对关键数字技术的分析通过将关键词映射回专利文本的方式，再标记、筛选、提取相关专利，从技术等级、地域、行业、主体 4 个角度进行分析。以"存储介质"一词在计算机/通信和其他电子设备制造业（以专利当前权利人所属总公司的国民经济行业划分为准）中的分布情况为例，说明关键数字技术的分析视角和层级。利用计算机查找公式，在标题中对含有"存储介质"的专利进行标记，然后分类提取，得到 2017 年至 2022 年 6 月的 2728 条专利数据。

1. 以 IPC 主分类为始点开展的多角度分析

从 IPC 主分类角度可以得到"存储介质"类关键数字技术的第二级、

第三级关键数字技术，然后对第二级、第三级关键数字技术的地域、产业、总体分布情况进行分析。

本报告收集到的所有数字技术专利的IPC显示，一部分完全属于信息通信技术类的专利，代表纯粹型数字技术，另一部分是其他方向的技术与信息通信技术结合所形成的数字技术专利，代表结合型数字技术。

从专利IPC主分类号角度统计，可以看出"存储介质"类数字技术分为两类：纯粹型数字技术占86.6%，结合型数字技术占13.4%。纯粹型数字技术存在于12类专利中：G06、G08C、G10L、H01Q、H03K、H03M、H04B、H04H、H04J、H04L、H04M、H04Q。其中关键纯粹型数字技术有G06（计算；推算；计数）、G10L（语音分析或合成；语音识别；语音或声音处理；语音或音频编码或解码）、H04B（传输）、H04L（数字信息的传输）、H04M（电话通信）。结合型数字技术主要是由A类（人类生活必需品）、B类（作业；运输）、F类（机械工程；照明；加热，武器；爆破）技术，以及G类（物理）和H类（电学）中的非信息通信技术，与信息通信技术结合所形成的。根据专利数量排序，关键结合型数字技术有三类：H04W类（无线通信网络）、H04N类（图像通信）、G01类（测量测试）技术。以上是第一级关键数字技术"存储介质"中的第二级关键数字技术。进一步对第二级关键数字技术的专利提取统计，可以找到方向更为明确的第三级关键数字技术（见表4）。

表4　计算机/通信和其他电子设备制造业中"存储介质"类关键数字技术方向

类型	第二级关键数字技术	第三级关键数字技术
结合型数字技术	H04W:无线通信网络	H04W24:监督,监控或测试装置 H04W4:专门适用于无线通信网络的业务;设施
	H04N:图像通信	H04N21:可选的内容分发 H04N5:电视系统的零部件
	G01:测量测试	——

续表

类型	第二级关键数字技术	第三级关键数字技术
纯粹型数字技术	G06:计算;推算;计数	G06F:电数字数据处理 G06K:数据识别;数据表示;记录载体;记录载体的处理 G06Q:专门适用于行政、商业、金融、管理、监督或预测的数据处理系统或方法等 G06T:一般的图像数据处理或产生
	G10L:语音分析或合成;语音识别;语音或声音处理;语音或音频编码或解码	G10L15:语音识别 G10L21:视觉信号或触觉信号
	H04B:传输	H04B7:无线电传输系统 H04B17:监控;测试
	H04L:数字信息的传输	H04L1:检测或防止收到信息中的差错的装置 H04L12:数据交换网络 H04L29、H04L1/00 至 H04L27/00:单个组中不包含的装置、设备、电路和系统 H04L5:为传输通道提供多用途的装置
	H04M:电话通信	H04M1:分局设备

资料来源：根据行业原始数据统计得到。

对每一级每一项关键数字技术还可以进一步从地域、产业、主体角度进行分析。以第三级关键数字技术 G10L15 语音识别为例，提取并统计相关专利，可以更清楚地看到这项技术的其他细节。

在地域上，该项技术主要的分布省份是北京、广东、山东，分布地市主要在北京、深圳，在广州、青岛、潍坊、上海、南京、惠州也有零星专利分布。

从新兴产业领域分布看，主要在下一代信息网络产业、数字创意技术设备制造，其次在数字文化创意活动、新兴软件和新型信息技术服务、互联网与云计算/大数据服务，在人工智能、数字创意与融合服务领域也有零星应用。

从传统产业领域看，主要分布在 I65 软件和信息技术服务业，其次是 C39 计算机/通信和其他电子设备制造业、I64 互联网和相关服务业、C43 金属制品/机械和设备修理业。

从专利权利人看，小米通讯技术有限公司掌握的该类技术最多，其次是创维集团。华为公司、广州视源电子科技股份有限公司、歌尔股份有限公司、深圳传音控股股份有限公司、TCL集团也拥有该类技术专利。

其他关键数字技术也可以开展类似分析，不再赘述。

2. 以经济行业分类为始点的多角度分析

从经济行业角度，可以得到第一级关键数字技术"存储介质"类分布的主要行业，然后再分析出主要行业中的第二级、第三级关键数字技术。

收集的数据有两类行业领域字段，一类是申请人（总公司）所在的行业领域，另一类是专利著录项里的国民经济行业（传统）和新兴产业两项，代表该专利辐射的行业范围。本节是根据专利的国民经济行业分类对相关专利进行统计的，"存储介质"类关键数字技术主要分布在信息传输/软件和信息技术服务业，其次是制造业，在电力/热力/燃气及水生产和供应业也有少量分布（见表5）。

表5　计算机/通信和其他电子设备制造业"存储介质"类关键数字技术
在三大制造经济行业中的分布情况

经济行业门类	细分行业	
C 制造业	C24 文教/工美/体育和娱乐用品制造业 C38 电气机械和器材制造业 C39 计算机/通信和其他电子设备制造业 C43 金属制品/机械和设备修理业	C34 通用设备制造业 C35 专用设备制造业 C40 仪器仪表制造业
D 电力/热力/燃气及水生产和供应业	D44 电力/热力生产和供应业	
I 信息传输/软件和信息技术服务业	I64 互联网和相关服务业 I65 软件和信息技术服务业	

资料来源：根据相关资料统计得到。

以专利数量为准，"存储介质"类关键数字技术主要分布在C39（计算机/通信和其他电子设备制造业）、I64（互联网和相关服务业）、I65（软件和信息技术服务业）3个细分经济行业。以I65（软件和信息技术服务业）为例，来说明行业中关键数字技术的分布情况。

从 IPC 统计看，I65（软件和信息技术服务业）中的关键数字技术基本是纯粹型数字技术（除了一项 IPC 是 G08B 信号装置或呼叫装置；指令发信装置；报警装置的专利）。从 IPC 主分类看，在该产业领域中，第二级关键数字技术有三类：G06T（一般的图像数据处理或产生）、G10L（语音分析或合成；语音识别；语音或声音处理；语音或音频编码或解码）、G08B（信号装置或呼叫装置；指令发信装置；报警装置）。如果进一步进行技术细分，第三级关键数字技术有G06T7（图像分析）、G06T5（图像的增强或复原）、G06T3（在图像平面内的图形图像转换）、G10L15（语音识别）、G10L21（视觉信号或触觉信号）。

从地域统计看，I65（软件和信息技术服务业）中的关键数字技术地域分布呈现三梯队的形态（见表6）。第一梯队广东占 I65 关键数字技术专利总量的55.6%，其中广州、深圳两市最多，占 I65 关键数字技术专利总量的51.1%。

表6　计算机/通信和其他电子设备制造业"存储介质"类数字技术——I65（软件和信息技术服务业）行业中关键数字技术的地域分布

梯队	I65 中关键数字技术分布的省份	I65 中关键数字技术分布的地市
第一梯队	广东	广州、深圳、惠州、汕尾、珠海
第二梯队	北京、山东	北京、青岛、潍坊
第三梯队	上海、湖南、江西、浙江、江苏、陕西、重庆	上海、长沙、南昌、嘉兴、杭州、南京、无锡、苏州、西安、重庆

资料来源：根据相关资料统计得到。

I65（软件和信息技术服务业）中的关键数字技术在新兴产业中的表现也可以通过专利统计出来。关键数字技术在数字文化创意活动、新技术与创新创业服务两个新兴产业领域的应用发展最多，在下一代信息网络产业、电子核心产业、互联网与云计算/大数据服务领域也有应用。

从专利权利人来看，掌握 I65（软件和信息技术服务业）中关键数字技术的主体分布在广东、北京、山东、浙江、湖南、江苏 6 个省份的 14 家公司，其中广东的广州视源电子科技股份有限公司、北京的小米通讯技术有限公司、山东的歌尔股份有限公司 3 家占了 I65（软件和信息技术服务业）中关键数字技术专利总量的 92.1%。

其他经济行业的数字技术也可按照这样的思路进行分析，不再赘述。

3.以地域分布为始点的多角度分析

从地域角度看，第一级关键数字技术"存储介质"分布的重点省份/地市，然后对重点省份/地市的第二级、第三级关键数字技术，分布行业，主体做出分析。

"存储介质"类关键数字技术分布在 14 个省份，专利数量最多的是广东，占此类专利总量的 54.6%，数量排在第 2 位的是北京，占 31.5%，山东和上海相差无几，分别占 5%左右，湖南、浙江、陕西等 10 个省份，所占份额极小。以广东为例，对该省民营制造企业应用的关键数字技术进行解读。

从 IPC 统计看，广东以纯粹型数字技术为主，占 83.1%，结合型数字技术占 16.9%。[①] 结合型数字技术中与信息通信技术结合的非信息通信技术有 5 类：A 类（人类生活必需品）、B 类（作业；运输）、F 类（机械工程；照明；加热；武器；爆破），以及 G 类（物理）和 H 类（电学）。涉及生产生活范围很广泛，包括医疗、体育、游戏、清洁、印刷、制冷设备、导航、计时、交通、教育、音乐、能源、通信等。其中在 G 类（物理）涉及的技术方向最多（见表 7）。

表 7　广东计算机/通信和其他电子设备制造业"存储介质"类数字技术——结合型数字技术中与信息通信技术结合的非信息通信技术种类和具体技术方向

非信息通信技术种类	具体技术方向
A 类（人类生活必需品）	A61B 诊断；外科；鉴定 A61M 将介质输入人体内或输入人体上的器械 A63B 体育训练器械 A63F 纸牌、视频等游戏

---

① 统计数字技术是综合型还是纯粹型，可以用 IPC 主分类号，定性判断不会有误，只是在比例上有误差，评估比较粗糙。当数据量比较大的时候可以采用这种标准；当数据量较小的时候，如果需要精确评估，或者需要看技术结合种类的细节时，可以统计 IPC。对广东，采用的是 IPC 统计。

制造业蓝皮书

续表

非信息通信技术种类	具体技术方向
B 类（作业；运输）	B01D 分离 B08B 一般清洁 B25J 机械手；装有操纵装置的容器 B41J 打字机；选择性印刷机构 B60R 不包含在其他类目中的车辆、车辆配件或车辆部件
F 类（机械工程；照明；加热；武器；爆破）	F24F 空气调节 F25D 冰箱、冷库、冰柜、冷冻设备之外的设备 F16M 非专门用于其他类目所包含的发动机、机器或设备的框架、外壳或底座、机座、支架
G 类（物理）	G01B 长度、厚度或类似线性尺寸的计量；角度的计量；面积的计量；不规则的表面或轮廓的计量 G01C 测量距离、水准或者方位；勘测；导航；陀螺仪；摄影测量学或视频测量学 G01N 借助于测定材料的化学或物理性质来测试或分析材料 G01R 测量电变量；测量磁变量 G01S 无线电定向；无线电导航；采用无线电波测距或测速、定位 G02B 光学元件、系统或仪器 G02F 用于控制光的强度、颜色、相位、偏振或方向的器件或装置 G03G 电记录术；电照相；磁记录 G04G 电子计时器 G05B 一般的控制或调节系统；这种系统的功能单元；用于这种系统或单元的监视或测试装置 G05D 非电变量的控制或调节系统 G07C 时间登记器或出勤登记器；登记或指示机器的运行；产生随机数；投票或彩票设备 G07F 投币式设备或类似设备 G08G 交通控制系统 G09B 教育或演示用具；用于教学或与盲人、聋人或哑人通信的用具 G09F 显示；广告；标记；标签或铭牌；印鉴 G09G 仅与阴极射线管指示器连接的控制装置或电路 G10H 电声乐器；由机电装置或电子发生器产生音调的乐器，或从数据存储器合成音调的乐器 G11B 基于记录载体和换能器之间的相对运动而实现的信息存储 G16H 医疗保健信息学，即专门用于处置或处理医疗或健康数据的信息和通信技术
H 类（电学）	H02P 电动机、发电机或机电变换器的控制或调节；控制变压器、电抗器或扼流圈 H02S 由红外线辐射、可见光或紫外光转换产生电能 H04N 图像通信 H04W 无线通信网络

资料来源：根据原始专利数据统计得到。

178

从 IPC 主分类项统计看，广东的"存储介质"类关键数字技术，分布在 A 类（人类生活必需品）、F 类（机械工程；照明；加热；武器；爆破）、G 类（物理）、H 类（电学）4 个领域。第二级关键数字技术是 G06（计算；推算；计数）和 H04（电通信技术），两个领域中共有 7 个第三级关键数字技术方向（见表 8）。

表 8　广东计算机/通信和其他电子设备制造业"存储介质"类数字技术——
第二级、第三级关键数字技术方向

第二级关键数字技术方向	第三级关键数字技术方向
G06 计算;推算;计数	G06F 电数字数据处理 G06K 数据识别;数据表示;记录载体;记录载体的处理 G06T 一般的图像数据处理或产生 G10L 语音分析或合成;语音识别;语音或声音处理;语音或音频编码或解码
H04 电通信技术	H04L 数字信息的传输 H04N 图像通信 II04W 无线通信网络

资料来源：根据相关资料统计得到。

从传统产业角度统计看，广东计算机/通信和其他电子设备制造业"存储介质"类关键数字技术分布在 C 类（制造业）、D 类（电力/热力/燃气及水生产和供应业）、I 类（信息传输/软件和信息技术服务业）三类，其中在 I64（互联网和相关服务业）、C39（计算机/通信和其他电子设备制造业）、I65（软件和信息技术服务业）最多。

从新兴产业角度统计看，广东计算机/通信和其他电子设备制造业中"存储介质"类数字技术的 97.6%服务于新兴产业，按照《战略性新兴产业分类（2018）》，除了新能源汽车产业，覆盖了其他所有新兴产业，涉及 19 个新兴产业子领域。其中下一代信息网络产业、新兴软件和新型信息技术服务、互联网与云计算/大数据服务、人工智能 4 个新兴产业子领域的专利最多，这意味着关键数字技术广泛深入地存在和应用于这些领域。

从微观地域角度统计看，广东计算机/通信和其他电子设备制造业中"存储介质"类关键数字技术分布于深圳、广州、惠州、汕尾、珠海、东莞6个地市，其中绝大部分分布在深圳和广州，分别占54%和41%。

从专利权利人看，广东掌握计算机/通信和其他电子设备制造业中"存储介质"类关键数字技术的公司有45家，深圳、广州最多，分别有22家、13家。其中广州视源电子科技股份有限公司拥有583条专利，华为公司拥有324条专利，深圳创维—RGB电子有限公司拥有134条专利。

其他地域角度的解读，不再赘述。

四　结语

本报告利用专利文献统计分析了民营制造企业应用数字技术的情况，对这一领域数字技术的整体发展趋势、地域和行业分布特点做了概括和总结，并且通过专利文献详细的著录项，实现了对关键数字技术方向更精细、精确的遴选，在此基础上利用著录项信息以个例形式对关键数字技术的现状从产业、地域、主体方面做了说明。但这仅是对民营制造企业应用数字技术现状的部分说明，对民营制造企业应用数字技术的基本条件、推动因素、问题和短板等，还需要深入研究。

此外，在研究过程中，对以下两个问题存在疑惑，值得今后进一步探讨和验证。

关于数据分析因素。目前针对论文、专利、项目等科技文献，开发了很多科学计量学的具体方法，也有学者对文献计量学的不同方法进行过对比研究，按科技领域、文献形式去选择更加合理的方法。在本报告研究关键词选取过程中，有词频和被引次数两个参考因素，经过实证对比，发现单独使用词频一个因素和同时使用两个因素相比，得出的结果是相同的。因此认为，在实践中为选择更合理便捷的文献计量学方法，涉及的诸多参考因素的必要性方面也是值得研究的。

关于数据的解读。在统计"存储介质"一词在时间序列上的数量分布，以了解"存储介质"类关键数字技术的发展趋势时,发现 2017～2021 年,该词经历了抛物线形状的发展历程,在 2019 年前后出现跌落(见图 7)。对比遴选前沿技术利用突变词的持续性可知,"存储介质"一词不具有持续性。如果仅从这一指标衡量,"存储介质"类技术难以成为关键数字技术。本报告也对其他关键词,如"控制""语音""识别",在 2017 年至 2022 年 6 月专利数量做了不同地域范围的统计,得出了类似的结果。在国际大环境下,美国联合欧、日、韩等在众多高科技领域封锁中国,这是造成这一变化的重要外部因素。如果社会形势不变,利用主题词的持续性作为衡量指标遴选前沿技术、关键技术是可行的,但是社会形势在变动时期,独立运用这一指标可能会有错误的研判。

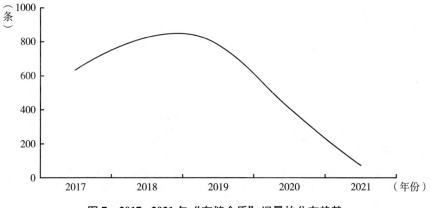

图 7　2017～2021 年"存储介质"词量的分布趋势

资料来源:根据全球专利数据库 incoPat 的数据计算得到。

参考文献

陈楠、蔡跃洲:《数字技术对中国制造业增长速度及质量的影响——基于专利应用分类与兴业异质性的实证分析》,《产业经济评论》2021 年第 6 期。

戴翔、张雨、刘星翰:《数字技术重构全球价值链的新逻辑与中国对策》,《华南师

范大学学报》（社会科学版）2022 年第 1 期。

高楠、赵蕴华、彭鼎原：《基于引用关系与词汇分析法的研究前沿识别研究——以人工智能领域为例》，《情报杂志》2020 年第 4 期。

余厚强、曹嘉君、王曰芬：《情报学视角下的国际人工智能研究前沿分析》，《情报杂志》2018 年第 9 期。

郑彦宁、许晓阳、刘志辉：《基于关键词共现的研究前沿识别方法研究》，《图书情报工作》2016 年第 4 期。

M. H. Huang, C. P. Chang, "A Comparative Study on Detecting Research Fronts in the Organic Light-emitting Diode（OLED）Field Using Bibliographic Coupling and Co-Citation," *Scientometrics* 2015（3）.

B.9
数字经济下全球税制改革态势
及对制造企业的影响

张淑翠*

摘　要： 数字经济对国际税收规则提出了新要求，各国际组织以及经济体正推行与数字经济相关的税收改革。为达到对数字经济相关业务征税的目的，多国普遍采取单边数字服务税措施，设立新税种和实施增值税或消费税，其中OECD"双支柱"国际税制改革方案框架或将成为全球数字经济税收问题的最终解决方案。全球的税制改革或将压缩制造企业的利润空间，尤其是对大型头部制造企业，这也将改变制造企业全球利润分配格局。全球税制改革对我国制造企业的影响整体可控，或增加我国跨境制造企业的纳税成本与市场壁垒。针对全球税制改革，本报告建议采取以下有效应对举措：一是顺应全球税制改革态势，择机完善涉及数字经济业务的税收制度；二是科学、合理地研判数字经济征税的着力点，重点规避重复征税等问题；三是继续推动增值税、企业所得税改革，同时提高税收征管效率。

关键词： 数字经济　税制改革　制造企业

新一轮科技革命叠加产业变革，数字化的知识和信息成为关键生产要素，借助人工智能、区块链等数字技术，催生了大量新业态、新产业、新模

---

* 张淑翠，经济学博士，应用经济学博士后，中国电子信息产业发展研究院工业经济研究所副所长、研究员，主要研究方向为宏观经济理论与实务、产业政策与产业规划等。

式。数字技术深度融合实体经济，数据价值化加速推进，数字产业化与产业数字化应用潜能快速释放，已经成为经济高质量发展的"强力引擎"，正跑出数字加速度。但数字经济打破了传统的地理空间隔绝和产业壁垒，改变了经济价值创造方式，生产者、消费者等市场主体之间的关系更复杂，国际税收争议频发，特别是跨国科技公司避税能力增强，对现行税收制度提出了挑战。OECD 等国际组织以及各经济体正推行与数字经济相关的税制改革，以便适应全球经济发展态势，这也将对制造企业造成一定影响。

一 数字经济下全球税制改革态势

多国普遍采取单边数字服务税措施，这一措施作为数字经济征税解决方案，短期内仍将发挥作用。近年来，新一轮科技革命与产业变革交织，数字经济蓬勃发展，各国之间有关数字经济的税收征管议题成为关注热点。法国、英国、印度尼西亚等国家的数字经济产业竞争力相对较弱，本土化的互联网企业发展较为滞后，主要依赖美国脸书、谷歌等大型互联网企业提供数字经济服务，数字经济税收收入流失较为严重。为保障本土数字经济相关企业获得更为公平的竞争环境，同时更为了保障税收利益，各国纷纷针对数字经济相关业务开征单边数字服务税。

为达到对数字经济相关业务征税的目的，多国普遍采取设立新税种和实施增值税或消费税的改革方式。各国开征单边数字服务税主要分为两种方式。一是设立新税种。法国、英国等国家开征"数字服务税"新税种，主要涉及线上广告、线上销售和视听服务等数字服务业务内容，向全球数字服务收入和本国境内收入达到一定门槛的跨境数字企业征收相关的数字服务税（税率一般设在 2%~7.5%，但也有个别国家设定较高的税率）。二是实施增值税或消费税改革，将数字经济相关业务纳入征税范围。澳大利亚、印度尼西亚、以色列等国家主要通过实施增值税或消费税改革的方式，将原税种的征税环节拓展到数字经济相关业务领域。

全球部分国家数字服务税政策见表1。

单位：%

表 1　全球部分国家数字服务税政策

国家	税率	征收内容	征收门槛	备注
奥地利	5	在线广告收入	全球收入超过 7.5 亿欧元且在奥地利境内收入超过 2500 万欧元	从 2020 年 1 月起生效，即使 OECD 达成共识，税收也可能保持不变
比利时	3	个人数据营销收入	全球收入超过 7.5 亿欧元且在比利时境内收入超过 500 万欧元	提案阶段
捷克	5	在线广告收入、个人数据营销收入	全球收入超过 7.5 亿欧元且在捷克境内收入超过 1 亿克朗	提案阶段
法国	3	在线广告收入、通过平台进行的中介服务收入、个人数据营销收入	全球收入超过 7.5 亿欧元且在法国境内收入超过 2500 万欧元	从 2019 年 1 月开始实施，但若 OECD 同意统一开征"数字税"，则取消本国的数字服务税
匈牙利	7.5	在线广告收入	全球收入超过 1 亿福林	作为临时措施，广告税率降至 0%，从 2019 年 7 月 1 日起至 2022 年 12 月 31 日止
意大利	3	广告收入、电商平台收入、个人数据营销收入	全球收入超过 7.5 亿欧元且在意大利境内收入超过 550 万欧元	从 2020 年 1 月起生效，取代 2017 年提出而未生效的"网络税"
拉脱维亚	3	—	—	有意向
挪威	—	—	—	有意向（如果 OECD 在 2020 年不能达成共识，计划在 2021 年采取单边措施）
波兰	1.5	视听媒体服务和视听商业传播收入	—	从 2020 年 7 月起生效，还有一项针对广播公司利用版商的广告收入征税的单独提案

续表

国家	税率	征收内容	征收门槛	备注
斯洛伐克	21	交通运输与住宿中介收入	—	净基础的虚拟常设机构
斯洛文尼亚	—	—	—	有意向
德国	15	在线广告收入	—	预提税提案
西班牙	3	在线广告收入、在线销售收入、个人数据营销收入	全球收入超过 7.5 亿欧元且在西班牙境内收入超过 300 万欧元,对伪适用户地理位置的,将按营业额的 0.5% 给予罚金	从 2020 年 1 月起生效
土耳其	7.5	包括在土耳其获得的在线广告收入、数字内容销售收入与在线活动相关的中介服务收入	全球收入超过 7.5 亿欧元且在土耳其境内收入超过 2000 万里拉	从 2020 年 3 月起生效
英国	2	包括在英国获得的搜索引擎收入、社交媒体收入与在线市场收入	全球数字服务收入超过 5 亿英镑且在英国境内收入超过 2500 万英镑	从 2020 年 4 月起生效,需要注意,英国已出台转移利润税(DPT)以及域外的特许权使用税
新加坡	7	包括跨境 B2C 和 B2B 数字服务收入	全球年度营业额超 100 万新元且在新加坡境内收入超 10 万新元	从 2020 年 1 月起生效
印度	6	海外提供的数字服务收入	单笔应税交易的交易额超过 10 万卢比(折合人民币约 1 万元)或在一年之内,向一个付款方向同一收款方支付的应税交易总额达到 100 万卢比以上	2016 年开征"衡平税",另外,以显著经济存在为判断标准,对合平条件的海外数字服务提供商自 2019 年 3 月向公众咨询核定和公式利润归属原则

续表

国家	税率	征收内容	征收门槛	备注
印度尼西亚	10	使用或有权使用艺术、科学、文学领域的版权;使用光纤、卫星或电缆等方式传输的录音或影像的影像或录像带或影片中使用的电影或录像带	营业额高于 48 亿印尼盾(345000 美元)的电子商务、内容提供商、初创企业以及其他通过互联网开展的经济活动	自 2020 年 7 月 1 日起对非居民企业的数字服务征收 10% 的增值税,之前国内与跨国数字服务企业需要遵守 2019 年 11 月出台的《电子商务法》
新加坡	7	共享单车、外卖、在线售票、视频点播等在内的数字服务收入	全球营业额每年超过 100 万新元或数字服务价值每年超过 10 万新元的外国数字服务供应商和电子平台运营商	从 2020 年 1 月起开征消费税
马来西亚	6	外国登记义务人向本国境内的任何消费者提供的任何数字服务收入	在一个月内以及之后连续的 11 个月内提供的数字服务价值总额超过 500000 马来西亚林吉特	从 2020 年起对外国数字服务商开征数字服务税

资料来源:根据有关资料整理。

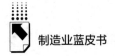

OECD"双支柱"国际税制改革方案框架或将成为全球数字经济税收问题的最终解决方案。在OECD"双支柱"国际税制改革方案中，第一支柱旨在确保全球跨国公司在世界各国之间更为公平地分配税收利益；第二支柱旨在推动全球实施不低于15%的最低企业所得税税率。2021年，全球已有近140个国家就OECD"双支柱"国际税制改革方案框架达成共识，特别是美国与欧盟都有意通过立法，将国际税改方案框架落地实施。OECD"双支柱"国际税制改革方案为各国税收制度改革提供了方向，在一定程度上能够缓解如今数字经济业务发生地和消费地之间税收利益分配的矛盾，特别是缓解全球化和数字化引发的跨国企业税收征管矛盾，有望成为全球数字经济税收问题的解决方案。

二　全球税制改革对制造企业的影响

全球税制改革或将压缩制造企业的利润空间。一方面，正如前面所述，为分享数字经济发展带来的税收"红利"，多国普遍采取设立新税种和实施增值税或消费税改革的方式，将跨国制造企业之前并不涉及纳税的数字化业务纳入征税范畴，而跨国制造企业多会涉及广告、在线销售等数字化业务，因此要规避各国的数字经济征税存在较大难度。跨国制造企业因特定的数字化业务而缴税，也就增加了税收负担，这也是美国最初大力反对法国等欧洲国家开征数字服务税的根源所在。另一方面，为最大化利润空间，跨国企业多会选取爱尔兰、匈牙利及开曼群岛等税收"洼地"进行避税。根据税收基金会数据，2020年，美国、法国、德国、意大利和日本的企业税率分别为21%、32%、29.9%、27.8%和29.7%，而爱尔兰与塞浦路斯岛（12.5%）、匈牙利（9%）以及开曼群岛、英属维尔京群岛（0%）的企业税率均低于15%。但若近140个国家达成共识的OECD"双支柱"国际税制改革方案框架落地实施，全球各国的税收"洼地"将不再存在，并且可能会要求位于低税率地区的中间实体缴纳额外的税款，也就增加了跨境制造企业的税收负担。

全球税制改革恐将对大型头部制造企业影响较大。在数字经济下全球税制改革中，各国有针对性地对企业设置了征税门槛，主要是针对数字化程度较高的企业，这些企业包括不少大型头部制造企业。以最被各国所认同的OECD"双支柱"国际税制改革方案框架为例，第一支柱规则中规定金额A（用于计算重新分配给市场所在国税收的超额税前利润）所适用的企业范围和门槛，即全球年营业收入超过200亿欧元（约225亿美元）、税前利润率超过10%的跨国企业，但不包括从事采掘业和受监管的金融业企业。基于此，根据2019~2021年的全球财富500强上市企业年报分析结果，我国的美的集团、珠海格力电器、台积电、小米集团等大型头部制造企业都达到了门槛值；美国的苹果、强生、英特尔、国际商业机器、宝洁、百事等大型头部制造企业也达到了门槛值（见表2）。

表2　中美两国符合第一支柱规则中金额A标准的企业

单位：万美元，%

国别	企业名称	营业收入	行业	税前利润率
中国	美的集团	437.88	电器	11.08
	珠海格力电器	261.30	电器	15.23
	台积电	476.39	半导体	43.66
	小米集团	254.91	电子	11.38
美国	苹果	2745.15	电子	24.44
	强生	825.84	医药制药及日用消费	19.98
	英特尔	778.67	半导体	32.21
	国际商业机器	771.47	电子	13.18
	宝洁	709.50	日用消费	22.32
	百事	703.72	食品饮料	12.89
	洛克希德·马丁	653.98	航空航天	12.59
	卡特彼勒	538	机械	14.57
	默沙东	479.94	医药	18.32
	达美航空	470.07	航空航天	13.19
	艾伯维	458.04	医药	27.42
	辉瑞制药	419.08	医药	17.89
	耐克	391.17	服装鞋类	12.27
	雅培	346.08	食品及医药	14.36
	高通	335.66	半导体	30.60

续表

国别	企业名称	营业收入	行业	税前利润率
美国	可口可乐	330.14	食品	29.53
	霍尼韦尔国际	326.37	机械航空	18.42
	赛默飞世尔科技	322.18	医药	22.43
	菲利普·莫里斯国际	286.94	烟草及食品	38.23
	亿滋国际	265.81	食品	18.03
	星巴克	265.09	食品	16.85
	百时美施贵宝	261.45	食品及医药	19.03
	安进	254.24	医药	31.99
	美国礼来	245.40	医药	29.46

资料来源：根据上市公司年报和2019~2021年的全球财富500强企业榜单测算。

全球税制改革恐将改变制造企业全球利润分配格局。全球税制改革的"导火索"就是，欧盟委员会认为，数字经济的发展造成了利润课税地与价值创造地之间的错配，一些国家面临较大的税基侵蚀压力，需要采取相应的举措。正是在这样的背景下，数字服务税应运而生，成为推动全球税制改革的关键因素。因此，根据各国实施数字服务税的相关制度，跨国制造企业达到一定征税标准后，涉及广告等数字化业务的利润应该进行再分配。例如，目前，法国已规定跨国制造企业的全球收入超过7.5亿欧元且在法国境内收入超过2500万欧元，需要将通过在线广告、平台进行的中介服务以及个人数据营销等获得的收入，按3%的税率缴纳数字服务税。基于此，非法国的跨国制造企业若在法国境内开展数字化业务，必须缴纳数字服务税，继而影响到该中国制造企业的全球利润分配格局。若近140个国家达成共识的OECD"双支柱"国际税制改革方案框架落地实施，无论是第一支柱中企业和行业的覆盖范围，还是第二支柱中的全球最低税率，都涉及各国让渡税收主权问题。换言之，按OECD"双支柱"国际税制改革方案框架，各国的跨国制造企业要切实分割部分剩余利润，在除本国之外的市场国进行重新再分配，让渡原本不用分割的"真金白银"经济利益。

三　全球税制改革对我国制造企业的影响

全球税制改革对我国制造企业的影响整体可控。当前，我国已经是数字经济大国，根据有关数据，2010~2020年，我国数字经济总量规模增长实现4倍以上，其中2020年数字经济核心产业增加值占GDP的比重为7.8%。我国拥有较为广阔的数字经济消费市场，叠加大数据、人工智能等数字化技术发展全球较为领先，俨然已经成为数字经济发展较快的国家。但若以OECD"双支柱"国际税制改革方案框架为标准，我国也仅有美的集团、珠海格力电器、台积电、小米集团等大型头部制造企业达到征税门槛。我国制造企业在国外市场的占有率并不高，特别是近年来国家大力提倡"加快构建以国内大循环为主体、国内国际双循环相互促进的新发展格局"，因此我国制造企业受OECD"双支柱"国际税制改革方案框架的影响不大。此外，当前我国企业所得税税率为25%，但我国高新技术企业享受15%企业所得税税率的税收优惠政策，再加上我国实施的其他对企业的税收优惠政策，OECD"双支柱"国际税制改革方案框架中第二支柱提出的全球最低企业所得税税率15%对我国制造企业会有一定冲击，但不会太大。

全球税制改革可能增加我国跨境制造企业的纳税成本。全球税制改革涉及跨境制造企业在各国之间的生产经营，跨境制造企业需要按有关数字经济征税规则完成合规义务。除增加了有关数字经济业务需缴纳的税收负担外，全球税制改革还将在一定程度上增加我国从事跨境制造企业的经营成本负担，比如，基于OECD"双支柱"国际税制改革方案框架，跨境制造企业需要根据政策文件要求，更新升级财税管理系统，以便应对纳税流程的合规化审查等，继而也就会增加财税管理系统建设等费用。同时，跨境制造企业需要在母子公司之间对利润与税负开展相关的核算、分配等工作，工作量更为庞大，最终增加生产经营成本。此外，如前所述，全球税制改革主要针对数字经济而开展，数字经济最为关键的生产要素是数据，数据已经成为能够创造价值的生产要素，然而数据跨境流动具有"全球属性"和非本地化等的

特征，各国都会基于网络自治权而加强对数据的管制，这会在一定程度上增加跨境制造企业的涉税范围的数据管理成本以及沟通协调成本。

全球税制改革有可能会增加我国制造企业的市场壁垒。当前，全球多个国家已经实施相关的数字服务税举措，对全球跨境企业的税收问题进行干预，而这种单方面的税收行为，势必增强国际税收规则的复杂性。一方面，全球在尚未达成统一的税收规则的前提下，个别国家可能对我国跨境制造企业设置"模糊性"税收条款，导致我国跨境制造企业面临双重征税或是双重不征税的风险，加剧企业之间的不公平性。另一方面，近年来，美国不断加码对中国企业的市场投资等壁垒，全球税制改革可能成为其后期对中国企业加大市场投资等壁垒的"切入口"。比如说，若 OECD"双支柱"国际税制改革方案框架落地，全球普遍达成 15% 的企业所得税最低税率后，跨国制造企业势必改变之前利用税收"低洼地"进行避税的全球投资思路。而为阻碍中国经济发展进程，对中国企业发展设置"障碍"，美国完全可以寻求恰当"时机"，借助企业所得税税率的全球一致性，有可能会利用全球无形低税收入（GILTI）、税基侵蚀与反滥用税（BEAT）、国外衍生的无形资产收入（FDII）三大税改措施，通过对海外资产征税、压缩留存资产空间等方式，蓄意增加跨国企业的市场投资等壁垒，有针对性地打击个别国家的头部企业特别是大型科技型企业，阻碍个别国家经济发展进程，同时在一定程度上提高跨国企业投资回流的吸引力，做大做强本国相关的制造企业，提高本国的国际制造业竞争力。

四　我国制造企业适应全球税制改革中
可能存在的问题

制造企业难以确定并剥离生产经营业务中用户参与"价值创造"部分。数字经济模式下，用户通过对产品进行评价、提出改进意见等方式，参与产品价值的创造过程，但制造企业如何判定用户在哪些具体生产经营业务中创造了价值，创造了多少价值，仍然还处于"摸着石头过河"的阶段，没有达成一致的考量标准。这不仅是制造企业所面临的问题，也是所有涉及数字化业务的企业将面临的问题，后期有可能由于不同的数字经济业务活动行为而承担差异化的税负。因此，全球税制改革中，虽然OECD"双支柱"国际税制改革方案框架已经有近140个国家达成共识，但在企业的所得计入规则、转换规则、对外支付征税不足规则和应予征税规则等方面还存在较大争议，而这也关系着用户参与"价值创造"。除此之外，部分国家已经开征数字服务税，但并没有明确涉及这个问题，这除给国家的征税相关部门带来困扰外，也给制造企业造成了一定困扰。

制造企业可能会转嫁全球税制改革后因数字化业务而增加的税负。基于各国已经实施的单边数字税，以及OECD"双支柱"国际税制改革方案框架，对涉及数字化业务的企业设置了"门槛值"，特别是OECD"双支柱"国际税制改革方案框架中将被课税的企业多是规模较大的企业。这其中最为关键的是，这些企业多具有一定的市场垄断性，具有较高的市场垄断地位，继而就能够通过税负转嫁方式，将全球税改后因数字化业务而增加的税负转移给产业链下游企业。产业链下游企业为减轻企业税负，保持之前的利润水平，又有可能会增加产品成本，最终转嫁给消费者。换言之，全球税制改革后因数字化业务而增加的税负，最后很有可能还会由中小企业和消费者来承担，而最初被课税的头部大型制造企业难以如预期负担本应承担的税负。

制造企业可能会为规避全球税制改革后增加的税负而提高数字化避税水平。当前，基于经济社会发展状况，多数国家将企业注册地作为税收收入确认地，但在数字经济下，全球税制改革将突破地域空间限制，可能需要通过IP地址等方式来确定制造企业在全球各国或一国各区域应缴纳的税负。在数字经济下，制造企业生产经营活动打破了地域空间限制，生产经营活动发生地和价值创造地已经出现分离，将冲击我国"以票纳税"的传统缴纳税收方式。但我国已经开展了"金税四期"工程，"金税四期"工程采取"全面电子化"与"四流合一"[①]的举措，能实时监控企业的交易、财务、生产等活

---

① 指发票流、资金流、合同流、货物流统一对应。

动。一方面，"全面电子化"实现即时监控。基于"全面电子化"，税务部门能实时查询企业的银行流水，研判企业的资金动向与发票流向的匹配度，监督企业有关虚假开户、偷漏税等的行为。另一方面，基于"四流合一"，税务部门能掌握企业经营过程中原料、货物、生产、资金、税收等动向并进行精准匹配，规避小微企业不开发票，以及部分企业虚开发票的违法行为。基于此，制造企业为了规避全球税制改革后增加的税负，也会利用数字化技术，不断提高数字化避税水平。

五　应对建议

顺应全球税制改革态势，择机完善涉及数字经济业务的税收制度。随着数字经济蓬勃发展，各国对国际税制改革方案尚未达成一致意见，对于OECD"双支柱"国际税制改革方案框架已经有近140个国家达成共识，但OECD仅是一个国际组织，可以提出并设计国际税制改革方案，但并不能协调各国并确保方案落地实施。一方面，我国作为数字经济大国，理应承担大国责任，关注国际税制规则重塑的公正性，及时追踪OECD与G20等经济体的国际税制改革动态，积极参与国际税收相关活动，提高多边谈判参与程度，提出数字经济征税中国方案，提高国际税收话语权。另一方面，我国应结合国内实际情况，加快国内税制改革步伐，基于税收公平、效率、中性等原则，了解并掌握有关行业基础信息后，合理确定数字经济相关业务的利润率等基本情况，加快推动形成与数字经济更加适配、更科学合理、可持续的与全球相适应的税收体系，优化企业"走出去"的营商环境。

科学、合理地研判数字经济征税的着力点，重点规避重复征税等问题。数字经济业务突破地域空间限制，借助大数据、人工智能等数字技术，通过远程模式实现，特别是跨境制造企业利润涉及全球多个国家，传统的产地规则和注册地规则已经难以适应数字经济发展。法国等国家在税收利益面前以单边主义为优先选项，旨在"先下手为强"争夺国际税收规则的主导权与话语权，而对于数字服务税是否科学、合理并不考虑，因此对销售收入、营业额等征收数字服务税极有可能导致国家间重复征税等的不合理问题，给予了忽略。对此，我国可借鉴 OECD 当前主导的与数字经济相关的包容性税收改革框架，将数字经济业务价值创造地而非企业注册地作为税收来源地，将数字业务的应税所得合理分配到各个辖区。

继续推动增值税、企业所得税改革，同时提高税收征管效率。基于税收制度体系，我国既是数字经济生产大国，也是数字经济消费大国，短期内并不适宜开征与数字服务税相关的税种，应重点考虑完善现有的增值税、企业所得税制度，构建适应数字经济发展的税收制度规则以及税收征管体系。从增值税方面来说，我国增值税收制度几乎涵盖了所有的应税项目，但随着数字经济发展，新业态、新产业、新模式等不断涌现，特别是灵活就业人员越来越多，企业生产经营方式受到了一定冲击，应择机采取"正面清单"的模式，在数字经济发展较好的地区开展试点工作，逐步适应不断变化的新业态、新产业、新模式所涉及的与数字经济相关的业务。从企业所得税方面来说，应加快研究"显著经济存在"的标准或"显著数字存在"的标准，以用户所在地的 IP 地址、数字平台所在地以及应税收入标准等各项因素，作为企业新的联结度标准，重新定义企业在市场国的常设机构标准。从税收征管方面来说，应贯彻落实好"金税四期"各项举措，借助区块链等数字技术，在加强对企业的关键核心数据保护的前提下，加强跨境交易数字平台的交易数据等收集与整理汇总记录，提高"税收大数据"的分析和稽查预警能力，同时推动税务系统与海关等其他相关系统的无缝对接，保证涉税信息的真实性与安全性。

参考文献

陈继明等：《跨境数字服务税的最新进展与应对》，《金融纵横》2021 年第 7 期。

樊轶侠、王卿：《数字服务课税模式比较研究及其启示》，《财政研究》2020 年第 12 期。

管治华、陈燕萍、李靖：《国际视域下数字经济国际税收竞争挑战的应对》，《江淮

论坛》2019 年第 5 期。

李文：《数字服务税实施意愿的国际比较》，《公共财政研究》2020 年第 2 期。

励贺林、姚丽：《法国数字服务税与美国"301 调查"：经济数字化挑战下国家税收利益的博弈》，《财政科学》2019 年第 7 期。

赵利梅：《数字经济背景下数字服务税规则的分析与反思——基于常设机构与利润归属规则视角》，《南方金融》2021 年第 7 期。

B.10
工业互联网平台价值共创路径

骆建彬　郭海珍*

摘　要： 工业互联网平台是传统制造业进行数字化转型升级的重要抓手，已成为新一轮产业竞争焦点。然而工业互联网平台应用的高门槛和应用场景的复杂性使其与消费互联网平台的价值共创存在较大差异。本报告考虑工业互联网平台应用行业的特殊性，通过对工业互联网平台企业以及平台用户实地调查，结合文献研究方法，对工业互联网平台价值共创的参与主体、价值共创实现的主要资源展开理论分析，构建了基于制度信任、能力信任和收益的工业互联网平台价值共创路径，提炼了驱动因素、价值主张、价值创造、价值获取及保障机制5个核心要素，以期为工业互联网平台的发展提供理论参考。

关键词： 工业互联网平台　价值共创　制造业

一　工业互联网发展概况

工业互联网概念来自美国通用公司，一提出便引起了学界和业界的广泛关注。学者普遍认为消费互联网平台在互联网发展上半场是各界关注的焦点，但成为互联网发展下半场的新风口。工业互联网是新一代信息通信技术

---

* 骆建彬，广东工业大学管理学院博士研究生，主要研究方向为工业互联网平台、数字创新平台；郭海珍，博士，广东工业大学经济学院讲师，主要研究方向为应用金融经济学、制造业数字化转型与创新、工业互联网平台。

与现代工业技术深度融合的产物，是传统制造企业实现数字化转型、网络化生产以及智能化服务的重要载体。工业互联网平台已经成为新一轮产业竞争的制高点。作为工业互联网的核心，工业互联网平台为我国工业制造业实现弯道超车提供了历史机遇。我国高度重视工业互联网平台的发展，出台了相关政策文件来指导工业互联网平台的建设和发展，如《关于深化"互联网+先进制造业"发展工业互联网的指导意见》等。

然而，在过去的几年中，我国工业互联网平台企业数量虽然增长迅速，但其发展质量以及应用规模并没有达到人们的预期。正如《关于深化"互联网+先进制造业"发展工业互联网的指导意见》中指出的那样，总体发展水平及现实运用基础水平仍然不高，与建设制造强国的需要仍有较大差距。究其原因，首先，工业互联网平台技术门槛的高要求、应用场景的多样性带来了挑战；其次，对于如何实现用户的价值主张还处于探索阶段。工业互联网平台既连接人，也连接物（各类机器设备），实现人机互联、物物互联的全面感知，最终构建一个资源富集、多方参与、合作共赢的制造业新生态，这需要更加高速、可靠、低延时以及更大范围的连接和个性化的要求。由于工业互联网平台涉及的应用场景更复杂、差异化和个性化程度更高，而标准化程度更低，因此更多表现为以垂直领域龙头企业为核心的形式，这也决定了工业互联网平台难以出现"赢者通吃"的情况。另外，连接成本远高于消费互联网平台的连接成本，且成本具有行业差异。因此，探索工业互联网平台价值共创的实现路径具有现实意义。

二　工业互联网平台价值共创的参与主体和
价值共创实现的主要资源分析

价值共创思想实际上起源于共同生产，随着服务主导逻辑理论的提出得到了发展，它体现了资源整合和多主体互动以共同创造价值的过程。基于服务主导逻辑理论，价值共创的主体包括一切社会和经济参与者，他们作为资源整合者的同时会制定相应的制度来协调价值共创。进一步，网络经济又使得学者的研究焦点从基于顾客与企业二元互动的价值共创转向基于多社会经济参与者动态网络互动的价值共创。因此首先要明确谁参与价值共创以及实现价值共创的主要资源是什么。

（一）工业互联网平台价值共创的重要主体

价值共创研究首先需要明确哪些主体参与。早期的服务主导逻辑视角下的价值共创研究大多关注的是"顾客—企业"二元主体，平台经济的崛起使参与主体多元化。如万兴等将平台价值共创主体划分为平台所有者、需求方以及供给方；朱芳芳将平台价值共创参与主体细分为平台提供者、供应方、用户、互补方、分销商；余晓晖等认为工业互联网平台上的参与主体，包括建设者、开发者、用户、产业链上下游企业、中小微企业、其他利益相关者都集聚在平台上实现价值共创；王晨等则从平台用户和行业角度将工业互联网平台的参与者分为平台提供者、产业链上的企业与终端用户、同行业的其他企业。工业互联网平台是一个超大规模的价值共创生态系统，研究角度不同对其参与主体的划分也不同。其核心结构是包括IaaS、PaaS和App层的"三明治"结构，不同层级的主导企业类型不同。

大多数学者将价值共创的参与主体按服务的供求关系分为提供方和用户方，并以此对各参与方的价值创造范围进行分析。因此，学者几乎将提供方视为企业的代名词，且对象性资源的主要来源就是提供方，用户方就是服务或产品接受方的代名词，是操作性资源的主要来源。但是，在工业互联网平台这一新型的资源服务共享平台下，数据成为重要资源，且兼具对象性和操作性双重特征，这使得用户也成为资源的主要提供者，所需的制造资源不再只来自企业。所以，传统意义上的用户只要拥有闲置资源和服务意愿都能够成为资源提供方。如钟琦等基于服务生态系统视角认为平台生态系统中主体间互动时，生产者和消费者的区别消失了，所有参与者既是提供者又是受益者。因此，本报告认为工业互联网平台价值共创的参与主体可以分为两类，即平台用户与平台，其中，平台用户包括两类，一类兼具制造业资源的需求方和制造业资源的提供方；另一类在价值共创中只是制造业资源的需求方。

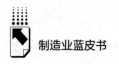

（二）工业互联网平台价值共创实现的主要资源

对工业互联网平台生态系统来说，其核心资源主要包括两类，一类是数据资源，另一类是知识资源，数据资源作为平台核心资源之一，也是工业互联网平台价值共创的重要来源，数据资源主要包括生产经营相关业务数据、设备物联数据、外部数据。

对于工业互联网平台而言，其本质是要实现"数据+工业机理模型=服务"的循环服务生态，通过模块化部署制造资源实现制造能力在线交易，从而助力企业用户实现制造能力的平台化。其中的模块化部署首先涉及工业机理知识的软件化。工业机理知识是现代工业的基本逻辑与运作原理，涉及大量相关领域的专业理论模型，从而促进工业生产过程严格可控，因此，工业互联网平台需要对行业知识和工业机理建模形成能够调用和复用的知识App。这种经验和知识的模块化、软件化，改变了传统工业生产的"传帮带"模式，从而带来了专业技能培训和作业指导的低成本。例如，大型交通设备制造等行业在产品复杂程度、制造工序及专业知识上存在较高的要求，在这种场景下应用工业互联网平台将发挥出更大的优势。

三 工业互联网平台价值共创实现的重要保障

（一）知识共享

工业互联网平台要通过降低应用创新门槛，实现智能化应用的爆发式增长，就必须结合人、流程、数据和设备，进一步通过工业机理知识和经验以数字化模块部署的形式将其凝聚到平台以供更多的用户调用，即对规则化、模块化和软件化的工业技术原理、行业知识、模型工具、基础工艺进行组合，形成可重复使用的组件，以提高研发设计、生产制造、运营管理等资源配置效率。当前工业互联网平台的发展和应用没有达到人们期望的重要因素之一就是工业机理模型不完善。然而单个企业实际上并不可能拥有其所在行业的全部知识，仍然需要从外部环境中获取其他知识并与其他企业展开互动，即进行知识共享。现实是，知识是企业极其重要的无形资产，尤其是在工业领域，工业企业长期积累了大量工业机理知识和经验，这些知识和经验是工业企业的核心价值和竞争力所在，促进用户知识共享是工业互联网平台面临的问题之一。本报告重点从安全保障和收益保障两个方面构建工业互联网平台价值共创实现的知识共享机制。

从某种程度上来说，工业互联网平台生态中的知识共享是一个单向分享过程，即知识分享用户将其工业机理知识、经验分享给工业互联网平台形成或优化封装后的软件或组件，平台再利用用户共享的工业机理知识、经验开发或优化软件，提供给更多的平台用户调用，因此，确保用户分享的工业机理知识、经验的安全成为用户进行分享行为的重要条件。一方面，由于同一行业中存在竞争关系，且双方利益不一致，虽然处于同一平台生态系统中，但是用户总是将自身利益置于第一位，这可能会出现盗窃核心知识等情况。另一方面，工业互联网平台上的知识分享重在对工业机理知识、经验软件化封装（黑盒子）供用户调用，用户不必了解其中的工业机理，这有别于以往对知识共享研究的情形，所以平台首先要获得用户对其制度的信任，即知识共享的正式治理机制通过正式合同、合作协议等约束和限制参与者的行为以保护知识产权；技术安全保障方面主要涉及防止通过计算机网络技术对存储于云空间的知识条目或数理模型进行攻击，如计算机病毒和恶意攻击、访问权限问题等；从安全层面打消平台用户对于分享工业机理知识、经验的顾虑后，必须考虑用户的分享收益。当前关于知识分享的研究文献大多通过补偿方式来激励参与者的知识共享行为，然而，正如上文所分析的那样，工业机理知识、经验是工业企业长时间积累的核心资源和竞争力，传统的金钱激励、一次性补偿等共享激励方式难以有效地促进用户的共享行为，必须设计合理的利益分配机制才不会重蹈 Winphone 平台的覆辙。借鉴吕文晶等提出的按流量收费思路，本报告提出了一种基于软件组件被调用次数实施收益分配方式，即基于用户分享的工业机理知识、经验形成的可调组件被使用次数给予补贴，使得用户所分享的知识给其带来持续性的收益以激励其持续性的知识分享。

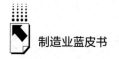

（二）数据共享

云空间储存的丰富的数据是工业互联网平台能够为制造企业开展更加精细化和精准化管理创造的前提，我国工业互联网平台发展的初级阶段的痛点之一就是数据接入的难度和成本。其中难度表现为数据多元异构性带来的数据处理和分析能力不强，尤其是数据模型与大数据分析能力在工业研发、生产、配送和设备管理等环节的作用越来越突出。而我国目前的平台类企业大多数存在大数据分析技术水平不高、数据分析人才缺乏的问题，相关技术与人才供不应求，市场需求难以得到满足。成本主要表现为数据共享存在的安全风险所带来的成本以及数据所有权（即数据确权）问题带来的收益分配问题。因此本报告将从安全保障、大数据能力和收益保障三个方面构建工业互联网平台价值共创中的数据共享机制。

正如平台对用户分享的工业机理知识、经验的安全保障一样，首先从制度和技术层面打消平台用户对其所分享数据的安全的顾虑，在此不再赘述。大数据能力保障主要为工业互联网平台对工业大数据处理、分析和建模等的技术能力，如涉及回归、聚类、降维和分类等数据处理的基本数据分析模型，对数据进一步辨识和预测的机器学习模型（神经网络模型等）和智能控制结构模型。一方面，大数据分析所应用的模型一般不涉及工业机理模型原理，而是从数据本身出发，更注重的是数据本身之间的相关关系。工业互联网平台用户希望借助工业互联网平台较强的大数据技术能力实现其对终端用户的个性化服务或实现协同制造，根据洪志娟和王筱纶的研究，能力强的服务者向被服务者分享信息的行为具有正向调节作用，因此，在平台用户没有安全顾虑的情况下，工业互联网平台较强的大数据技术能力将有力地促进其用户的数据分享行为。另一方面，在大数据时代，数据已成为企业的重要资产，数据的资产属性愈发凸显。也就是说，工业互联网平台通过收集的某用户数据服务于另外一个用户，这就从现实上造成了对该数据生成用户的合法权益的侵害。因此平台的利益分配方式也成为用户数据分享机制的重要影响因素之一。现有的促进数据分享的方式有从政策层面对利益分配问题进行的研究、增值开发的利益分配模式等，然而工业大数据的应用具有场景应用特性，不同行业中的应用重点以及所产生的业务价值也不尽相同。工业大数据应用的目标是从复杂的数据集中发现新的知识和优化机理模型、挖掘得到有价值的信息，从而提升工业互联网平台整体价值。因此在收益分配的过程中应注意数据生产用户的所有权获得经济利益，对所分享的数据质量较高的平台用户进行额外的奖励以进一步调动他们分享高质量数据的积极性。

四　工业互联网平台价值共创过程分析

（一）用户上平台前的活动分析

根据平台相关理论可知，平台关注用户对平台实现其价值主张的感知，即感知价值，它是用户对产品或服务的各个方面属性的主观评价。根据价值共创管理和案例文献分析，本报告从制度信任、收益、能力信任3个维度对用户上平台前的活动进行了分析。

1. 制度信任

工业互联网平台作为一种"数据+工业机理模型＝服务"的功能平台，需要更多的用户积极地分享其数据和工业机理知识、经验等来增强其服务能力以实现平台生态的良性发展。激励用户分享其数据和工业机理知识、经验成为工业互联网平台面临的难点之一。然而从平台用户的角度来说，接入或使用平台的第一步是选择一个可信的分享平台。Pavlou和Gefen认为用户对平台的信任首先是一种制度信任，包括支付安全保障、背景审查、产品服务保障、信息隐私保护等。也有学者从声誉、社会存在、政府或第三方的认证、合同、社会资本、平台规模等因素角度对用户构建对平台的制度信任进行了研究。总体而言，学者普遍认为这种制度信任是通过平台提供的各种结构性保障因素建立的，包括制度内容和制度功能，用户基于对平台制度的感知分析其是否具有可信的价值。在大数据时代，数据已经成为企业的重要资产，工业机理知识、经验是工业企业长时间积累形成的核心竞争力，因此，

平台是否具备保障用户所分享的数据和知识、经验安全的制度是用户对平台感知价值的重要一环。

2. 收益

工业大数据在制造企业中的应用贯穿于企业生产经营的全流程，从产品方案的设计，到生产加工，再到售后服务，都体现出工业大数据的应用场景和价值。在大数据时代，数据作为组织和个人的重要资产已经受到学界和业界的广泛关注。工业互联网平台通过"数据+工业机理模型=服务"的方式实现整个生态系统的价值创造，它需要激励用户积极共享其工业机理知识、经验来形成性能更优的工业软件。由于工业机理知识、经验是工业企业长时间积累形成的核心竞争力，共享这一知识、经验供平台进行软件化封装会让更多使用的企业产生削弱自身竞争力的担忧，这使得传统的金钱激励、一次性补偿等共享激励方式难以有效促进用户的共享行为。这也是为什么微软与诺基亚联合构建的 Winphone 平台因收益分配引发了利益相关者不满的问题，导致生态系统逐渐萎缩、崩溃。从生产要素角度来说，数据和知识、经验要素都参与生产、创造财富，具有参与收入分配并获得收益的资格，因此平台用户越发关注其共享数据和知识、经验带来的持续收益。增强共享者分享行为持续性收益信任成为必要，即收益信任，这也是用户能够持续分享意愿的动力之源。

3. 能力信任

根据服务主导逻辑理论，价值主要来自参与主体对操作性资源而非对象性资源的整合和应用。从服务接受者的角度来说，平台用户进行数字基础设施投入和工业互联网平台注册与应用是为了在设计、生产、管理和服务等环节更好地与其他相关企业进行业务交互，实现资源协同调配与整体优化，同时快速响应市场变化，最大限度地满足用户个性化需求。从服务提供者的角度来说，在价值创造过程中，考虑到工业大数据的多元异构的特性和行业知识的巨大差异，一旦用户接入平台后，工业互联网平台面临的问题本质上就是如何满足平台用户的需求。平台必须对接入用户进行审核以通过与其所能提供服务相匹配的用户。因此，工业互联网平台应该以"垂直业务—跨界业务"思路提升其服务能力，帮助用户实现其价值主张以此增强用户黏性和吸引更多的用户接入。工业互联网平台在功能和易用性等方面做得越好就越容易赢得用户的信任。西门子基于对用户企业的现场海量工业数据的分析，帮助各种规模的企业取得了突破性的业务洞察和决策成就，还支持通过随时开发、部署基于自己核心业务知识的应用程序，甚至是全新的业务模式来吸引更多的用户。

（二）工业互联网平台价值共创过程分析

工业互联网平台价值共创是各参与共创的主体为实现其价值主张而进行互动的过程。顺应和实现各参与主体的价值主张是工业互联网平台生态良好发展的基础。由于各主体间信息的不对称，信任沟通（制度信任、收益、能力信任）始终贯穿整个服务阶段价值共创互动过程的每个环节。首先，从平台用户的角度来说，其一旦接入工业互联网平台，就是对平台制度、能力和收益分配机制的初步信任，也是平台用户价值主张表述的过程，如闲置资源价值创造需求匹配、生产关系与组织方式优化或基于平台的组织管理体系优化、设备维护和运用效率提升等。西门子工业互联网平台就有医疗用户基于其开发的数字化医疗设备健康管理系统提高了设备使用效率，降低了健康维护成本，满足了对设备健康管理效率提升的诉求；用户的接入也意味着数据的输入，平台在边缘层对用户企业的设备、系统、产品等各类数据进行实时收集、存储和分析，及时了解用户的生产运营、研发、设备运行、产品生命周期等状况，通过基于这些工业大数据的感知、分析等环节，为用户提供相应的解决方案或产品。

作为以数据和行业知识为核心资源的工业互联网平台，其服务能力的优化或增强有赖于用户分享数据的量以及分享的工业机理知识、经验。当数据分享行为实现平台用户的价值主张并且共享的数据得到很好的安全保障时，其分享行为就会得到激励。考虑到行业知识积累所需的周期长以及在工业企业竞争力中所占据的核心地位，用户不仅关注该类资源共享所带来的安全问题，更加关注其共享行为所带来的收益。因此，平台与用户间良好的信任沟通会促进用户数据和行业知识持续性共享。一方面，用户行业知识的分享可以促进工业机理模型或工业软件的优化；另一方面，用户分享数据量的增加会使得平台服务商有足够的数据提供精细化服务，这种优化后的"数据+机理"模型也进一步强化了用户服务终端客户个性化需求的能力。从而进一步吸引更多资源提供用户（基础设施服务商、软件开发服务商和其他服务提供商等）的参与，为终端用户提供更精细化、个性化的服务和产品，进而又会吸引更多用户加入"临界点"形成网络效应，最后形成工业互联网平台生态系统良性发展的互动。在该生态中，制造资源需求方在工业互联网平台上发布所需资源的信息时，工业互联网平台首先会对资源需求用户的需求信息进行分析和处理，快速且高效地将所需制造资源信息与资源提供方所发布的能力信息进行匹配分析，并建立双方直接沟通交流的渠道。如海尔COSMO 平台对来自用户的制造需求首先拆分为不同的技术需求模块，然后快速匹配具有相应资源提供能力的用户参与其中协同制造，这一能力包括从产品研发设计到制造的所有流程，在实现需求方用户价值主张的同时，避免了其他用户闲置资源。大量需求方的制造任务和提供方的价值主张及资源服务等信息被进行分类、筛选和处理，实现双方合理有序地配对。同时工业互联网平台提供了一个有利于交流互动的平台环境，从而促进合作关系建立，进一步推动资源共享行为发生。综上所述，工业互联网平台价值共创活动分析见图 1。

五　工业互联网平台价值共创实现路径分析

基于对工业互联网平台价值共创主体、资源和过程的分析，本报告认为工业互联网平台价值共创的实现是在知识和数据共享的约束与协调下，多元化社会经济主体通过互动和资源匹配与整合实现全方位价值共创（见图 2）。其中主要包括 5 个核心要素：驱动因素、价值主张、价值创造、价值获取和保障机制。该实现路径考虑连接阶段和服务阶段两个层面的服务：在连接阶段，工业互联网平台为拥有制造资源和需求制造资源的参与主体提供连接服

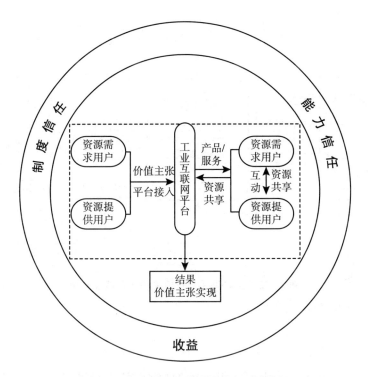

图1　工业互联网平台价值共创活动分析

资料来源：根据研究整理。

务，此时提供方是工业互联网平台，所有的参与主体可视为用户方，平台服务的目的是实现制造资源的供需匹配以及用户的价值主张和信任的初步沟通；在服务阶段，能够提供制造资源服务的参与主体是提供方，接受服务的参与主体是需求方，该阶段是实现价值主张的互动阶段。

价值共创的影响因素包括驱动影响因素与效果影响因素，其中，驱动影响因素主要探讨哪些因素对主体参与价值共创具有重要影响，主要作用于价值共创的前端，对于价值共创主体决定是否参与价值共创具有重要驱动作用。在工业互联网平台生态系统中，平台用户是否参与价值共创活动，首先最为关注的是企业参与价值共创的动力会给企业的绩效带来何种正向影响。用户一旦决定进入平台，最为关注的是如何获取需求的资源以实现对自身终端顾客的个性化服务，以及自身数据与知识、经验的共享所带来的收益及保

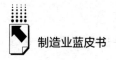

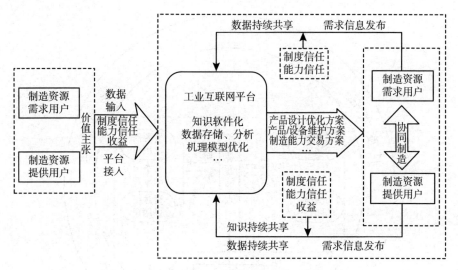

图2　工业互联网平台价值共创实现路径分析

资料来源：根据研究整理。

障，即用户的价值主张；从平台角度而言，平台的价值主张重在吸引用户参与平台互动，突破"临界点"，形成网络效应，实现制造资源富集、多方共赢的制造新生态有赖于工业资源的泛在连接。同时激励用户数据和知识、经验的共享以提升平台的服务能力，最终形成良性循环，实现平台生态系统的进一步发展。价值创造的重点在于"利用哪些资源，构建什么样的关系网络以实现产品/服务的智能化和个性化"。而工业互联网平台的大数据匹配技术，可以实现供需双方的快速匹配，从而帮助用户对接最合适的合作方，通过工业互联网平台提供的软件化的工业机理知识、经验的即插即用助力企业打破技术瓶颈。另外，通过透明高效的沟通以及数据、知识、经验等资源的共享，工业互联网平台能够加速合作伙伴间的技术对接和转移，从而促进有效协作以及产品研发、生产效率的提高。价值获取关注"各方如何获取自己应有的收益"。各主体参与价值共创的最终目的是从资源富集的工业互联网平台生态中获利。平台用户能够实现技术瓶颈突破，从而塑造品牌形象并获得竞争优势，进一步实现科技成果转化和获取商业机会与经济利益；参与主体的终端客户也将从产品/服务创新中获得独特价值体验并满足个性化需求。

平台实现对更多用户的吸引以及用户黏性的增强，同时实现更多能够促进平台服务能力提升的数据和知识、经验的获取。保障机制关注的是平台用户对自身所共享数据和知识、经验的安全性以及基于该共享所获取的收益的保障。安全问题是工业互联网平台发展面临的一大痛点，主要涉及工业互联网平台生态中的各主体的数据安全。制造企业积累了大量涉及不同行业、不同场景、不同学科的工业知识、经验和模型。为使该类知识、经验和模型有效沉淀，需将其进行提炼和封装，并通过平台功能的开放和调用使其被更多企业共享。然而，这一过程的实现离不开各用户的知识共享行为，促进这一行为有赖于对共享者的知识、经验的保护和对其共享行为的利益匹配。

六　结论

工业互联网平台作为传统制造业在数字经济时代实现数字化转型升级和高质量发展的重要载体和抓手受到社会各界的重视。本报告基于服务主导逻辑、网络治理等理论，首先，对工业互联网平台的价值共创主体进行了分析，并将平台用户定义为两类，一类兼具制造资源的需求方和制造资源的提供方，另一类在价值共创中只是制造资源的需求方。其次，根据工业互联网平台的特殊性，对其重要的两种资源——数据、知识进行了分析，在此基础上进一步对工业互联网平台价值共创过程展开研究，提出了制度信任、能力信任和收益的工业互联网平台价值共创实现路径。根据上述研究，本报告从构建有效的安全保障机制、大数据能力机制、收益机制等方面提出了保障工业互联网平台价值共创的工业机理知识、经验和数据的治理机制。

参考文献

《"十四五"时期工业互联网高质量发展的战略思考》，《中国软科学》2020年第

5 期。

白景坤、张雅、李思晗：《平台型企业知识治理与价值共创关系研究》，《科学学研究》2020 年第 12 期。

蔡春红、冯强：《网络经济背景下企业价值网模块再造、价值重构与商业模式创新》，《管理学刊》2017 年第 30 期。

韩文龙、陈航：《数字化的新生产要素与收入分配》，《财经科学》2021 年第 3 期。

洪志娟、王筱纶：《技能型共享经济买方个人信息披露、服务商信号释义及响应行为研究》，《南开管理评论》2021 年第 3 期。

简兆权、令狐克睿、李雷：《价值共创研究的演进与展望——从"顾客体验"到"服务生态系统"视角》，《外国经济与管理》2016 年第 9 期。

金桂根：《装备制造业供应链企业间知识共享影响因素实证研究》，《管理学刊》2017 年第 6 期。

李立威、何勤：《没有信任何谈共享？——分享经济中的信任研究述评》，《外国经济与管理》2018 年第 6 期。

李齐、郭成玉：《数据资源确权的理论基础与实践应用框架》，《中国人口·资源与环境》2020 年第 11 期。

李维安、林润辉、范建红：《网络治理研究前沿与述评》，《南开管理评论》2014 年第 5 期。

李燕：《工业互联网平台发展的制约因素与推进策略》，《改革》2019 年第 10 期。

刘琳、王玖河：《基于知识结构的顾客知识共享激励机制研究》，《中国管理科学》2021 年第 8 期。

刘亚亚、曲婉、冯海红：《中国大数据政策体系演化研究》，《科研管理》2019 年第 5 期。

卢祖丹：《科研数据开放共享的经济逻辑与制度安排》，《科学学研究》2021 年第 1 期。

吕文晶、陈劲、刘进：《工业互联网的智能制造模式与企业平台建设——基于海尔集团的案例研究》，《中国软科学》2019 年第 7 期。

马永开、李仕明、潘景铭：《工业互联网之价值共创模式》，《管理世界》2020 年第 8 期。

戚玉觉、杨东涛、何玉梅：《组织中的制度信任：概念、结构维度与测量》，《经济管理》2018 年第 2 期。

邵占鹏：《工业互联网作用下的结构与权力变迁——数据作为重要生产资料的视角》，《社会学评论》2021 年第 5 期。

万兴、邵菲菲：《数字平台生态系统的价值共创研究进展》，《首都经济贸易大学学报》2017 年第 5 期。

王晨、宋亮、李少昆：《工业互联网平台：发展趋势与挑战》，《中国工程科学》

2018 年第 2 期。

王昊、陈菊红、姚树俊：《服务生态系统利益相关者价值共创分析框架研究》，《软科学》2021 年第 3 期。

王君泽、宋小炯、杜洪涛：《基于解释结构模型的我国工业互联网实施影响因素研究》，《中国软科学》2020 年第 6 期。

乌力吉图、王佳晖：《工业物联网发展路径：西门子的平台战略》，《南开管理评论》2021 年第 1 期。

余晓晖、张恒升、彭炎：《工业互联网网络连接架构和发展趋势》，《中国工程科学》2018 年第 4 期。

张闪闪、刘晶晶、顾立平：《科研数据内容重用中的权益问题研究》，《图书情报知识》2018 年第 1 期。

张卫、朱信忠、顾新建：《工业互联网环境下的智能制造服务流程纵向集成》，《系统工程理论与实践》2021 年第 7 期。

钟琦、杨雪帆、吴志樵：《平台生态系统价值共创的研究述评》，《系统工程理论与实践》2021 年第 2 期。

焦娟妮、范钧：《顾客——企业社会价值共创研究述评与展望》，《外国经济与管理》2019 年第 2 期。

朱芳芳：《平台商业模式研究前沿及展望》，《中国流通经济》2018 年第 5 期。

C. K. Prahalad et al. , "Co-creating Unique Value With Customers," *Strategy & Leadership* 2004 (3).

C. Chen et al. , "The Impacts of Knowledge Sharing-based Value Co-creation on User Continuance in Online Communities," *Information Discovery and Delivery* 2017 (4).

C. Gronroos, P. Voima, "Critical Service Logic: Making Sense of Value Creation and Co-creation," *Journal of the Academy of Marketing Science* 2013 (2).

C. Gronroos, "Value Co-creation in Service Logic: A Critical Analysis," *Marketing Theory* 2011 (3).

Barrettet et al. , "Service Innovation in the Digital Age: Key Contributionsand Future Directions," *MIS Quarterly* 2015 (1).

C. Jones, H. S. P. Borgatti, "A General Theory of Network Governance: Exchange Conditions and Social Mechanisms," *The Academy of Management Review* 1997 (4).

C. Zott, R. Amit, "Business Model Innovation," *Research-Technology Management* 2015 (3).

C. Zárraga, J. Bonache, "Assessing the Team Environment for Knowledge Sharing: An Empirical Analysis," *The International Journal of Human Resource Management* 2003 (7).

M. J. Quero, R. Ventura, C. Kelleher, "Value-in-context in Crowdfunding Ecosystems: How Context Frames Value Co-creation," *Service Business* 2017.

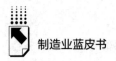
M. Kohtamaki, R. Rajala, "Theory and Practice of Value Co-creation in B2B Systems," *Industrial Marketing Management* 2016 (6).

M. S. Twollschlaeger, "The Future of Industrial Communication Automation Networks in the Era of the Internet of Things and Industry 4. 0," *IEEE Industrial Electronics Magazine* 2017 (1).

N. J. Foss, J. T. Mahoney, P. O. D. Pablos, "Knowledge Governance: Contributions and Unresolved Issues," *International Journal of Strategic Change Management* 2010 (4).

A. Payne, "Managing the Co-creation of Value," *Journal of the Academy of Marketing Science* 2008 (1).

P. A. Pavlou, D. Gefen, "Building Effective Online Marketplaces with Institution-based Trust," *Information Systems Research* 2004 (1).

P. M. Mwencha, S. M. Muathe, J. K. Thuo, "Effect of Perceived Attributes, Perceived Risk and Perceived Value on Usage of Online Retailing Services," *Journal of Management Research* 2014 (2).

R. F. Lusch, S. L. Vargo, "Service-dominant Logic: Premises, Perspectives, Possibilities," *Cambridge Univ pr* 2014.

R. Reed, S. Storrud-Barnes, L. Jessup, "How Open Innovation Affects the Drivers of Competitive Advantage: Trading the Benefits of IP Creation and Ownership for Free Invention," *Management Decision* 2012 (1-2).

R. Tassabehji, J. L. Mishra, C. Dominguez-Pery, "Knowledge Sharing for Innovation Performance Improvement in Micro/SMEs: An Insight from the Creative Sector," *Production Planning & Conrol* 2019 (10-12SI).

S. L. Vargo, R. F. Lusch, "Institutions and Axioms: An Extension and Update of Service-Dominant Logic," *Journal of the Academy of Marketing Science* 2016 (1).

X. Jianget et al. , "Managing Knowledge Leakage in Strategic Alliances: The Effects of Trust and Formal Contracts," *Industrial Marketing Management* 2013 (6SI).

M. Moehlmann, "Collaborative Consumption: Determinants of Satisfaction and the Likelihood of Using a Sharing Economy Option Again," *Journal of Consumer Behaviour* 2015 (3).

区 域 篇
Regional Reports

B.11
广佛肇工业园区数字化实践

皮亚彬 *

摘 要： 工业园区的数字化、智慧化转型是大势所趋，但在转型过程中也面临一系列的挑战。将新一代信息化技术应用到园区管理平台上，提升园区治理效能，为园区企业数字化转型提供良好的运营环境，是新时期工业园区高质量发展和转型的关键举措。本报告在分析广佛肇工业园区基本情况的基础上，分析了广州、佛山、肇庆工业园区数字化转型实践的基本情况。广佛肇工业园区在产业园区治理模式的数字化转型、企业数字化转型、产学研合作共筑数字化转型生态三个方面开展的积极探索，能够为其他地区的数字化转型提供借鉴。最后，结合工业园区数字化转型实践中的园区运营模式不清晰、数字基础设施不完善等痛点，提出创新工业园区运营模式、建立多元共治的园区管理体制、完善和扩大数字化背景下园区政府基础设施和公共服务供给、重新建构数字化

* 皮亚彬，经济学博士，应用经济学博士后，广东工业大学经济学院讲师，主要研究方向为区域经济理论、数字经济发展。

转型创新创业生态等的思路，进一步推动工业园区数字化转型。

关键词： 工业园区　数字化转型　数字化转型生态

一　工业园区是产业集聚发展的重要空间载体

工业园区是城市产业集聚发展，发挥集聚经济优势进而实现创新升级的重要空间载体，是城市的基本组成单元，各类工业园区在改善投资环境、提供产业发展的关键基础设施和公共物品、引导产业集聚、促进企业创新升级等方面发挥了重要作用。在本报告中，工业园区是指以发展制造业和数字经济为主的经济技术开发区、高新技术产业开发区、产业园区、综合保税区等各类园区。

从工业园区的定义看，一方面，市场力量发挥着重要作用，表现为产业和创新的空间集聚；另一方面，政府在工业园区发展和转型中也扮演着重要角色，表现为特定地区借助中央或地方政府赋予的优惠政策或先行先试授权发展起来。从市场的角度看，工业园区是产业集聚发展的重要空间载体，产业借助空间上的优势，获得集聚经济，包括获得来自周边企业的知识和技术，工业园区内部企业基于产业链协作、共享劳动力池以获得高质量多样化的劳动力，共享地方化关键基础设施等。从政府治理的角度看，工业园区是地方政府用以推动产业发展，推进管理地区工业发展的重要抓手。在起步阶段，大部分工业园区划定了主导产业，同时提供了"三通一平"等必要基础设施，并制定特定的税收和土地等优惠政策。可见，工业园区内企业的集聚，是市场和政府合力的结果。

在以数字经济为代表的新一轮科学技术的突破和产业形态的变革下，人工智能、大数据、区块链、物联网、云计算等新一代信息技术，不断催生全新的产品和服务提供模式、形成新的企业组织关系和新的经济模式。在数字经济快速发展的背景下，工业园区的数字化、智慧化转型是大势所趋，但在转型过程中也面临一系列的挑战。我国传统工业园区普遍存在数字化建设中的信息化偏重垂直、互相孤立的子系统，没有实现数据的互联互通，普遍存在数字终端连接不畅、业务融合困难的问题，园区政务服务缺乏个性，服务模块缺乏整合，园区组织模式没有及时适应数字化转型。

国务院在 2021 年 12 月印发的《"十四五"数字经济发展规划》中提出"推动产业园区和产业集群数字化转型"的重要战略部署，工业园区已成为"新基建"和"数字经济"建设的关键组成部分，是数字经济发展，特别是工业数字化转型的重要空间载体和试验场，将新一代信息化技术应用到园区管理平台上，提升园区治理效能，为园区企业数字化转型提供良好的运营环境，是新时期工业园区高质量发展和转型的关键举措。

如何通过对工业园区的管理服务模式、服务职能进行探索，重构园区内企业生态，是园区管理者、业界和学术界共同关注的课题。本报告通过对广州、佛山、肇庆三地工业园区的数字化转型实践进行梳理，在总结其特点模式的基础上，提出进一步推动工业园区数字化转型的举措，以期为全国工业园区数字化转型提供有益的借鉴。

二　广佛肇工业园区的基本情况

根据国家发展改革委、科技部、原国土资源部、住房和城乡建设部、商务部、海关总署在 2018 年印发的《中国开发区审核公告目录》（2018 年版），广佛肇地区共有国家级开发区 11 家，其中，广州设有广州经济技术开发区、广州南沙经济技术开发区、增城经济技术开发区、广州高新技术产业开发区，主导产业包括电子及通信设备、化工、汽车、航运物流、高端制造、金融商务、汽车零部件、电子信息、装备制造、生物医药、新材料；佛山和肇庆各有 1 家高新技术产业开发区，佛山高新技术产业开发区的主导产业有装备制造、智能家电和汽车零部件，肇庆高新技术产业开发区的主导产业有新材料、电子信息和装备制造（见表 1）。

表1　广佛肇地区国家级开发区一览

单位：公顷

开发区	批准时间	批准面积	主导产业
广州经济技术开发区	1984年12月	3857.72	电子及通信设备、化工、汽车
广州南沙经济技术开发区	1993年5月	2760	航运物流、高端制造、金融商务
增城经济技术开发区	2010年3月	500	汽车零部件、电子信息、装备制造
广州高新技术产业开发区	1991年3月	3734	电子信息、生物医药、新材料
佛山高新技术产业开发区	1992年11月	1000	装备制造、智能家电、汽车零部件
肇庆高新技术产业开发区	2010年9月	2252.04	新材料、电子信息、装备制造

资料来源：《中国开发区审核公告目录》（2018年版）。

应当指出，中央在广州还批准设立了其他国家级开发区，如广州白云机场综合保税区，主导产业为仓储物流；广州保税区，主导产业为国际贸易、保税物流，以及出口加工；广州出口加工区，主导产业为汽车和物流；广州保税物流园区，主导产业为保税物流；广州南沙保税港区，主导产业为航运物流和保税展示，其主导产业并非制造业，本报告不予考虑。

根据《中国开发区审核公告目录》（2018年版），广佛肇地区共有省级开发区14家，其中，广州有4家，佛山有6家，肇庆有4家（见表2）。从主导产业看，广州、佛山、肇庆3市以电子信息、汽车零部件、装备制造、新材料为主导产业，在这些产业领域形成了集群效应。与此同时，广州、佛山、肇庆3市的主导产业也凸显了地区特色，比如广州在生物医药、化妆品产业方面具有比较优势；佛山在陶瓷、家电、光电显示产业方面具有比较优势；肇庆在有色金属加工产业方面具有比较优势。

根据对2020年广州三大支柱产业的统计，广州汽车制造业单位从业人员15.75万人，总产值5848.70亿元；电子产品制造业从业人员22.24万人，总产值2737.12亿元；石油化工制造业从业人员7.85万人，总产值1692.67亿元。根据规模以上先进制造业和高技术制造业工业的统计数据，2020年广州高端电子信息制造业工业总产值1454.86亿元；先进装备制造业工业总产值7092.29亿元；生物医药及高性能医疗器械制造业总产值

412.06 亿元；电子及通信设备制造业总产值 2001.19 亿元。佛山在 2020 年汽车制造业总产值 1203.76 亿元；计算机、通信和其他电子设备制造业总产值 747.17 亿元；电气机械和器材制造业总产值 5607.88 亿元；通用设备制造业总产值 1028.48 亿元。肇庆形成了汽车零部件、电子信息、生物医药、有色金属加工四大主导产业，2021 年共实现工业总产值 2507.45 亿元；同时大力发展建筑材料、家具制造、食品饮料、精细化工四大特色产业，2021年共实现工业总产值 659.27 亿元。

表 2 广佛肇地区省级开发区一览

单位：公顷

开发区名称	批准时间	批准面积	主导产业
广州白云工业园区	2006 年 5 月	159.06	铝材加工、化妆品、电子信息
广州云埔工业园区	2006 年 8 月	771.81	智能装备、食品饮料
广州花都经济开发区	1992 年 12 月	1188.34	汽车零部件、新能源汽车、智能装备
广东从化经济开发区	2006 年 5 月	132.00	生物医药、化妆品、电器装备
广东佛山禅城经济开发区	2006 年 8 月	488.76	陶瓷、新能源汽车配件、装备制造
广东佛山南海经济开发区	2003 年 6 月	838.42	汽车零部件、光电显示、机械装备
南海高新技术产业开发区	2006 年 8 月	753.80	节能环保、装备制造、新材料
顺德高新技术产业开发区	2003 年 6 月	393.33	家电、装备制造
广东佛山三水工业园区	2006 年 8 月	431.33	机械装备、金属加工及制品、电子电器
广东佛山高明沧江工业园区	2006 年 8 月	1220.20	食品饮料、纺织、新材料
广东肇庆工业园区	1993 年 2 月	247.95	有色金属加工、汽车零部件、生物医药
广东肇庆高要区产业转移工业园区	2015 年 5 月	347.48	汽车零部件、五金制品
广东广宁县产业转移工业园区	2015 年 5 月	398.39	再生资源、新材料、林浆纸一体化
广佛肇怀集经济合作区	2007 年 1 月	671.49	食品饮料、机械装备、生物医药

资料来源：《中国开发区审核公告目录》（2018 年版）。

广州、佛山、肇庆 3 市的工业园区数字化转型获得了一系列政策支持。2021 年 6 月，《广东省制造业数字化转型实施方案（2021—2025 年）》《广东省制造业数字化转型若干政策措施》先后发布，指出将推动工业园区数字化转型作为推动制造业数字化转型的关键路径之一，提出推动工业园区制

造能力共享、创新能力共享、服务能力共享、管理能力共享。具体而言，通过以下几个路径推进工业园区数字化转型：建设共享工厂，提供共享制造和设备按需使用等服务；建设联合实验室，集聚工业园区内外创新资源，发展产品设计和研发共享平台；围绕工业园区内企业普遍存在的采购配送、仓储物流、产品质量控制等生产性服务业需求，建立生产性服务数字化共享平台；通过智慧园区建设，在招商引资、政务服务、环保监测、安全保障等领域，提高工业园区政务数字化水平，持续优化工业园区营商环境。在工业园区内大力发展中央工厂、共享制造、众包众创、集采集销等数字化模式，提升工业园区要素和资源共享水平。

各城市工业园区也出台了一系列扶持政策，推动工业园区企业数字化转型。广州黄埔区、广州开发区先后出台了《加快"新基建"助力数字经济发展十条》（以下简称"新基建10条"）、《提升算力算法水平促进数字经济做强做优做大若干措施》（以下简称"算力算法10条"）、《促进元宇宙创新发展办法》（以下简称"元宇宙10条"）。"新基建10条"提出重奖高端项目和人才、强化底层技术支撑、发展新业态新模式、探索制度创新，推动"新基建"的发展；"算力算法10条"是全国范围内第一个国家级开发区出台的数字经济产业专项扶持政策；"元宇宙10条"是粤港澳大湾区首个元宇宙专项扶持政策。广州市工业和信息化局发布了《广州珠江沿岸地区高质量发展带工信产业导则》，强调重点打造白云湖数字科技城黄金围新一代信息技术产业园、广州西岸华为广州研发中心产业园、广州人工智能与数字经济试验区等12个滨江高端产业园，将发展数字经济作为主导方向。

2020年6月，佛山市工业和信息化局印发了《深化"互联网+先进制造"发展工业互联网的若干政策措施》，提出通过8项重点工作推动工业企业数字化转型升级，包括上云上平台试点、建设标杆示范项目试点、工业互联网标识解析试点、工业互联网公共服务试点、工业互联网产业示范基地和产业集群试点等。2022年6月，肇庆市人民政府出台《肇庆市数字政府改革建设2022年工作要点》，提出通过审核数字政府2.0建设，优化营商环境，引领数字化发展，对5G应用、智能网联汽车等领域进行扶持，创造良好营商环境。

在推进工业园区治理模式和促进企业数字化转型过程中,广州、佛山、肇庆三地的工业园区开展了有益的探索,包括产业园区治理模式的数字化转型、企业数字化转型,以及通过推进产学研合作构建企业数字化转型的创新生态。

三 园区治理模式的数字化转型

广州市开发区在全国率先发布企业投资建设项目定制审批服务系统:开发定制审批企业专用信息系统,设立定制审批服务专区,发放定制审批服务"金钥匙"礼盒。广州黄埔区、广州开发区推出的定制审批企业专用信息系统,能够"一键"智能配置服务专员。服务专员的信息与全流程涉及的审批服务项目一一匹配,能够有效打破企业和政府之间沟通的传统"壁垒"。

在开发政府端的同时,面向企业的网站端和手机端也上线,完全匹配企业用户的各类使用场景。企业能够随时随地全面了解项目的全过程和优先级。该系统还可以实现 24 小时在线智能问答。在政府服务方面,"秒批"事项的范围扩大,在整个"秒批"政府服务覆盖的 22 个部门 300 多个事项的基础上,升级了 100 个"智能秒批"事项。依托前期在区内部署的 42 台政府智能一体机,实现审批事项"秒批""秒核""无差异处理",查询办理业务 2.2 万余次。

佛山积极推动数字政府建设,并以此为契机建设良好的营商环境。[①]2021 年,《"数字佛山"建设总体规划——佛山市智慧城市和数字政府建设(2021—2025 年)》出台,佛山的数字政府建设迈入 2.0 阶段,政府数字化治理能力和服务水平不断提高。

佛山积极将大数据技术应用到数字政府建设中,建设了"一门式""云平台""区块链"等一系列创新平台,禅城区"证照联办改革""惠企政策

---

① 《佛山:以"数字政府"助力营商环境建设》,广东省政务服务管理局网站,2021 年 11 月 28 日,http://zfsg.gd.gov.cn/xxfb/dsdt/content/post_ 3680114.html。

标准化改革""智慧化基层社会治理改革"等措施,提高了城市治理能力、改善了区域营商环境,被列为"国家智能社会治理实验特色基地"和国家第七批社会管理和公共服务综合标准化试点。佛山进一步搭建了市"扶持通""政企通""粤信融"等平台,为企业提供更精准的综合服务;数字工业化规模不断扩大。全市有两化融合管理体系贯标试点企业173家,规模以上智能装备制造企业700家。

肇庆工业园区贯彻落实《肇庆市优化营商环境提升服务企业能力水平的意见》,探索实施扶持企业政策"精准推送、免申即享、秒到账",以"数字化"解决中小企业经营中的困难,为企业创新赋能。肇庆高新区创新开发应用"惠企政策数字化系列服务平台",依托大数据资源能力,采用统一线上服务平台管理企业政策执行,将开发区内所有服务企业的相关职能整合到平台管理中。依托省政务大数据平台肇庆分节点,共享工商注册、企业信用、企业资质等业务部门数据,形成企业标签。系统的政策匹配器还自动根据已有企业信息双向智能匹配企业适用的优惠政策,在1秒内推出符合企业申报条件的政策,预估企业所能获得的资金限额,以及具体政策匹配度、申报期限、申报链接等信息。当企业特征与相应政策的匹配度达到60%以上时,平台会主动将惠企政策信息发送给匹配企业的联系人和积分企业的最高服务负责人;当企业特征与相应政策的匹配度达到100%时,政策纳入"免申即享"范畴的,补贴将直接发放到企业账户。政策兑现"一键申领、免于申请、免于填报",符合政策条件的企业无须申请、提供材料,即可享受政策。①

四 广佛肇企业数字化转型实践

广州开发区集聚引导园区内工业企业数字化转型,在推进生产要素数字化、打造工业互联网生态体系、推动工业企业上云上平台等方面,进行积极

① 《政策自动匹配、补贴"免申即享"……肇庆高新区"数字化"助企有高招!》,"肇庆高新发布"南方号,2022年6月2日,https://static.nfapp.southcn.com/content/202206/02/c6551722.html。

探索。第一，自 2020 年以来，广州开发区积极推进制造业数字化改造项目，开展"机器换人"项目，鼓励企业兴建智能工厂和数字化车间，建设数字化工厂。其中，京信通信通过对传统的生产线完成数字化改造，实现了对整个生产过程的实时监控，生产设备之间的协同效率也大幅提升，设备总体利用率提高了 10%，而原材料库存减少了 60%，企业的总体效率大幅提高。兴森快捷以建设数字车间项目为契机，促进了设备自动化水平提升，物流过程更加智能，对生产流程的监控更为透明。第二，工业互联网平台企业支撑中小企业数字化转型。以工业互联网为基础，推进工业互联网的开放、共享、互动和融合，构建制造业数字化转型升级的生态系统。广州开发区集聚了航天云网、阿里云·飞龙、中船"船海智云"、东土科技等 20 多个工业互联网平台以及 70 多家工业互联网服务提供商，为制造业数字化转型提供了重要支撑。第三，在工业互联网应用模式方面，通过将工业企业数据推广到云平台上，为制造企业提供多样化的数字服务。比如，明珞汽车装备自主开发了智能工厂诊断工业大数据平台，为北汽株洲整车生产项目提供远程技术服务，帮助该项目将从生产线到首辆车下线的时间缩短至 128 天，创造了行业纪录。

在推动产业数字化、智能化转型方面，佛山高新区已逐步探索出"佛山高新区路径"①：首先，积极打造一批引领数字化转型的标杆企业，如美的、维尚家具、伊之密、联塑实业等一批数字化、智能化示范企业，通过标杆企业在同行业的示范带动作用，以及基于产业链的上下游渗透推广，引领整个产业链数字化转型；其次，对标制造业数字化转型前沿技术应用场景，培育新的数字化转型动能，启动关于前沿技术应用场景试点示范项目认定申报工作，鼓励企业探索前沿的数字化转型场景应用和转型模式。《佛山高新区工业互联网应用案例集》，包括 37 个企业案例，包括智能生产、网络协同、个性化定制等典型模式应用场景的企业案例，家电企业、装备制造和新

---

① 《以数字化智能化推动制造业转型升级》，https://gzdaily.dayoo.com/pc/html/2021-08/18/content_746_766021.htm。

材料等"领头羊"企业的数字化转型之路，以服务商为案例提供生产协同、大数据服务等解决方案。此外，传统制造企业也积极探索从设备销售向服务销售的转型。典型案例是广东葆德科技股份有限公司，该公司的战略定位是研发生产节能型空压机的高科技企业，顺应数字化发展趋势，公司推出了"葆德云空压机数字化服务平台"，用户可以基于该平台现场采集空压机的运行、产气、电费等数据，实时计算空压机站的能效，智能控制空压机的启动和停止时间及顺序。

肇庆龙头企业也将推动或计划建设"5G+工业互联网"项目作为提升竞争力的重要抓手，如小鹏汽车的"5G+智能化工厂"、风华高科的技术创新、动力金属的5G智能示范线项目等。其中，风华高科的生产线利用机器人、AI智能、集中控制中心等实现生产、销售、售后等的数字化再造。

五　产学研合作共筑企业数字化转型生态

企业数字化转型并非对计算机和信息技术的简单采用，而是伴随生产流程和管理流程的重塑，产品生产模式和产品形态也将发生重大变化。因而，企业数字化转型需要技术创新作为支撑，数字化转型所需的关键资源、知识技术不可能由一家企业独立提供。在数字化转型过程中，企业要与高校和科研机构紧密合作，通过在工业园区创建工业数字化和智能制造领域的科技企业孵化器、众创空间、科技企业加速器，共建科技创新研究院、先进制造研究院等创新平台，作为产学研协同创新的空间载体，形成良好的数字化创新生态。

广州开发区通过建立产学研合作生态，与国内知名科研机构合作，导入了若干高质量的创新平台。以建设粤港澳大湾区国际科技创新中心的重要引擎为重点，广州开发区正在大力推动大型科学设施的引进落地，与10多个中科院系列研究所，100多个新研发机构和国家企业创新平台进行密切合作，通过建立特色学院、研究生院、创新研究院等研发机构，促使研究成果落地转化，推进园区内中小企业数字化转型升级。目前广州开发区已经引入广东粤港澳大湾区国家纳米科技创新研究院（纳米国家科学中心）、中国科学院空天信息研究院粤港澳大湾区研究院（太赫兹国家科学中心）、中国科学院自动化研究所广州人工智能与先进计算研究院、广东省大湾区集成电路与系统应用研究院等 7 家中科院大院强所。下一步将引进一批国际知名高校建设特色学院和研究生院，全面开展人工智能、先进计算架构和芯片设计等领域的核心技术研究和关键产品开发，为人工智能和数字经济创新发展提供优良的创新生态和重要平台支撑。

佛山高新技术产业开发区着力打造"产业基础+创业扶持+创业辅导+科技金融+成果产业化"全链条创新创业生态体系，助力企业数字化创新和数字化转型，在新一轮的数字技术变革浪潮和产业数字化融合中抢占先机。佛山国家火炬创新创业园是一所国家级孵化器，该孵化器聚焦人工智能、新一代电子信息等重点产业领域，引进了有研（广东）新材料技术研究院、佛山四维时空大数据创新中心等高水平创新合作平台。

推动清华大学佛山先进制造研究院、佛山智能装备技术研究院等开展产学研合作，孵化科技创新企业，这批科技创新孵化器累计培育了 200 家以上的科技创新企业，吸引了研究创新人才约 1250 人，已经从研究成果转化和技术服务中获得了 7.5 亿元。另外，佛山支持建设了广东工业大学研究院、佛山智能装备技术研究院、华南机器人创新研究院等科学创新平台，形成了创新联盟，加速了关键技术研究成果的转让和市场化转换，并为工业园区制造业的数字创新和数字化转型提供了技术溢出和创新支撑。

专栏　佛山市南海区广工大数控装备协同创新研究院

佛山市南海区广工大数控装备协同创新研究院（以下简称"佛山市广工大研究院"）在不断融合创新的基础上，先后成立了多家实验室和研发机构，研发对象覆盖工业机器人、集成电路、智能制造、3D 打印、新一代信息技术的战略性新兴产业的创新生态系统，助力应用基础研究与应用研究融合升级。

重点围绕半导体、人工智能、机器人、智能装备等核心产业生态，打造

数字化转型服务生态圈，已引进321名高端人才，孵化226家高科技企业，搭建了广东省半导体创新中心等六大省级平台，在技术研发、人才引育、成果转化、科技金融、产业培育等方面取得了成效，助推园区及地方产业发展驶入快车道。

引进高科技项目，促进产业集聚、人才集聚，突破一批"卡脖子"技术，努力打造以半导体芯片为主的产业集聚区，为核心技术的国产化贡献新力量。目前，佛山市广工大研究院已引进20多家半导体领域企业，着力构建半导体产业生态，未来计划用3年时间集聚50家上下游企业，实现佛山半导体芯片产业集聚发展。

企业培育成效显著。基于研究院的平台优势，为显扬科技、声希科技这些公司提供资金、市场、人才等的优质服务，助力孵化企业"破壳"崛起。据统计，佛山市广工大研究院在人工智能领域已孵化企业40家，其中5家获批国家高新技术企业，培养创新人才近1200名，带动产值超10亿元，为大湾区人工智能行业创新发展按下了快进键。

资料来源：佛山市南海区广工大数控装备协同创新研究院官方网站，https://www.fsggdcnc.com/。

六 进一步推动工业园区数字化转型的思路

（一）创新工业园区运营模式

在对园区产业集群进行数字化改造的基础上，推动园区内企业利用工业互联网，上云上平台，进行数据、生产要素、供应链、价值链的连接。基于数字化协作平台，超越地理空间的限制，实现不同园区之间订单、信息、技术、产能共享，实现跨地区、跨行业的精准对接。未来应进一步在工业园区发展中，充分发挥好数字技术应用在加快信息传输、降低沟通成本上的优势，探索如何搭建跨越地理空间和行政空间边界的"虚拟"产业园区，加快产业要素和产业资源虚拟化集聚、平台化运营和网络化协同，构建数实结合的产业数字化新生态，在更广的空间范围内形成规模经济和溢出效应。

（二）建立多元共治的园区管理体制

在园区管理中，政府部门、企业、社会团体、研究机构共同参与，加强工业互联网平台建设和孵化创新平台建设，发挥工业互联网平台和孵化创新平台的沟通协调作用，鼓励平台上的企业参与平台治理，完善数字化创新生态。进一步通过整合工业互联网平台、孵化创新平台与工业园区，探索联合运营模式，进一步扩大专利技术、生产和市场数据、供应链、生产性高技能服务等现代服务的供给，引导各类创新要素向工业园区集聚。围绕共性的转型需求，推动工业园区管理机构、平台和研发机构、企业的数字化转型，鼓励多主体共同参与工业园区治理。

（三）完善和扩大数字化背景下园区政府基础设施和公共服务供给

鼓励园区管理机构加快数字基础设施建设，利用数字技术提升园区公共服务供给和政府服务能力。实施园区数字化建设工程，推进园区智能管理信息系统建设，增强公共信息、技术物流等服务功能，推动以电子信息、先进装备制造等为主导产业的园区率先打造数字化园区。积极探索合作办园区的发展模式，鼓励园区管理机构和工业互联网平台、孵化创新平台合作，鼓励工业互联网平台和孵化创新平台通过共同兴办、运营"园中园"等模式，加强园区公共服务、基础设施类项目建设，形成有利于数字化转型的创新空间。

（四）重新建构数字化转型创新创业生态

推动线下创新与线上创新相融合，产业链和产能共享互通。鼓励工业园区开源社区、创新研发合作平台等新型协作平台发展，培育不同类型的企业和社会开发者共同参与，建构开放协作的数字化转型创新创业生态，推动创新型企业不断壮大。以园区、行业、区域为整体推进产业创新服务平台建

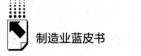

设，强化技术研发、标准制修订、测试评估、应用培训、创业孵化等优势资源集聚，提升产业创新服务支撑水平。

参考文献

周伟林、周雨潇、柯淑强：《基于开发区形成、发展、转型内在逻辑的综述》，《城市发展研究》2017 年第 1 期。

甄杰、任浩、唐开翼：《中国产业园区持续发展：历程、形态与逻辑》，《城市规划学刊》2022 年第 1 期。

王曙光、郑鸾、梁爽：《中国工业化进程中的产业园区制度演进与模式创新》，《改革》2022 年第 5 期。

中国信息通信研究院：《中国数字经济发展报告》，2022 年。

B.12
深莞惠工业园区数字化实践

刘 艳*

摘 要: 深圳、东莞、惠州三个城市毗邻,经济联系密切。近年来,
三个城市共同打造的深莞惠经济圈,积极适应新一轮科技革
命和产业变革的发展需求,以工业园区为基地,不断探索制
造业的数字化转型路径,加速了制造业数字化转型进程。通
过分析深莞惠经济圈内三个城市工业园区经济的发展现状及
其数字化发展的实践案例,可以总结数字化赋能深莞惠工业
园区高质量发展的经验。为了进一步推进深莞惠工业园区数
字化发展,可以进一步完善园区数字化发展的顶层设计;以
龙头企业为主,打造园区数字化转型标杆;推进园区中小制
造企业的多样化数字化转型;大力推进集群数字化转型;夯
实园区数字化发展的基础。

关键词: 深莞惠 工业园区 数字化 深莞惠经济圈

　　广东省的深圳、东莞、惠州三个城市毗邻,历史渊源深厚,具有相似的
文化习俗和密切的经济联系,素有"深莞惠铁三角"之说。根据《珠江三
角洲地区改革发展规划纲要》提出的关于"优化珠江口岸地区功能布局"
的要求,以及广东省《关于加快推进珠江三角洲区域经济一体化的指导意
见》等相关政策性文件的指导,深莞惠一体化发展程度不断加深。尤其是

---

* 刘艳,经济学博士,广东工业大学经济学院副教授,主要研究方向为创新理论与产业发展。

近年来推进的粤港澳大湾区和深圳中国特色社会主义先行示范区建设，为深莞惠一体化发展注入了新的活力。深莞惠经济圈的整体经济实力和制造能力较强。据统计，2022年，深莞惠均入围GDP百强城市行列，其中深圳GDP达32387.68亿元，在北上广深四大一线城市中居领先地位；东莞以11200.32亿元的GDP水平，在省内地区GDP万亿元梯队中位居第四；惠州GDP为5401.24亿元，同比增长4.2%，增速位居全省第一。三市的GDP为48989.24亿元，占全省GDP的比重为37.94%。制造业成为支持深莞惠经济圈发展的重要力量。2022年，三市规模以上工业增加值总额占全省的比重达47.3%，高科技产业和新兴产业成为发展的亮点。[①] 例如，深圳的新能源汽车和充电桩产量增长超过110%；惠州的石化能源新材料行业和生命健康制造业分别增长10.3%和9.6%。

新一轮科技革命加速了制造业数字化转型进程。深莞惠经济圈也积极适应产业变革的发展需求，以工业园区为基地，不断探索制造业的数字化转型路径，取得了明显成效。

一 深莞惠经济圈工业园区的发展概况

（一）深圳——园区经济的先行者

1979年，深圳建立了我国第一家产业园区——深圳蛇口工业区。以此为基础，园区建设迅速在全市乃至全国展开。1985年，深圳科技工业园成立，代表工业园区建设进入集产业发展、区域开发和高新技术开发综合功能于一体的新发展阶段。深圳目前的产业发展格局，以高新技术、现代物流等四大支柱产业，新一代信息技术、高端装备制造等七大战略性新兴产业，生命健康、航空航天、机器人等五大未来产业为主。在产业布局上，三大类产业主要以工业园区为发展平台，产业集聚效应明显。

---

① 深圳、东莞和惠州三市统计部门发布的2022年经济年报。

例如，深圳的高新技术产业发展，主要以深圳国家级高新区为核心，通过"一带两级多园"①的产业布局，多个工业园区协同发展，打造了深圳的高新技术产业带。这种多园区协同发展的模式，成为工业园区发展的新趋势。目前，深圳国家级高新区主要定位于科技前沿，不断提升科技企业集聚度和产业竞争力。打造了新一代电子信息万亿级产业集群，高端装备制造、生命健康等千百亿级产业集群。高新区内以华为、中兴等创新型企业为代表的"头部企业""链主企业"，实现了产业国际竞争力的不断提升，并通过园区的集聚效应，带动了众多中小创新型企业发展，形成了良好的产业发展生态。因此，高新区已经成为深圳打造优势产业集群高地的主阵地，将为深圳的实体经济发展和现代产业体系建设提供雄厚的基础。

（二）东莞——园区建设遍地开花

东莞南接深圳，东北接惠州，并联通广深，在深莞惠经济圈内的地理位置尤为特殊，其制造业发展迅速，已成为全球制造业基地之一，有"世界工厂"之称。东莞以服装、食品等传统制造业起家，现代制造业和高新技术产业从20世纪90年代开始飞速发展。至今，信息制造业、电气机械及装备制造业、纺织服装鞋帽制造业、食品饮料加工制造业和造纸及纸制品业构成了东莞的五大支柱产业。此外，玩具、家具、化工、印刷等优势传统制造业依然是东莞的特色产业。在新发展格局下，东莞不仅积极布局智能装备、新能源等新兴产业和量子技术产业、边缘计算产业等未来产业的发展，还不断探索以"机器换人"、智能制造设备更新和互联网渗透等多种方式，推进制造业的数字化转型升级。工业园区已成为东莞工业经济发展和现代产业体系建设的重要载体，产业集群的集聚效应持续增强，为东莞工业经济的持续繁荣打下了坚实基础。

在东莞下辖32个镇街中，具有产业集群特点的专业镇街经济发展特色

---

① 在《深圳国家高新区"十四五"发展规划》中的表述为"一区两核五园"，即将"多园"合并为南山园区、坪山园区、宝安园区、龙岗园区和龙华园区。

明显。有的镇街定位于高科技和新兴产业发展，如以松山湖国家级高新技术产业开发区为核心的松山湖片区，主要发展新一代信息通信、高端装备智能制造等高新技术产业；中堂天安数码城以新一代电子信息、新材料、新能源、生命科学和生物技术等战略性新兴产业为支柱。有的镇街则以传统优势产业为主导，如石排镇以电子电器、玩具、五金制品、包装印刷产业为主；横沥以电脑、毛织、制模、制鞋、制衣等传统产业为主。

（三）惠州——"3+7"工业园区发展格局已形成

惠州是国家历史文化名城，客家文化底蕴深厚，被誉为客家侨都。改革开放后，惠州工业起步于"三来一补"企业的发展，在"办实业打基础"的决策部署下，迅速由最初接受外来产业转移、引进技术实现工业发展的模式，转变为形成自身工业发展格局、实现自主创新能力提升的发展新面貌，逐步成长为新兴的工业强市。

惠州以石化能源新材料、电子信息两大万亿级产业集群建设为核心，推动了"3+7"工业园区建设。在 3 个国家级产业园区中，大亚湾经济开发区以石化、电子、汽车产业为主；仲恺高新技术产业开发区以移动互联网、平板显示、新能源产业为主；中韩（惠州）产业园则主要发展移动智能终端、超高清视频显示、智慧能源、人工智能、激光与增材制造等新兴产业。7 个千亿元级工业园区则主要定位于新一代电子信息产业、新材料、智能装备制造、生物医药等新兴产业的发展，并形成了一定的产业特色。如惠阳（象岭）智慧科技产业园，主导智慧安防、智慧物联、智能硬件和 5G 等新一代电子信息产业的发展；惠州新材料产业园以先进有机原料和合成材料、汽车轻量化材料和包装材料、新能源材料、电子化学品、精细化工及日用化学品、前沿新材料六大新材料产业为主；龙门大健康产业园重点发展医药与生命健康、电子信息、绿色数据、新型材料等四大主导产业；广东（仲恺）人工智能产业园的主要产业为人工智能、高端电子信息、先进制造业，包括智能终端、超高清视频显示、智慧能源、激光与增材制造、智能装备和新材料等高端产业。

二　完善园区数字化发展的顶层设计

深莞惠经济圈的三个城市均强调工业立市、工业强市，产业发展导向相似，产业集聚的发展基础良好，易于形成产业联动发展效应。在新发展格局下，为实现园区数字技术的推广应用和智能制造水平的提升，深莞惠三市出台了大量相关政策，力图从顶层设计上规范园区的数字化发展。核心内容主要包括三个方面。

第一，以制造业为核心，以实体经济发展为基础。以制造业立市，做强实体经济是深莞惠三市共同的发展战略选择。深莞惠经济圈内产业集群实力的日益增强，产业创新能力与水平的提升，都展示了新型工业强市的强大生命力和成长力，避免了产业结构"脱实向虚"，增强了实体经济发展的基础。

第二，持续大力推进产业集聚发展。工业园区始终是深莞惠三市制造业高质量发展的重要基地。近年来，三市根据城市空间布局的调整和新兴产业发展的总体规划，加快推进产业集群的发展，产业集聚效应明显。值得一提的是，产业集群连片发展、"一区多园"等新形式的出现，将极大地促进深莞惠经济圈内的产业集群发展规模扩大和发展实力增强。

第三，重在推进数字经济高质量发展。围绕适应和推进数字经济发展这一主题，深莞惠三市纷纷出台相关政策，从数字产业化、产业数字化、数字经济要素、数字经济发展基础与保障体系等方面，进行规范和引导，为园区数字化发展提供了有力的政策支持。例如，为全面规划制造业发展，深圳出台了《深圳市关于推动制造业高质量发展坚定不移打造制造强市的若干措施》《深圳市战略性新兴产业发展政策》《深圳市培育发展工业母机产业集群行动计划（2022—2025年）》；东莞出台了《东莞市制造业高质量发展"十四五"规划》《强化新要素配置　打造智能制造全生态链工作方案》；惠州出台了《惠州市先进制造业发展"十四五"规划》《惠州市促进制造业高质量发展若干措施》。

为适应数字经济发展，推进数字产业化和产业数字化转型，深圳出台了《促进大数据发展行动计划（2016—2018 年）》《推进工业互联网创新发展行动计划（2021—2023 年）》《深圳市加快推进 5G 全产业链高质量发展若干措施》等一系列政策文件；东莞颁布了《东莞市推进"互联网+"行动实施方案》《东莞市大数据发展规划（2016—2020 年）》《东莞市软件与信息服务产业集群培育发展行动计划（2021—2025 年）》等政策文件；惠州在出台《惠州市促进数字经济产业发展若干措施》《惠州市贯彻落实制造业数字化转型实施方案》《惠州市推进制造业与互联网融合发展实施方案》系列文件的基础上，还出台了专门针对新兴数字化产业集群发展的工作方案，如《惠州市贯彻落实广东省培育智能机器人战略性新兴产业集群行动计划（2021—2025 年）工作方案》《惠州市加快发展大数据和软件信息服务业集群行动计划（2021—2025 年）工作措施》等。

三　以龙头企业为主，打造园区数字化转型标杆

企业是引导经济增长的微观主体，更是引导工业园区发展的微观主体。不同类型的企业在园区发展，尤其是在数字化转型中，扮演着不同的角色。龙头企业就是很有代表性的一类企业，在园区数字化转型中发挥着特殊作用：一是利用行业龙头企业在产业链中的影响力，吸引企业集聚发展，带动产业链上下游企业的整合，增强园区的集聚效应；二是以龙头企业成功的数字化转型为样本，对数量众多、数字化转型持观望态度的中小企业，起到示范带动作用。

深莞惠三市为推进工业互联网的应用，加速园区企业数字化转型升级进程，制定了针对龙头企业的工业互联网标杆示范项目。例如，深圳坚持以工业互联网建设为基础，推进高端要素集聚和制造业数字化转型升级。到2022 年，深圳已经累计培育了 18 个国家级工业互联网试点示范项目，推动了 4 家平台上榜国家跨行业、跨领域工业互联网平台。

典型案例1　深圳海能达通信股份有限公司

海能达通信股份有限公司是深圳首批工业互联网应用标杆企业，2022年，成为深圳唯一入选国家级工业互联网试点示范项目5G全连接工厂的企业。在国家级智能制造示范基地海能达龙岗深海工厂，通过5G数字化改造，可以实现来料盘的智能流程，确保全部来料盘的无纸化运作。5G信号覆盖100%的厂区，既有效避免了多个WiFi信号的相互干扰和多个AP设备的使用，减少了工厂自动化生产的有线布线，AGV小车能够保证在工厂线内无中断使用；通过专网和企业网打通，生产数据智能化，直接进行中心化梳理，对生产工艺数据和产能进行智能控制，有效提高生产线利用率和自动化，生产管理成本降低30%，提高产能20%以上。[①]

四　推进园区中小制造企业的多样化数字化转型

中小制造企业是支撑深莞惠经济圈工业园区发展的重要力量，深莞惠三市政府高度重视中小制造企业的发展。在工业园区数字化改造过程中，数量众多的中小制造企业受限于自身规模和改造成本等因素，常常对数字化改造持观望态度。为解除园区内中小制造企业的后顾之忧，推进中小制造企业的数字化转型，深莞惠三市主要采取了以下措施。

第一，打造"专精特新"中小企业典型，推动中小企业主动向数字化转型。在推进传统制造业和中小制造企业数字化转型过程中，"专精特新"中小企业扮演着"先锋队"的角色。"专精特新"中小企业可以借助数字化改造和升级，制定更加精准的营销策略和开发计划，建立更加精细高效的管理制度和流程，从而提供更符合市场需求的产品和服务。[②] 因此，打造"专精特新"中小企业数字化转型典型，有利于在中小制造企业中形成良好的

---

① 吴德群：《深圳9个项目入选！工业和信息化2022年工业互联网试点示范名单公示》，《深圳特区报》2023年2月23日。

② 《数字化转型赋能专精特新中小企业高质量发展》，"中国网"百家号，2023年3月31日，https：//baijiahao.baidu.com/s？id=1761860335127076085&wfr=spider&for=pc。

示范效应。深莞惠三市均依据国家和广东省的相关政策，制定了专门的"专精特新"中小企业遴选管理办法。截至 2021 年底，深圳拥有国家级专精特新"小巨人"企业 169 家，位居全国城市第四；省级"专精特新"中小企业累计 870 家，总量位居广东省第一。[①] 东莞国家级"小巨人"企业达到 79 家，位居全国地级市第五，省级"专精特新"中小企业 198 家，共计 234 家。[②] 惠州共有 36 家专精特新"小巨人"企业。

第二，以产业链为纽带，依托产业龙头企业带动中小制造企业的数字化转型。龙头企业的这种带动作用，主要体现在两个方面。一方面，以产业链上下游企业之间形成的协作共生关系为依托，强化龙头企业、链主企业数字化转型的示范效应，鼓励中小企业积极复制成功的数字化转型样本，逐步形成全链条、全流程的产业链数字化发展态势。另一方面，由龙头企业打造企业级、行业级，甚至是区域级工业互联网平台，为中小企业提供数字化发展方案，推进中小企业的数字化发展进程。

典型案例 2　东莞华为制造业数字化转型赋能中心——华为云服务平台

华为云服务平台由松山湖管委会、华为和广东光大企业集团三方共同打造，是围绕数字产业集聚的企业服务平台，包含云存储、云计算、云网络、云容器等云服务，提供工业诊断、工业仿真、EI 工业大数据分析、高性能计算 HPC、云上容灾、云 AR/VR、云边端协同等普惠智造解决方案服务，围绕企业在数字化转型升级过程中可能遇到的技术、人才、方法等各类问题，提供了有力的普惠智造服务，有力地扶持了企业数字化转型。[③] 作为华为云服务平台的本地赋能机构，华为制造业数字化转型赋能中心通过联手平台上百家核心生态伙伴，为东莞企业提供"研、产、供、销、服"等领域的数字化转型方案。

---

① 《稳住制造业基本盘，深圳"小巨人"成为生力军》，"读创"百家号，2022 年 8 月 3 日，https：//baijiahao.baidu.com/s？id=1740154738632430734&wfr=spider&for=pc。
② 《东莞：加快培育发展"专精特新"企业》，"读创"百家号，2022 年 7 月 6 日，https：//baijiahao.baidu.com/s？id=1737598690621792079&wfr=spider&for=pc。
③ 《东莞唯一"双牌园区"，与华为共同推进东莞数字化转型》，广东省中小企业发展促进会网站，2021 年 9 月 16 日，http：//www.gdsme.org/xwzx/hyxw/content/post_587890.html。

第三，完善数字赋能公共服务平台。政府积极推进数字赋能公共服务平台建设，不仅能优化数字化条件下的营商环境，增强数字政府的管理功能，更能为中小制造企业提供数字化技术应用、数字化资源共享、数字化管理优化的平台。例如，作为深圳数字经济发展核心区的龙华区，在2022年正式启动的深圳（龙华）数字赋能公共服务平台，是粤港澳大湾区首个产业政策引导的数字赋能公共服务平台，为众多企业提供了数字化转型发展的桥梁。东莞的两大赋能中心——华为制造业数字化转型赋能中心和思爱普制造业数字化转型赋能中心，成为数字化创新技术孵化及应用、数字化服务供求双方对接的重要平台，成为助力园区众多中小制造企业数字化转型发展的重要平台。

五 大力推进集群数字化转型

2021年，国家发改委在颁布的《"十四五"数字经济发展规划》中明确提出"推动产业园区和产业集群数字化转型"的要求。广东省也围绕20个战略性新兴产业集群的数字化，制定了《广东省制造业数字化转型实施方案（2021—2025年）》和《广东省制造业数字化转型若干政策措施》。在此政策背景下，深莞惠三市采取了积极举措，推进本市产业集群的数字化转型。

产业集群是工业化发展中较为普遍的产业集聚现象，具有明显的成本优势和品牌效应，也有利于增强企业的核心竞争力和提高企业的创新发展水平。产业集群的数字化，将从三个方面深化产业集群发展。一是数字化平台的出现使原来的集群发展模式，逐步向虚拟集聚过渡。有助于实现更大范围的资源与要素集聚。二是通过产业集群内部企业之间数据的互联互通，增强单个企业数字化转型的效果，并强化企业间原有的竞合关系。三是通过降低单个企业数字化转型的成本，优化产业集群整体的数字化发展环境，培育产业集群整体的发展新动能。

典型案例 3　仲恺高新技术产业开发区的电子信息产业集群数字化转型

仲恺高新技术产业开发区是全国乃至全球重要的电子信息产业基地之一，为提升数字化应用水平，加快培育新一代电子信息产业集群，仲恺高新技术产业开发区积极推进产业集群式的数字化转型实践。仲恺电子信息产业集群，会同数字化转型服务商、电信运营商以"5G+工业互联网"赋能，聚焦未来发展趋势、瓶颈突破、痛点及共性需求，在能源消耗、设备应用、物流系统、质量把控等方面，实践集群数字化解决方案。2020 年，该区获批省特色产业集群数字化转型试点区。目前，仲恺高新技术产业开发区依托电子信息产业集群共打造了 5 个省级 5G 标杆示范项目，推动了 247 家规模以上工业企业数字化转型。

典型案例 4　深圳时尚产业的集群数字化转型

深圳时尚产业拥有典型的产业集群竞争优势，即使从全国范围来看，集群优势依然明显。如黄金珠宝、钟表行业的产业要素整合能力与集中度，在全国处于领跑者地位，服装、家具、鞋包、内衣等时尚产业的品牌活跃度与集中度在国内也处于优势地位。时尚产业的数字化重在依托"时尚+科技""互联网+大数据"的新方式拓展市场。通过建设智能研发平台、智能制造平台，有效解决设计打板周期长、排产效率低、库存积压大等痛点，实现生产多款式、小批量、多批次的柔性生产模式；部分高端服装制造企业，运用人工智能、机器人、大数据、智能制造系统，依托积累的版型结构、材料与色彩、工艺与技术、用户风格诊断等供应链生产工艺大数据，帮助用户实现从产品企划、产品研发、生产制造到营销与销售的一系列服务。如工业互联网示范企业赢领智尚，建立了国内首条高级女装大规模个性化定制智能制造生产线，使整体成本降低了 20% 以上，整体生产效率提高了 20% 以上，产品交期从 30 天缩短到 7 天，工厂实现了零库存；[①] 歌力思以数据驱动业务

---

① 《庆祝中国共产党成立 100 周年⑦｜推动时尚产业数字化转型》，搜狐网，2021 年 7 月 20 日，https://www.sohu.com/a/478557675_121106875。

和多品牌矩阵优势，打造数字化引领的新型企业；玛丝菲尔线上新零售平台"试衣到家"，通过利用 AI 科技，给消费者提供全新的线上体验；影儿时尚集团打造多品牌集成的 ALL in ONE 小程序商城，以实现在数字化销售上的协同，构建全域的自主经营阵地。①

六　夯实园区数字化发展的基础

工业园区主要是工业企业的集聚区，也是城市产业发展的主要空间。园区数字化的发展既需要动员企业微观主体的力量，整合产业集群的资源，也需要园区智慧管理的推进与数字化基础设施建设的持续加强，从而为园区数字化的推进提供坚实基础。

第一，推行智慧园区管理。智慧园区以"园区+互联网"为基础，依托移动通信、大数据和云计算等先进技术，推行智慧园区管理。在智慧园区内，依托智慧政务办公服务平台，可以形成统一的组织管理协调架构和规范的工作流程，优化对内对外的服务运营；利用智能化应用系统，建立统一的综合管理平台，能提升园区整体的运营效率，最终提高园区的资源配置和使用效率。因此，新建智慧园区或推进传统工业园区进行智慧园区改造，将是园区整体数字化转型升级的重要内容。近年来，深莞惠三市推进了智慧园区建设的进程。例如，深圳前海深港合作区推出了"深港+智慧园区"综合服务平台，实现招商管理、资产管理、运营管理、产业服务、生活服务等场景的覆盖，有效提升了产业园区的智慧服务水平。惠州大亚湾石化区对标世界先进石化园区，于 2019 年启动智慧园区项目建设，全力打造"四梁八柱、天地人通、智慧+"的智慧化工业园区创新生态体系。

第二，加强园区数字化基础设施建设。深莞惠三市十分重视新基建的发

---

① 《再升级！深圳服装产业加速转型》，搜狐网，2022 年 9 月 6 日，https://business. sohu.com/a/582778497_ 115354。

展，这一点从三市政府颁布的政策文件可知。例如，深圳有《率先实现5G基础设施全覆盖及促进5G产业高质量发展若干措施》《深圳市推进新型信息基础设施建设行动计划（2022—2025年）》；东莞有《东莞市通信基础设施专项规划（2016—2020年）》《东莞市发展物联网建设智慧东莞规划（2013—2015年）》；惠州有《惠州市"互联网+"行动实施方案（2016—2020年）》《惠州市"企业上云"工作方案（2017—2020年）》等政策文件。政府的大力支持推进了数字化发展的基础设施建设进程。如深圳正在打造全球数字先锋城市。截至2022年12月，深圳累计建成5G基站6.45万个，每万人5G基站数和每平方公里5G基站数均居全国大中城市的首位。惠州在人工智能、5G、大数据中心、城际轨道交通等方面的新基建项目也引人注目，有效支持了"3+7"工业园区、"2+1"产业集群的数字化发展。新基建的发展，有效提升了深莞惠三市政府的政务管理能力，为园区发展提供了更好的外部环境。如东莞在华为新基建技术的支撑下，初步建成集政务云平台、政务数据大脑、政务网络平台于一体的"云数网"数字底座。促使工业园区不断探索新的数字化发展方向。例如，深圳打造的"深i企"一站式市场主体培育和服务平台和深圳蛇口网谷自主开发并应用的智慧园区运营管理系统（InPark），均强调实现园区内部及园区间的数据互联互通，通过打通各园区的智慧服务平台，推动数字资源跨园区流动。

参考文献

《【产业图谱】2022年东莞市产业布局及产业招商地图分析》，中商情报网，2022年2月14日，https：//www.askci.com/news/chanye/20220214/1003551745029.shtml。

《【深度】2021年深圳产业结构之七大战略性新兴产业全景图谱（附产业空间布局、产业增加值、各地区发展差异等）》，新浪网，2021年9月28日，https：//finance.sina.com.cn/roll/2021-09-28/doc-iktzqtyt8661427.shtml。

《惠州：21个项目获评省级数字化转型标杆》，广东省工业和信息化厅网站，2022年8月1日，http：//gdii.gd.gov.cn/mtbd1875/content/post_3985624.html。

《聚焦中国产业：2021 年深圳市特色产业全景图谱（附空间布局、发展现状、企业名单、发展目标等）》，搜狐网，2021 年 9 月 29 日，https：//www.sohu.com/a/4928757 09_ 121124367。

《酷园区 | 东莞唯一"双牌园区"与华为共同推进东莞数字化转型》，广东省中小企业发展促进会网站，2021 年 9 月 16 日，http：//www.gdsme.org/xwzx/hyxw/content/post_ 587890.html。

《深圳：蛇口网谷获评"2022 年度数字化产业园区"》，腾讯网，2022 年 8 月 10 日，https：//view.inews.qq.com/k/20220810A06X5Z00？web_ channel＝wap&openApp＝false。

程浩：《东莞制造有"数"——两大数字化转型赋能中心落地》，《21 世纪经济报道》2022 年 7 月 26 日。

刘艳：《"一带一路"建设下以数字化赋能深莞惠经济圈的高质量发展》，《沿海企业与科技》2023 年第 2 期。

闻坤：《深圳高新区成为引领科技创新核心引擎》，《深圳特区报》2023 年 1 月 28 日。

倪雨晴：《深圳提速数字经济核心区建设 龙华区启动数字平台》，《21 世纪经济报道》2022 年 11 月 19 日。

王海荣：《深圳信息基础设施建设提速，助力数字经济高质量发展》，《深圳商报》2023 年 3 月 15 日。

郑玮：《湾区新"基"遇：东莞携手华为打造"政务数据大脑"，新基建驱动数字政府建设再提速》，《21 世纪经济报道》2020 年 2 月 26 日。

B.13
陕西省制造业数字化创新发展评价

史会斌 张蔚虹 李丽媛*

摘　要： 当前陕西省重点打造高端装备、电子信息、汽车、现代化工、医药、新材料六大产业集群，加快推进制造业转型升级。本报告在分析陕西省制造业发展现状的基础上，从制造业数字化创新的概念出发，结合数字化创新的分层模块化理论，基于产品创新视角提出了制造企业数字化创新发展程度的五个级别，并通过收集陕西省相关企业的数据对陕西省制造业的数字化创新水平进行评价。主要结论有：陕西省制造业数字化创新目前处于初级阶段；区域数字化创新发展不平衡；行业数字化创新发展有差异。在未来的研究中，可以进一步从产品数字化创新、生产运作数字化创新及管理数字化创新多个方面出发，建立数字化创新的评价体系，以更全面地反映企业的数字化创新程度。

关键词： 制造业　数字化创新　分层模块化　陕西省

随着数字技术的日益成熟，社会各领域正在快速迈入数字经济时代，越来越多的企业提出了智能化转型，争相进行产品和服务的数字化创新，而政府也在积极评估和推进这一进程，加大政策引导和支持力度。为了更好地推动企业数字化转型进程，就要及时对企业数字化创新的状态进行评价，从整

---

* 史会斌，西安电子科技大学讲师，硕士生导师，主要研究方向为战略与创新管理；张蔚虹，西安电子科技大学教授，主要研究方向为项目管理与公司财务；李丽媛，西安电子科技大学本科生，主要研究方向为数字化创新。

体上把握企业数字化创新的进程。

陕西省作为我国科技教育文化大省，也是西北重要的老工业基地，在我国经济转型和产业融合的进程中，应该作为中西部地区的先行典范指引方向。陕西省实现经济增长的重要途径之一是发展壮大制造业，然而目前陕西省的制造业发展水平与其他地区相比还存在不小的差距，这就需要其紧紧抓住数字化创新的契机，加快制造业的转型升级。本报告着眼于陕西省制造业的实际情况，以数字化创新理论为指导，通过建立数字化创新的评价体系，对陕西省制造企业的数字化创新状况进行评价，并提出发展建议。

一　陕西省制造业发展概况

作为我国制造业的重要基地之一，陕西省在"一五"至"三五"建设时期承接了中央布局的很多大型制造业项目。在此基础上，经过不断发展，陕西省目前拥有门类齐全的制造业体系，包括国防、航空航天、通用和专业设备等门类。当下，陕西省重点打造高端装备、电子信息、汽车、现代化工、医药、新材料六大产业集群，加快推进制造业转型升级。

（一）陕西省工业经济保持平稳较快增长态势

制造业是重要的工业部门之一，工业的发展状况在一定程度上体现了制造业发展的情况。2021年陕西省工业增加值为11256.03亿元（见图1），按照不变价计算的同比增长率为8.3%。2020年出现了下降现象，但在2021年形成了快速的反弹。2022年全省工业增加值13158亿元，不变价的同比增长率为5.7%，明显高于全国3.4%的增长率，表明陕西省工业经济的韧劲及快速恢复能力。

（二）陕西省高技术制造业保持高速增长态势

以电子信息、航空航天等为代表的高技术制造业，是国民经济的战略性

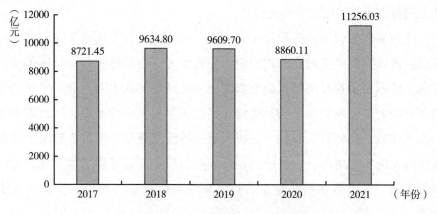

图1　2017～2021年陕西省工业增加值

先导产业，已成为我国实施创新驱动发展战略的重要领域。2020年，陕西省高技术制造业持续保持高速增长，增加值年均增长16.4%，明显高于陕西省工业增加值的增长率，也高于全国年均增加值增长率（见图2），显示出陕西省制造业内部结构在不断优化。

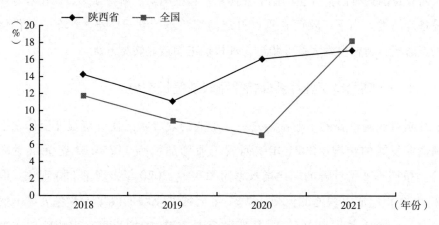

图2　2018～2021年陕西省与全国高技术制造业增加值增长率

（三）陕西省装备制造业增加值也保持较高的增速

装备制造业是为国民经济进行简单再生产和扩大再生产提供生产技术

装备的工业的总称，即生产机器的机器制造业。装备制造业具有技术含量高、处于价值链顶端、附加值高等的特点。陕西省装备制造业具有较好的基础，而且近年来发展势头良好，增加值年均增长 12.2%，明显高于全国装备制造业 8.6% 的增速（见图 3）。"十四五"期间，陕西省重点发展高端装备制造业，坚持以新发展理念引领制造业高质量发展，聚焦创新能力提升、结构优化升级、产业融合发展等重点工作任务，立足强链补链延链，推动制造业为全省经济实现量的合理增长和质的稳步提升提供强有力支撑。

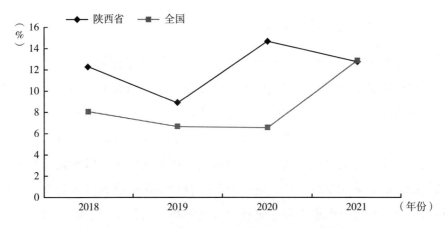

图 3　2018~2021 年陕西省与全国装备制造业增加值增长率

（四）陕西省政府大力推动制造业数字化转型发展

陕西省政府紧抓数字经济发展的契机，大力推动企业数字化转型。截至 2020 年底，已培育国家智能制造试点示范企业 38 家、省级智能制造试点示范企业 82 家、国家级服务型制造示范企业 3 家、示范平台 2 个，数量居全国前列。

《陕西省"十四五"国民经济和社会发展规划》中提出要以实体经济为根本、以数字经济为引领、以转型升级为重点，加快构建现代产业集群，实施制造业数字化转型行动。2021 年发布的《陕西省"十四五

制造业蓝皮书

制造业高质量发展规划》提出要分级分类建设，推动全省产业数字化转型，深入实施企业数字化能力提升工程和智能制造工程，加快推动新一代信息技术在制造业全要素、全产业链的融合应用，以智能制造为主攻方向，加速产业数字化和数字产业化，加快建设数字陕西，赋能制造业高质量发展。

二 数字化创新理论

（一）数字化创新的概念

从直观上理解，数字化创新就是利用数字技术开展的创新活动，但是从具体的定义上来看，数字化创新又可以分为狭义的数字化创新和广义的数字化创新。狭义的数字化创新重点关注产品或服务本身的创新，被定义为利用数字技术将产品或服务的数字、物理组件通过新的组合以产生新产品或提供新服务的过程。按照狭义的定义，数字化创新重新配置了已有产品与服务的数字和物理组件，通过新的组合产生新产品或提供新服务，这些新产品或新服务既嵌入数字化技术又受到数字化技术的不断驱动。广义的数字化创新认为虽然数字化创新是指企业通过数字技术来创造新产品或改进现有产品，但其不仅是产品的创新，还包括流程、营销方法或组织方法的创新（见表1）。

表1　数字化创新的若干代表性定义

学者	定义
Yoo & Lyytinen	数字化创新是将数字技术集成到以前具有纯粹物理实体的对象中，将数字与实物组件进行重新组合创造新产品或新服务的过程
Nambisan & Lyytinen	数字化创新是使用数字技术进行市场提供物、商业过程或模式的创造过程，也是在这些方面进行改变所形成的结果的过程
Ciriello	数字化创新意味着使用数字技术平台作为组织内部和跨组织的手段来创新产品、流程或业务模式

学者	定义
赵星和董晓松	数字化创新是将数字技术嵌入实物组件,从而改变产品功能,扩大产品和服务的价值,最终引起该领域商业模式和生产模式的转变
余江和孟庆时	数字化创新是数字能力嵌入产业之中和驱动产业发展两个方面,是多种创新主体基于不断增长的数字基础设施重构产品和服务,并产生新产品或提供新服务的过程
Fichman & Santos	数字化创新是一种需要企业在技术、组织等方面进行显著改变的,同时由IT支持的产品、流程或商业模式
OECD	数字化创新指使用数字技术实施新的或具有显著改进的产品、生产过程、营销方式及组织管理方式
Bailey & Leonardi	数字化创新需要将物理和数字产品以及与之相关的生产方式和组织逻辑进行混合,这种混合通常涉及物理现象的数字化表示
谢卫红	数字化创新是指不同主体通过对数字化资源进行重组的活动,以产生新的产品、服务、流程、商业模式

(二)数字化创新的分层架构

数字技术对工业时代下的产品产生了革命性的影响,从而产生了一种新型分层模块化结构产品。Adomavicius 和 Gao 认为数字技术具有层次性,这种层次性表现在设备和服务之间以及网络和内容之间两个关键的分离,前者是基于数字技术的可重新编程能力,后者是基于数据的同质化特征。Benkler 指出设备、网络、服务和内容的四层次分层架构。如图 4 所示,首先是设备层,它可以进一步分为物理设备层(包括计算机硬件等)和逻辑链接层(包括操作系统等),其中逻辑链接层对物理设备进行控制和维护,并将物理设备链接到其他层。其次是网络层,它也可以进一步划分为物理传输层(包括电缆、无线电频谱、发射机等)和逻辑传输层(包括网络标准等)。再次是服务层,它在创建、操作、存储和使用内容时直接服务用户,协助处理应用程序功能。最后是内容层,它包括各类形式的数据,如文本、声音、图像和视频等。

四层分层架构代表不同的设计层次,对每层中的组件进行单独设计决策。Lena 和 Ulrike 通过对一家汽车企业 DIM 设备的数字化过程进行详

细分析，发现汽车企业 DIM 设备的数字化创新转变是从分区项目（即划分数字产品不同层次的界限）到个性化项目再到平台项目的不断升级，因此得出结论：产品向数字化创新的转变是围绕分层体系结构的发展而开展的。

内容层
服务层
网络层（物理传输、逻辑传输）
设备层（物理设备、逻辑链接）

图 4　数字技术的分层架构

（三）数字化创新的分层模块化架构

实体产品设计主要由整体化和模块化两个体系结构主导。Schilling 指出模块化指产品可以分解为可以重组的组件，模块化架构提供了一种减弱复杂性，并通过标准化接口互连，增强设计灵活性的方法。Lena 和 Ulrike 指出与模块化架构相比，分层模块化通过在不同的分层中加入其他组件，从而扩展了产品的边界和定义。

当越来越多的企业将数字组件嵌入其物理产品中时，分层模块化架构应运而生。分层模块化体系结构是模块化体系结构和数字技术分层体系结构的组合。Yoo 在其文章中总结出以下几点。其一，分层模块化体系结构中的组件与产品无关，即在产品层面没有固定的边界，组件的设计需要很少的产品特定知识。其二，分层模块化体系结构中的组件设计者无法完全了解组件的使用方式，而这主要缘于分层模块化体系结构中的组件设计是通过编排来自一组异构层的组件集合以诱导产品，因此每个异构层属于不同的设计层次。其三，在分层模块化结构理论体系的影响下，数字化产品可以同时作为产品和平台两种角色出现。数字化产品平台的内容层和服务层允许其他人使用平台资源进行创新，从而使产品基本功能得到扩展。

三　陕西省制造业数字化创新评价体系与评价结果

（一）产品数字化创新程度评价体系的构建

在总结国内外企业产品数字化创新相关研究的基础上，可以将企业产品数字化创新程度分为五个级别，各级别具体描述如下。

级别一：完全物理机械产品。是指纯粹利用力学原理组成或者制造产品，使用机械设备将目标产品所需原料进行物理形态、形状、尺寸等的改变使之成为合格零件，然后将零件进行组装、装配、粘贴等过程加工，使之达到预期目标与装配精度，从而获得预期具备的性能。

级别二：模块化产品。是指将产品分解为通过预先指定的接口连接的松散耦合组件，在单个设计层次结构中替换组件来实现灵活性。其中产品组件是由许多共享产品信息的专业公司设计和生产的，设计原则由产品功能决定。

级别三：分层模块化产品。是指将实体物理产品（如汽车）的组件与异构设计层次（如数字化控制系统）相结合。其本质是数字技术与模块化产品的结合。组件可以随意与其他设计层次中的组件通过标准化接口进行连接，不断开发产品新的功能用途。

级别四：智能互联产品。是指产品可以联网，能够实现数据的网络传输，在服务或内容层面上可以允许用户打造个性化商品，从而实现用户自定义功能。也就是说，智能化产品拥有开放系统，一方面产品能够整合并分析计算内部数据，另一方面产品通过联网能够具有云边计算等功能。

级别五：创新平台型产品。是指产品平台化，依托该平台来吸引大量不同设计层次上的意外组件，平台上能集聚各种创新性的功能。也就是说，产品平台作为一个开放的系统，可以容纳创客的入驻，在服务和内容层可以集聚个性化定制以及自主选择功能等特性，实现数字化、网络化、智能化。

为了保证评价系统的操作可行性，评价体系计算采用对样本产品直接打分的方式。不同级别的发展程度对应不同的分数，产品级别越高，对应的分数越高，分数范围为 1~5 分，具体对应关系如表 2 所示。

表 2　级别对应分数

单位：分

级别	分数
完全物理机械产品	1
模块化产品	2
分层模块化产品	3
智能互联产品	4
创新平台型产品	5

每一个企业主营产品的平均分数即为其数字化创新发展程度，平均分数越高，对应的数字化创新发展程度就越高，具体标准如表 3 所示。

表 3　数字化创新发展程度评价参考标准

单位：分

指标	平均分数	评价参考标准
数字化创新发展程度	0~1	无
	1~2	起步
	2~3	初级
	3~4	中级
	4~5	高级

（二）评价过程

1.样本选择

为了能够更好地反映陕西省制造企业数字化创新的发展现状，本报告选取了陕西省制造业代表性企业为样本，主要包括国家企业技术中心名单中属于陕西省制造企业（数据来源：国家发展改革委办公厅）、陕西省 100 强企业中的制造企业（其中以 2019 年的数据为准，数据来源：陕西省企业家协会）、陕西省企业技术中心中的制造企业（数据来源：陕西省工业与信息化厅）、陕西省工程技术中心中的制造企业（数据来源：陕西省科技厅）。最终选出 123 家制造企业，其中涉及 14 个制造业行业种类，分布于陕西省 7 个地市。

确定企业名单后，从企业官网上收集了企业的基本信息，包括企业地址、所属行业种类以及主营业务和主营产品。在收集企业主营产品信息时，遵循三项原则：一家企业的主营产品最多选取四种（一般企业经营产品种类丰富，但能表现其技术水平的主营产品种类较少且集中）；同一家企业的同系列主营产品仅选取一种代表产品做详细信息的收集；在少数企业官网主营产品信息介绍不全面的情况下，采取类比法，根据相似企业同类产品介绍确定。

2. 评分规则

为了保证评价打分结果的可信度和有效性，在评价打分过程中，严格遵循以下规则：第一条，打分者需要熟悉整个评价体系以及样本数据，尤其是级别特点描述；第二条，严格按照级别特点描述为产品打分，产品介绍必须符合级别的所有特征才能记相应分数（取符合的最高级别的分数）；第三条，所有主营产品得分的平均值（保留一位小数）记为该企业的数字化创新程度得分。

打分过程采取两人依据材料独立打分，在各自独立打分结束后，进行对比讨论，最后取得一致，形成最终的打分结果。表 4 显示了部分企业打分的结果。

表 4　企业数字化创新程度打分样例

单位：分

编号	公司名称	产品 1	产品 2	产品 3	产品 4	平均分
1	中国西电电气股份有限公司	2	2	—	—	2
2	陕西烽火通信集团有限公司	2	2	3	3	2.5
3	陕西法士特齿轮有限责任公司	2	2	1	—	1.7

（三）评价结果

通过对陕西省制造企业的主营产品进行打分，最终将样本企业所得分数汇总得到的平均分为 2.2 分，得出陕西省数字化创新发展尚处于初级阶段，具有区域发展不平衡、行业发展有差异的特点。

1. 陕西省制造业数字化创新尚处于初级阶段

虽然陕西省大部分的制造企业已经实现了产品结构的模块化，而对于数字技术与物理组件的结合即分层模块化的实现还是比较少的。由图 5 可知，仅仅有 3% 的制造企业处于数字化创新发展高级阶段，而 22% 的制造企业处于数字化创新起步阶段，这个结果与陕西省制造企业类型有很大的关系。相对于北上广深以及沿海城市，陕西省智能制造企业，例如智能家电、智能手机、电脑、智能机器人的规模化发展还很滞后，同时，由于自身资源丰富，传统制造企业，例如金属制品企业、黑色或有色金属锻造企业相对来说数量较多，因此处于 1~2 分的企业占到了大约 1/4。大部分制造企业的产品还处于模块化产品阶段和分层模块化产品阶段之间，这部分企业已经认识到数字

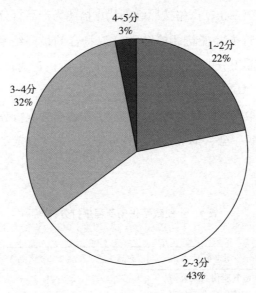

图 5　陕西省制造企业数字化创新评价分值分布

化创新或者说是智能制造的重要性，增加了自身的研发创新以及智能化生产的投入，但是对于产品的数字化创新的发展还需要持续投入时间与资金。

2. 区域数字化创新发展不平衡

如图6所示，在样本覆盖的陕西省的7个地市中，有4个市的数字化创新程度打分超过2分（包含2分），3个市的打分小于2分。其中西安市得分最高，这与西安市自身的资源和条件禀赋密不可分，近年来，西安市制造业总体规模不断扩大，创新能力逐步提升，把发展先进制造业作为工业发展的重点。但是目前西安市制造业的发展仍然面临产品附加值不高、增速不断下滑、效益始终不高和发展后劲不足的问题，亟须通过引入新的动能实现跨越式发展。宝鸡市的发展紧跟西安市，制造业的规模不断扩大、创新能力不断提升。铜川市和延安市两市的样本数量相对较少，发展较好。而汉中市、渭南市和咸阳市三市相对于西安市来说，制造业数字化创新程度还有一定的差距，制造企业多属于金属制品业和简单机械加工业，创新能力和数字技术的发展水平有待提升。

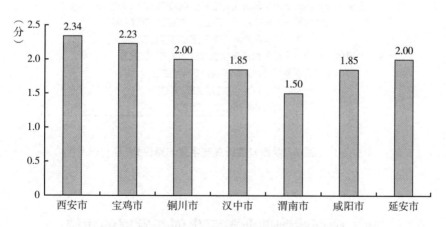

图6 陕西省各地市制造企业数字化创新评分

3. 行业数字化创新发展有差异

如图7所示，陕西省制造业不同行业的数字化创新程度差距相对来说比较大。金属制品业、黑色金属冶炼和压延加工业的数字化创新程度刚刚起

步，而仪器仪表制造业、汽车制造业的数字化创新发展还处于初级阶段。

行业之间数字化创新发展存在差异的最大原因在于不同行业的产品特性不同。例如，金属制品业、黑色金属冶炼和压延加工业以及其他的企业，它们对于产品功能的要求较低，在一定的时期内，产品在技术创新上的更新幅度小，数字化创新程度低。目前此类企业的数字化发展大多停留在生产设备的数字化、智能化上。仪器仪表制造业和汽车制造业等高新技术产业数字化创新程度相对较高，此类企业的产品基本上配置了联网功能，信息和数据整合后可以根据用户的需求显示，即功能层和内容层的发展比较迅速。同时，由于技术更新速度快，市场上竞争激烈，消费者对此类企业产品的要求更高，促使其不断提高自身产品的数字化创新程度，来提高其市场占有率和竞争能力。

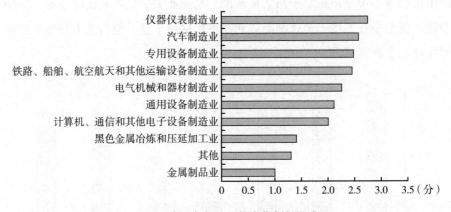

图7 陕西省各行业数字化创新评分

四 陕西省制造业数字化创新发展的建议

陕西省政府出台大量配套引导政策推动制造业进行数字化创新，目前这些政策还在实施期，效果有待评估，因此本报告主要从企业的角度提出陕西省制造业数字化创新发展的建议。

（一）制定数字化创新发展战略，加大数字化创新投入力度

数字技术的特点在于"开放性""分布式""灵活性""可对接性"，这与传统企业内部系统架构所要求的"隔离性""集中式""单一线性"等有很大的不同。因此随着数字化进程的不断推进，企业需要重新以万物互联的思维思考自身的发展战略，重新分析自身的内外部环境，设定与数字化社会相适应的发展战略、思路及目标，建立适应性组织结构，通过不断加大数字化创新投入，完成转型发展。

（二）充分挖掘数字技术潜力，以数字化产品为核心持续优化商业模式

企业产品的数字化带来的不仅是产品或服务本身的变化，而且意味着企业整体的商业模式要随之变革，以前的大规模批量生产模式要向大规模定制模式转变，以前的靠卖产品赚钱的模式要向卖服务的模式转变，以前的收费模式要向免费模式转变，等等。总之，企业要深刻认识到数字化创新给自身运营带来的深刻变革，从价值主张到价值创造，再到价值获取的各个环节都要进行重新设计，以全新的商业模式打造自身的竞争优势。

（三）加大数字人才培养力度，支撑企业数字化创新战略实施

为了更好更快地实施数字化创新战略，企业需要保证人才队伍满足发展的需要。企业需要结合自身数字化战略发展需要建立数字化创新的人才地图及能力模型，明确所需人才的结构及其能力要求，然后通过建立"数字学院"，建立自己的人才培养、评估、认证体系，逐步培养一支数字化的复合型人才队伍。

（四）实施开放合作策略，充分抓住数字化创新分层模块化异构设计带来的创新机会

产品数字化后所具有的分层模块化特点，使企业的创新可以发生在任何

一个层次的任何一个组件上，而且分层模块化后最终给消费者创造价值的一个产品和服务的"包"，一般来说，企业不可能设计完成这个"包"中的所有要素，所以企业要结合市场需求、自身能力以及自身在产品中的角色，做好创新的定位选择。明确了创新的定位后，企业就需要采取开放合作的态度，与其他企业共创"数字生态"，完成对消费者的价值提供。

五　结论

本报告从制造业数字化创新的概念出发，以企业产品创新的视角构建了制造企业数字化创新发展程度评价体系，系统地分析了陕西省制造企业数字化创新的发展现状，并为企业进行数字化创新提供了相关建议。但是对于制造企业来说，其在数字化创新过程中不仅需要关注产品，还需要关注企业的生产运作过程及管理流程。因此在未来的研究中，可以进一步从产品数字化创新、生产运作数字化创新及管理数字化创新多个方面出发，建立数字化创新的评价体系，以更全面地反映企业的数字化创新程度。

参考文献

谢卫红等：《数字化创新：内涵特征、价值创造与展望》，《外国经济与管理》2020年第 9 期。

余江等：《数字创新：创新研究新视角的探索及启示》，《科学学研究》2017 年第 7 期。

赵星、董晓松：《数字化革新战略实施路径与管理框架》，《软科学》2017 年第 1 期。

G. Adomavicius et al. , "Making Sense of Technology Trends in the Information Technology Landscape: A Design Science Approach," *MIS Quarterly* 2008 (32).

K. Ulrike, "The Role of Product Architecture in the Manufacturing Firm," *Research Policy* 1995 (24).

Lean, K. Ulrike, "Evolving the Modular Layered Architecture in Digital Innovation: The Case of the Car's Instrument Cluster," *Thirty Fourth International Conference on Information Systems* 2013.

L. S. Gao, B. Iyer, "Analyzing Complementarities Using Software Stacks for Software Industry Acquisitions," *Journal of Management Information Systems* 2006 (23).

M. A. Schilling, "Toward a General Modular Systems Theory and Its Application to Interfirm Product Modularity," *Academy of Management Review* 2000 (25).

R. Ciriello, "Digital Innovation," *Information Systems Research* 2018 (60).

D. E. Bailey, P. M. Leonardi, S. R. Barley, "The Lure of the Virtual," *Organization Science* 2012 (23).

R. G. Fichman, B. L. D. Santos, Z. Zheng, "Digital Innovation as a Fundamental and Powerful Concept in the Information Systems Curriculum," *MIS Quarterly* 2014 (38).

S. Nambisan, K. Lyytinen, "Digital Innovation Management: Reinventing Innovation Management Research in a Digital World," *MIS Quarterly* 2017 (41).

Y. Benkler, "The Wealth of Networks: How Social Production Transforms Markets and Freedom," *Journalism & Mass Communication Quarterly* 2009 (19).

Y. Yoo, K. Lyytinen, "Research Commentary: The New Organizing Logic of Digital Innovation: An Agenda for Information Systems Research," *Information Systems Research* 2010 (21).

B.14
浙江制造业数字化实践

王志强*

摘　要： 在面对第四次工业革命的机遇与挑战和中国制造业蓬勃发展的大背景下，浙江省基于自身的发展优势在"八八战略"的指引下从"浙江制造"迈向"浙江智造"，大力进行制造业数字化转型，取得了不错的成果。总的来说，全省以数字经济推进产业赋能，以发展智能制造为关键点，以数字化赋能为决胜点，凸显再造优势重塑制造产业格局，以数字化引领产业创新新范式。本报告梳理了浙江省制造业数字化典型案例，结合浙江省目前数字化实践的成果进行分析，得出的主要结论有：浙江省大力发展数字化制造，新智造群体不断壮大，数字经济核心产业增势强劲，产业数字化赋能增效。数字化转型为浙江省制造业的发展注入了磅礴的生命力，在转型发展过程中还需要正视和重视可能出现的问题，积极加以解决，加速数字化转型。

关键词： 制造业　数字化转型　数字化实践　浙江省

　　早在 2003 年，时任浙江省委书记的习近平同志就对建设数字浙江做出了重大的决策部署，其主要内容来源于当时的"八八战略"。在"八八战略"的指引下，浙江省加快传统制造业的改造提升，实施全面改造提升传

---

* 王志强，博士，中国兵工学会研究员，杭州电子科技大学副教授，硕士生导师，杭州电子科技大学智能制造专业系主任，主要研究方向为智能装备控制系统、新型液压元件及面向芯片制造的超洁净流动元件的设计与控制等。

统制造业行动计划，并于 2017 年提出实施数字经济"一号工程"，不断强化数字化转型在经济社会发展中的支撑作用。制造业在浙江省的经济中有着举足轻重的地位，是浙江省富民强省的根基，更是高质量发展、竞争力提升和现代化先行的战略重点，是共同富裕的产业基础。建设制造强省，是落实习近平总书记关于制造强国建设重要论述和决策部署的浙江担当。在国家的引领下，在省委、省政府的统一部署下，在各个部门的分工合作下，浙江省的数字化制造飞速发展，并取得了喜人的成果。

一　制造业数字化的基本概念

从总体上来看，制造业数字化就是对制造业的一种全面改革，通过数字的驱动与智能助力的研发、生产、运营，提高用户体验，从而改良经营模式。从生产的角度上来看，肖旭、戚聿东认为制造业数字化是以数字技术取代传统技术，从而实现整个生产制造过程的创新和优化；严聪蓉则从制造过程、生产工艺、管理过程等这些具体存在的环节角度来定义制造业数字化。从产业的角度上来看，马文秀和高周川认为制造业数字化转型就是数字支撑和驱动下的制造业全方位变革。

数字技术是一个通用概念，它还包括基于数字技术的一系列网络化和智能化技术。管理包括战略管理、组织变革、流程优化、人员能力提升、IT/OT 工具和系统的应用等。人员能力保障的前提是对人员的了解，尤其是企业的一把手、业务的一把手、部门的一把手，甚至是一线直接与客户接触的人员，他们的认知能力是否达到要求至关重要。

数字化转型的重心是技术，但对业务的管理也至关重要。也就是说，制造业数字化是以数字化技术的支撑为前提，但并不仅仅是数字化技术本身，制造业数字化本质上是制造业务的转型，此外业务转型必须以每个企业自身的战略为主导，以每个企业自身的客户需求为指引，以组织变革、流程优化为最终的保障，通过企业传承的文化和当前市场环境机遇来达成。

二 浙江省制造业数字化的历程

浙江省的各地市，在推动制造业发展的同时，十分重视数字化改造，将"浙江制造"发展为"浙江智造"，不同地市立足自身，以智能制造、"两化"融合、产业数字化等为抓手，有力地推动了传统制造业改造提升。2017年，浙江省委、省政府在全国范围内率先全面启动传统制造业改造提升工作，吹响了浙江省传统制造业转型升级的"冲锋号"。近年来，浙江省的各地市按照省政府"富民强省十大行动计划"的部署，逐步建设优化"四大体系"，全面推动"五大转型"，在推进传统制造业优化升级和高质量发展方面取得了积极成效，总体上取得了巨大的成效。

（一）全省以数字经济推进产业赋能

浙江省的传统制造业转型升级的重要任务之一，就是聚焦产业赋能，积极推进实施数字经济"一号工程"。从这一点看，浙江省重点做了三件事。首先是加速推进"十百千万"智能化改造。通过推进发展实体经济，出台专项激励政策，2017~2019年底浙江省传统制造业领域实施重点技改项目累计共6000项、总投资共1931亿元。其次是大力推进打造大型工业互联网平台。浙江省作为全国首个建立"1+N"工业互联网平台体系和行业联盟的省份，截至2019年底，已培育100多个各级平台，主要包括区域级、行业级、企业级平台，其中接入工业设备约20万台（套），无论是平台数量还是服务能力都领先全国。最后是加速推进新业态、新模式的培育和成长。截至2019年底，浙江省已累计培育服务型制造业示范企业147家，上云企业达到32.5万家；建设121个"无人车间""无人工厂"，130个骨干数字企业，127个数字化重大项目，100个数字化园区。2018年，数字经济增加值同比增长19.3%，占GDP比重更是高出全国6.7个百分点，全省产业数字化指数位居全国第一。此外，通过积极鼓励企业技术创新，浙江省传统制造业领域建成省级以上企业技术中心809家，建成产业创新服务综合体51个。

2021 年，浙江省启用全国首个服务型制造研究院，实施规模以上工业企业数字化技术改造行动，应用工业机器人累计有 13.4 万台；初步建成 "1+N" 工业互联网平台体系，共培育省级工业互联网平台 285 个，深度上云用云企业 45 万家，"产业数字化" 指数位居全国第一。

（二）以发展智能制造为关键点

综观整个浙江省，其民营经济十分发达，但在各个企业的发展历程中，常常会有很难的抉择：如何发展智能制造。各个中小型企业亟须进行智能化、数字化转型，这不仅需要国家政府的政策支持，还需要资金和技术支持，生产方式的全方位变革，而且随着数字化转型的深入，还必须时刻解决转型过程中的需求、功能、质量、成本之间的平衡问题。

为了推进智能制造业的发展，全国各部门出台了一系列政策。早在 2015 年初，工业和信息化部就启动了 "智能制造试点示范专项行动"，浙江省更是积极带头组建智能制造示范项目，2015 年至今，浙江省已累计实施国家智能制造试点示范和新模式应用项目 61 个，打造省级数字化车间和智能工厂 263 家。此外，智能制造产业链比较长，涉及的领域很多，因而在大力发展智能制造的同时，更加需要统筹协调各个方面的支持，也需要各个大型企业和中小型企业联合创新，大型企业需要建立信息化服务平台以便各中小型企业可以得到技术上的支撑，中小型企业也可以坚持聚焦主业，以质制胜，逐渐形成一批高品质、高效率的配套企业。大中小型企业协同推进智能制造的发展，形成上下联动、互利共赢的局面。

发展智能制造需要多个方面的支持，如资金、环境、技术、政策等，浙江省这些年对其智能制造不仅给予了以上支持，还推动了中小型企业与大型企业的合作创新，不仅加快了制造业转型的速度，还大大提升了新型智能制造业的效益，对其发展具有十分重要的意义。

（三）以数字化赋能为决胜点

以浙江省杭州市为例，杭州市坚定不移地以成为中国数字经济第一城为

目标，全力推进实施"一号工程"，在推进实施"工厂互联网""机器换人""企业上云"等一系列数字化制造专项行动的基础上，加大实施数字化制造"百千万"工程的力度，所谓的"百千万"工程就是一百个以智能制造为方向的攻关项目、一千个以工厂物联网为方向的推广项目、一万个基于"云端服务"的普及项目和数字工程服务产业培育工程，与此同时，加快人工智能、工业云、工业大数据等最新信息技术与传统制造业的结合，以实现产量质量双提升。

回顾2021年，全市数字经济核心产业增加值达4905亿元，同比增长11.5%，两年平均增长12.4%；数字经济核心产业增加值占GDP的27.1%，较上年提高0.5个百分点。电子信息产品制造产业、物联网产业、人工智能产业增加值分别增长16.2%、12.1%、26.9%，均大幅高于GDP增速。文化产业积蓄势能，实现增加值2586亿元，同比增长8.7%。

2022年上半年，杭州全市规模以上工业增加值2157亿元，同比增长5.0%，增速高于全国1.6个百分点。2022年5月以来规模以上工业增加值增速由4月的负增长恢复至正增长，6月增长0.8%。战略性新兴产业增加值增长12.6%、数字经济核心产业增加值增长12.9%，增速分别高于规模以上工业7.6个百分点、7.9个百分点。从重点行业来看，医药制造业增加值同比增长43.3%；计算机通信和其他电子设备制造业增加值同比增长11.0%。由此可见，数字化赋能将带领制造业走出一条更有未来的道路。

（四）凸显再造优势重塑制造产业格局

在国家布局的7个世界级石化基地之一的镇海炼化产业园是中国当前最大的炼化一体化基地。宁波市以镇海炼化为首，发展先进技术、资源节约、强竞争力的石化产业链，成为世界级别的绿色石化产业群。目前浙江省成为世界级智能制造业的核心层，得益于4个世界级先进制造业的崛起：高端装备产业集群突破2万亿元；新一代信息技术产业集群规模达万亿元；现代消费与健康产业集群规模突破万亿元；绿色石化与新材料集群跻身世界前列。

为了凸显产业集群和块状经济这个当前最大的优势与特点，浙江省政府大力推行培育先进制造业集群行动计划，推动建立完整的产业集群，并积极提升产业知名度和产业综合实力，聚焦"三大科创高地"，提升建立世界级先进产业集群的速度。2021 年浙江省新增规模以上工业企业 7796 家、世界五百强企业 3 家、"雄鹰"企业 102 家，此外浙江省"小巨人"企业数量高达 470 家，位居全国第一。

要想产业集群承受市场环境变化的能力强，就必须加强对企业产业链的建设。浙江省就是通过推行制造业产业基础再造和产业链提升工程，在加强产业链建设的同时，实施后续的补链和延链措施，优先打造了集成电路、数字安防等许多重点产业链。另外，产业集群要想快速升级，高能级平台是优先之选。浙江省最先对智能制造业进行空间布局，以较高的起点建设了 7 个省级新区，有杭州钱塘、绍兴滨海、金华金义等，还建设了 20 个"万亩千亿"新产业平台，为浙江省未来的发展提前布局。截至 2021 年底，在国家先进制造业产业集群重点培育名单中就有 7 个产业集群来自浙江省。

（五）以数字化引领产业创新新范式

数字与信息时代的到来使得一些类似于人工智能的数字技术成为引领企业创新的新动能，依靠信息化、科技化带来的强大"算力"，大大缩短了新产品研发的周期，显著提高了产品的研发效率，从而大大增强了竞争力。此外，数字技术同样可以在其他领域中发挥极大的作用，比如，数字技术可以与材料科学交叉融合创新，带动材料科学的新发展、新突破，从而带动智能机器人、3D 打印、智能网联汽车等行业的新发展，成为智能制造发展的新动能。目前，在浙江省的创新领域中，数字技术得天独厚、绽放异彩，推动浙江省取得了如云原生服务器"磐久"、阿里巴巴的云芯片"倚天 710"、之江实验室 800 G 超高速光收发芯片和引擎技术等高技术领域的创新成果。未来，浙江省将牢牢把握科学研究范式变革的新机遇，逐渐构建通过数字科技驱动制造业不断创新的新模式。首先要做的就是将发展数字科技提升至首位，只有优先发展数字科技才能更好地发挥数字创新的作用，大力支持将西湖实验室和之江实验室建成国内一流实验室，重点建设大数字科技基础设施、制造业创新

中心和新型研发机构等创新设施与机构，为数字化引领创新开辟一条康庄大道。其次要在注意数字化引领制造不断创新并高速发展的同时，注重发展的平衡性，也要将数字化创新应用到清洁能源、生物科技、医疗技术等重要领域，做到以制造为主全方位发展。

三　浙江省制造业数字化典型案例

（一）蒲惠智造

在"制造"与"数字"的双重作用下，浙江省出现了许多优秀的制造业数字化服务商，而蒲惠智造作为中小型企业，更是在其中大放异彩。特别是在新型基础设施建设日趋成熟的当下，各式各样的新技术大大加快了制造业数字化进程，而许多企业的转型首选的是操作简单、见效速度快的工业软件。蒲惠智造依靠浙江"云"技术的突出优点，重点发掘产业互联网背后的潜力，从而创新性研发出全栈式工业云化 SaaS 软件，为蒲惠智造制造业数字化的快速发展扫清了障碍。

依靠"用得起、见效快、全流程"的产品优点，蒲惠智造工业软件广泛且深度应用于制冷、五金、阀门等 50 多个细分行业。有"中国泵阀之乡"之称的浙江省嘉兴，原先因为行业的特性，数字化转型出现了一系列问题，但这些问题随着蒲惠智造的加入逐一破解。在这之前，因为产品的定制化程度高、规格属性多等，泵阀企业很难跨入数字化制造的大门，对于泵阀行业的特殊之处蒲惠智造单独为其定制开发了需求功能，刚开始投入，就有 200 家泵阀企业开始实施数字化制造全覆盖。

得益于蒲惠智造的服务，永嘉泵阀业出现了全新的面貌。据浙江省人民政府咨询委员会学术委员会副主任刘亭在当地的调研，完成数字化改造的泵阀企业产品准交率普遍提升至 95% 左右，常用件库存成本平均降低 30 万元，人均劳动生产率提高 10~15 个百分点，显著提升了永嘉泵阀的行业竞争力。经过大量服务实践的累积，蒲惠智造探索出了一套符合离散制造实际，尤其适合中小型企业的上云操作执行规范。上年，工业和信息化部批复立项，确定由蒲惠智造牵头，联合国家工业信息安全发展研究中心、工业和信息化部中小企业发展促进中心、浙江省标准化研究院、浙江大学等在两化融合管理、标准化建设领域具有话语权的科研院所，共同研制行业标准，以此填补国内产业云化管理标准体系空白。

（二）浙江省天能电池集团

蓄电池行业的上下游小型企业分布广，中小型企业达80%以上，大型企业与下游小型企业相互合作的深度不够，各自的数字系统各自为政，很难实现资源的最优配置，而且各个企业的数据互联互通过程十分烦琐，设备的自动化率高低不齐，智能制造水平普遍不高。天能电池集团作为国内新能源电池行业的龙头，针对以上情况，开始以数字化创新中心为承载实体，重点关注整个电池产业的上下游企业商以及企业内部的采购、研发、制造、销售、售后、回收等一系列流程，制定全生命周期的概念，全面推行产业链的高效管理，从而改善发展模式。依托电池全生命周期的服务平台来达成产业链的深度融合，建立电池产业的生态系统，来实现资源利用的最大化，最终提高产业链的整体效率，实现企业的智能化、数字化转型升级。

天能电池集团的全生命周期工业互联网平台以生产数字化为目标，重点关注电池生产工艺流程，在集成开发和可控核心智能制造装备的基础上，广泛应用数字化电池生产装备，实现了电池生产的智能化、自动化和连续化，通过应用网络技术和生产的信息化技术，建立了面向订单的智能化生产模式，逐渐形成了数字化车间体系。

依托工业互联网，在电池产业链各个环节的数字化转型升级，与管理信息化全面互通，实现了物联数据和平台价值利用的最大化。天能电池集团数字化制造取得了如下不错的成果。

第一，生产速度大幅提升：产品的平均生产周期由原先的25~30天缩短至15~18天；产品的准时交付率由75%提升至95%。

第二，生产成本下降：产品的单位生产成本降低10%~15%。

制造业蓝皮书

第三，经济效益增加：每年可新增营业收入 10 亿元，利税 1.5 亿元的直接经济效益。

天能电池集团的数字化实践，充分展现了企业内网集成数字化创新的较强活力。它实现了大数据与工业机理模型和微服务组件等相关技术的相互融合，从而优化了产品的研发设计、增强了电池产业链的相互协同、提高了生产制造远程运维的质量，极大地提高了整个电池产业链的效率。

（三）浙江省舜云互联技术有限公司

2021 年 2 月 18 日，在浙江省召开的数字化改革大会，对全省企业发出了全面推进数字化改革的动员令。在短短的一年时间内，浙江省共谋划创设数字化改革重大应用 127 个。舜云互联技术有限公司的"产业大脑+未来工厂"作为工业互联网领域的重点应用就这样诞生了。

舜云互联技术有限公司主要承担运营的"电机产业大脑"，自 2021 年 8 月上线以来，已经接入了智能工厂 3 家，接入了变压器、电极等智能设施 1800 多台，服务的企业有 700 多家，涉及全国 29 个省份、10 个行业，此外，还大大减少了因故障而停机的时间，极大地提高了生产效率。舜云互联技术有限公司的"电机产业大脑"依托于电机及驱动控制系统产业，将大数据、物联网、云计算等最新的数字技术与制造技术相互融合，在"I+I+X"体系架构内，形成了一个横跨行业、企业和领域的子场景，从而更好地促进了各个企业之间的信息与资源的共享以及业务的合作，实现了政府数据、产业数据、企业数据的共享，使资源的利用达到最大化，从而大大提高了电机全产业链生产效率。

"电机产业大脑"除了为企业降低生产成本、提高生产效率以及提高利润率，还在供应链金融方面，累计为 351 家企业授信 18.36 亿元，提供融资 7.76 亿元。在工业和信息化部公示的 2021 年工业互联网试点示范项目名单中，由舜云互联技术有限公司提供支持的"基于工业互联网的电机行业供应链协同智能大脑解决方案"成功入选，成为全国为数不多的"工业互联网平台+供应链"协同解决方案试点示范成员之一。

未来，由舜云互联技术有限公司主导的"电机产业大脑"将逐渐接入全球重要电机产业链企业，力争发展成面向世界的、连接全球产业链上下游企业的"电机产业大脑"，从而为电机及驱控产业贡献一个世界级平台，成为产业互联网领跑者。

（四）浙江省海亮集团有限公司

海亮集团有限公司的数字化实践之路开始于 2015 年，作为全球铜加工的龙头企业，海亮集团有限公司一直在往数字化的方向发展，早在 2013 年海亮集团有限公司就被浙江省认定为第一批两化融合管理体系贯标试点企业之一，从此踏上数字化实践之路。

2018 年，海亮集团有限公司开始计划建立数字化智能车间，2019 年 2 月，第一个智能车间顺利投产。当前，车间设备的工作情况、生产进度、生产过程中的信息数据等都能在后台的系统终端实时显示，此外还能通过中控系统安排生产计划、下达工单等。人工减少 75%、效率提升 300%、生产成本下降 40%、年成本节约 800 万元。这一个个数据，就是海亮集团有限公司数字化转型的"成绩单"。

企业犹如一辆高速行驶的动车，数字化就是让每一节车厢都具有源动力。多年间，海亮集团有限公司铜管产品中国市场占有率达到 30%。过去 10 年公司铜材销量增长了 4 倍，营业收入和利润 CAGR 达到 20%，是行业内少见的多年保证业绩稳定增长的传统制造业，其母公司更是长期居世界 500 强之列。

四　总结与展望

在浙江省乃至整个中国的制造业发展形势和政策较好的条件下，目前浙江省传统制造业的数字化转型已经得到质的改变，为中国制造业的数字化转型和制造业信息化的建设打下了坚实的基础。在"3386"工程实施之后，浙江省逐渐涌现出一批集群化的数字企业，逐渐形成一批新业态、新模式。

虽然浙江省在制造业数字化实践的发展中表现十分突出，但在数字化转型的过程中仍然出现了许多问题。首先就是大部分企业尤其是小型企业对制造业数字化的认知不够，概念含糊不清，有些企业甚至认为数字化就是单纯的 ERP 和 MES 系统集成，除了对概念认知的局限，还有不少企业对制造业的数字化转型不积极、不主动。其次就是部分企业在数字化转型的过程中经常会走入一些误区，主要有四个方面：第一，简单地以为只要引进了足够先进的数字化设备就能坐享其成；第二，只是简单地将别人的数据搬过来，并未参照自身情况对其进行改进，使其更加符合自己的发展条件；第三，把转型的主要任务压在部分人的身上，而不是整个企业共同努力加速转型；第四，过分注重经济利益而忽视了数字化与战略目标、经营模式转型的融合。对于诸如以上的一些常见问题，在转型发展的过程中很难避免，要正视和重视这些转型中的问题，并积极加以解决，否则将减缓数字化转型，甚至转型失败。

未来几年，浙江省将继续坚持"十四五"规划，忠实践行"八八战略"，坚持以数字化改革引领质量变革、效率变革、动力变革，加快建设全球先进制造业基地，为制造强国增添一份力，积极为高质量发展建设共同富裕示范区做贡献。到 2025 年，浙江省的制造业比重基本保持不变，发展生态更具活力，制造业的高端化、数字化发展处于全国领先地位，重点标志性产业链韧性、根植性和国际竞争力持续增强，逐渐形成一批世界级的领军企业和知名品牌，全球先进制造业基地建设取得重大进展。

参考文献

《浙江省人民政府关于印发浙江省全球先进制造业基地建设"十四五"规划的通知》，《浙江省人民政府公报》2021 年第 25 期。

拱宸：《数字经济赋能"浙"样干——浙江各地传统制造业数字化改造提升做法汇总》，《信息化建设》2019 年第 12 期。

胡胜蓉、陈悦、尹晓红：《以数字变革引领产业变革》，《经贸实践》2022 年第 3 期。

经信：《"一核两链四支撑"提升制造业数字化水平——浙江"1+N"工业互联网平台体系建设发展情况》，《信息化建设》2020 年第 3 期。

马文秀、高周川：《日本制造业数字化转型发展战略》，《现代日本经济》2021 年第 1 期。

王国宁：《中国制造业数字化转型研究——基于文献综述视角》，《海峡科技与产业》2022 年第 6 期。

肖旭、戚聿东：《产业数字化转型的价值维度与理论逻辑》，《改革》2019 年第 8 期。

许旭、钱韵涵：《天能：升级"主航道" 拓展"新赛道"》，《湖州日报》2022 年 9 月 15 日。

严聪蓉：《制造业数字化转型发展的行动者网络建构与运行机制研究》，硕士学位论文，西安电子科技大学，2020。

杨晨：《浙江舜云互联技术有限公司"数字大脑"引领新"智造"》，《今日浙江》2022 年第 8 期。

叶慧：《书写制造业现代化的高分报表——浙江深入推进制造强省建设综述》，《今日浙江》2022 年第 8 期。

张孟洋：《数字经济发展的路径与政策选择——以浙江省为例》，《甘肃理论学刊》2020 年第 5 期。

张银南、罗朝盛：《浙江省智能制造产业发展调研和分析》，《科技和产业》2019 年第 3 期。

朱婷、张路遥：《十四五"新发展格局下浙江省制造业数字化转型路径研究》，《乡镇企业导报》2022 年第 1 期。

邹建锋：《蒲惠智造：领衔标准制定填补国内又一空白》，《中国经济时报》2021 年 7 月 30 日。

Abstract

The *Annual Report on China's Manufacturing Industry Digital Innovation 2023* induces, summarizes, and sorts out the characteristics and trends of digital innovation in China's manufacturing industry in 2022. It also summarizes the development status and relevant experiences of important industries and hot topics such as automobile manufacturing and home appliance manufacturing, and discusses the development hotspots, core features, and future trends of digital innovation in China's manufacturing industry, providing reference for promoting the sustainable development of China's manufacturing industry. This report is divided into four parts: general report, thematic report, industry report, and regional report.

Based on the innovation value chain theory and relevant literature, the general report constructs an evaluation system for the digital innovation capability of manufacturing enterprises. Using the data of listed manufacturing enterprises in China, the entropy method and the Moran index are used to measure the digital innovation capability of the manufacturing industry and study the spatial correlation of capabilities. The research results show that in terms of digital innovation capabilities, Skyworth Digital, Huagong Technology, and Tiandi Technology rank among the top three by company ranking; According to industry rankings, the computer, communication, and other electronic equipment manufacturing industry leads other industries. In terms of spatial correlation of capabilities, manufacturing enterprises in various provinces and cities in China exhibit a relatively common phenomenon of "high high agglomeration" and "low low agglomeration". This report provides theoretical basis and reference value for measuring the digital innovation capability of manufacturing enterprises, and provides relevant suggestions for better driving digital innovation in manufacturing enterprises.

In the industry section, important industries such as electronic information, automobile manufacturing, new energy, home appliance industry, and intelligent manufacturing were selected. Through primary or secondary data collection and field interviews, the industry agglomeration trend, development characteristics, typical cases of digital innovation, and successful experiences were introduced.

The special topic introduces hot topics such as key digital technologies in the manufacturing industry, digital taxes in the manufacturing industry, and value co creation of industrial Internet platforms. Through patent analysis, the phased characteristics, geographical and industry distribution characteristics of key digital technologies in the manufacturing industry were studied. Through comparative analysis at home and abroad, this article introduces the progress of global digital tax, and analyzes the impact on corporate tax payment and market barriers in China. Through field research on industrial internet platforms, the participants, resources, and paths of value co-creation were sorted out.

The regional section selects key regions of China's manufacturing industry and analyzes the characteristics and important trends of its digital manufacturing development. This article introduces the experience and trend of digital innovation in Guang-Fo-Zhao and Shen-Guan-Hui, and evaluates the digitization process in Shaanxi and Zhejiang provinces.

Keywords: Manufacturing Industry; Digital Innovation; Digital Transformation; Industrial Internet

Contents

I General Report

Abstract: It has become the only way for manufacturing enterprises to enhance their competitiveness by empowering enterprises with digital innovation through emerging digital technologies such as big data, cloud computing, internet of things, blockchain and artificial intelligence. Scientific measurement of the digital innovation level of manufacturing enterprises is the basis of the subsequent theoretical research, but also the necessary requirement of the digital development of manufacturing enterprises. Based on the theory of innovation value chain, this report constructs an evaluation system for the digital innovation level of manufacturing enterprises. Using the data of listed manufacturing enterprises in China, entropy method and Moran, I are used to measure the digital innovation level of manufacturing enterprises and study the spatial correlation. The results show that: computer, communications and other electronic equipment manufacturing leads other industries by industry ranking; in terms of the ranking of provinces and cities, Beijing, Guangdong and Shanghai are ahead of other provinces and cities; in terms of spatial correlation, the test results of the global Moran's I show that the digital innovation level of manufacturing in Chinese provinces and cities is significantly positively correlated from 2016 to 2020, but not in 2021. The results of local Moran , I test show that, among the manufacturing digital innovation levels of Chinese provinces and cities, Beijing, Tianjin and Guangdong present high-high agglomeration; Jiangxi province presents low-high agglomeration; Inner Mongolia, Xinjiang, Yunnan and Tibet showed low-low agglomeration. Heilongjiang and Sichuan provinces showed high-low agglomeration. This report provides theoretical basis and reference value for measuring the digital innovation level of manufacturing enterprises, and provides relevant enlightenment for better driving the digital innovation of manufacturing enterprises. Based on the research results, this report puts forward the following policy recommendations: strengthening the digitization of innovation factors and building a digital innovation ecosystem; strengthen the development and application of digital technology; we will give full play to the radiating effect of advantageous regions and improve the spatial balance of regional digital innovation.

Keywords: Digital Innovation Capability; Manufacturing Enterprise; Innovation Value Chain; The Entropy Method; Moran's I

Ⅱ Industrial Reports

B.2 Research Report on the New Generation of Electronic

Information Industry (2023)

Wang Ruyu, Zhuo Zeliang, Chen Zhenjing,

Hu Qiang and Tan Minshan / 050

Abstract: This report first describes the scope of the concept of the new generation of electronic information industry, and analyzes the industrial agglomeration of the new generation of electronic information industry and major regions in China. Secondly, it analyzes the virtual agglomeration situation of the new generation of electronic information industry, explains the mechanism of the transformation of the industry from the traditional geographical spatial agglomeration

mode to the network virtual agglomeration with the real-time exchange of data and information as the core, and the typical virtual agglomeration mode of the new generation of electronic information industry: the virtual agglomeration of the supply chain with the production link around the core factory. The consumption link focuses on the virtual agglomeration of e-commerce platforms to meet the fragmented and personalized consumption needs, and the virtual agglomeration of industries around standards and industry alliances. This report also surveys and analyzes the current situation, advantages and problems of the new generation of electronic information industry in Guangdong province. In view of the main problems existing in the new generation of electronic information industry in Guangdong province: the "bottleneck" problem is still prominent, the industrial development between cities is extremely unbalanced, and the investment has not been effectively utilized, the corresponding policy recommendations are put forward, mainly including: enhancing innovation ability, improving the quality of scientific research investment, cultivating virtual industrial clusters, and promoting cross-regional coordinated development.

Keywords: Electronic Information; Industry Cluster; Virtual Cluster

B. 3　Trends of Digital Innovation in Automotive Industry

　　Clusters（2023）

Wang Yongjian, Zhuo Debin, He Yu and Peng Fei / 073

Abstract: Digital innovation is a major trend in the development of the automotive industry, and it also provides windows of opportunity for the development of the automotive industry to catch up with advanced countries. This paper presents a detailed analysis of the three types of windows of opportunity such as technological, demand and institutional one, which brought by digital innovation to the development of automotive industry, and reviews the current situation of digital innovation in automotive industry in terms of products, R&D and production. And then, the future trend of digital innovation in automotive industry is proposed at three levels: product, enterprise and industry, with a view to providing directional guidance for the high-quality development of automotive industry.

Keywords: Automotive Industry Cluster; Digital Innovation; High-quality Development

B.4 How can China Achieve Self-innovation and Breakthroughs in the Semiconductor Industry (2023) *Li Li / 086*

Abstract: Semiconductors are the cornerstone technology of the information age. They are basic and leading industries that are essential to national security and high-quality development of the national economy. China's semiconductor industry faces major difficulties and challenges, such as poor self-sufficiency, under-developed ecosystems and the US "blockade". This study therefore aims to give a profile of worldwide semiconductor industries, and analyze the current situation, problems and challenges faced by China's semiconductor industry, and forward corresponding policy suggestions, including strengthening top-level design, accelerating the breakthrough of key core technologies, constructing the digital innovation ecosystems, and promoting the cultivation of talents.

Keywords: Semiconductor Industry; Leading Industry; High-quality Development

B.5 Research on Digital Development of New Energy Industry (2023) *Liang Yongfu / 100*

Abstract: At present, the digital economy is booming and has become an important driving force for the high-quality development of new energy industry. Based on the analysis of the current situation of China's new energy industry and its

digital transformation needs, this paper comprehensively compares the core aspects of digital transformation in various fields of the new energy industry, and deeply studies the difficulties and pain points of digital transformation of new energy enterprises with relevant digital transformation cases. Digital technology is promoting the transformation and upgrading of new energy enterprises through virtual power plants, industry chain collaboration, etc. It is suggested that relevant departments should increase support for key areas of digital transformation in new energy industry and guide the head enterprises to take the lead in the transformation.

Keywords: New Energy Industry; Digital Transformation; Digital Technology

B.6 Intelligent Manufacturing Business Model Development Report (2023) *Li Zhongshun* / 123

Abstract: This paper finds that the business model of intelligent manufacturing is a kind of digital business model. According to the viewpoint of adaptive structuration theory, the key factors influencing the formation of intelligent manufacturing business model are comprehensively sorted out and refined, including the following six factors: digital infrastructure, digital orientation, heterogeneity of senior management team, servitization, government support and customer demand uncertainty. FsQCA method is used to conduct in-depth analysis of the antecedent configuration of intelligent manufacturing business model from the overall perspective, and further summarizes the types of intelligent manufacturing business model with the advantage of experience classification of this method. The research deepens the understanding of intelligent manufacturing business model and puts forward the measures which are helpful to the design of intelligent manufacturing business model.

Keywords: Intelligent Manufacturing; Manufacturing Industry; Manufacturing Business Model

B . 7 Research Report on the Development of Industrial Internet in
China's Home Appliance Industry (2023) *Deng Xiaofeng* / 138

Abstract: In the context of the rapid development of the industrial Internet,
enabling the innovation and development of the real economy with the industrial
Internet is an important focus to achieve high-quality economic development. Based
on the data of listed companies in China's home appliance industry from 2012 to
2021, this paper uses text analysis to build an index that more comprehensively
reflects the industrial Internet development index of listed companies, and
systematically examines the influencing factors encountered in the development of
the industrial Internet in the home appliance industry and its effect analysis from
such aspects as region, industry, scale, technological innovation, capital structure,
and organic composition of capital. This research report is helpful to reveal the
overall process of the development of the industrial Internet of Chinese home
appliance enterprises, and provides important enlightenment for the government
and enterprises on how to develop industrial Internet related technologies to enable
intelligent manufacturing and promote the high-quality development of the home
appliance industry.

Keywords: Industrial Internet; Household Appliances; Intelligent Manufacturing

Ⅲ Special Reports

B . 8 Digital Technology Analysis of Private Manufacturing Enterprises
—*Based on Patent Data* *Zhao Fang, Peng Bo* / 159

Abstract: Digital technology is becoming a new driving force and new
engine for the development of the world economy, promoting the division of labor
in the global value chain to take on a new development pattern in the three
dimensions of industry, space and rules. This paper makes a statistical analysis of
the application of digital technology in private manufacturing enterprises by using

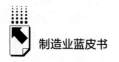

patent documents, summarizes the overall development trend and geographical/ industrial distribution characteristics of digital technology in this field, and realizes a more detailed and accurate selection of key digital technology directions through the detailed description of patent documents. On this basis, the status quo of key digital technologies is analyzed from the perspective of industry, region and subject by using bibliographic information as an example. The research finds that the development trend of digital technology in private manufacturing enterprises presents three stages, namely, slow development period, fluctuating medium and high speed development period, and uncertain period; It is concentrated or unbalanced in both regions and industries; Its key digital technologies are distributed in seven categories of national economic industries in three steps. This study will provide reference for relevant decision makers and colleagues.

Keywords: Digital Technology; Manufacturing Industry; Private Enterprises; Patent Data

B.9 Global Tax Reform Situation and Impact on Manufacturing Enterprises under the Digital Economy　　　*Zhang Shucui* / 183

Abstract: The digital economy puts forward new requirements for international tax rules, and various international organizations and economies are carrying out tax reforms related to the digital economy. In order to achieve the purpose of taxing businesses related to the digital economy, many countries generally adopt unilateral digital service tax measures, set up new taxes and implement value-added tax or consumption tax. The OECD "dual pillar" international tax reform framework may become the final solution to the global digital economy tax problem. The global tax reform may compress the profit space of manufacturing enterprises, especially for large head manufacturing enterprises, which will also change the global profit distribution pattern of manufacturing enterprises. The impact of the global tax reform on China's manufacturing enterprises can be controlled as a whole, or increase the tax costs and market barriers of China's cross-border manufacturing enterprises. In view of the global tax system reform, this study suggests that China should take effective measures: first, comply with the global tax reform trend, select the opportunity to improve the tax system related to the digital economy business; second, scientifically and reasonably study and judge the focus of taxation in the digital economy, focusing on the avoidance of double taxation and other issues; third, continue to promote the reform of value-added tax and enterprise income tax, and improve the efficiency of tax collection and management.

Keywords: Digital Economy; Tax Reform; Manufacturing Enterprises

B.10 Value Co-creation Path of Industrial Internet Platform

Luo Jianbin, Guo Haizhen / 197

Abstract: Industrial Internet platform is an important starting point for the traditional manufacturing industry to achieve digital transformation and upgrading, and has become the focus of a new round of industrial competition. However, the high threshold of industrial Internet platform application and the complexity of application scenarios make it different from consumer Internet platform in value co-creation. Considering the particularity of the industrial Internet platform application industry, through the field survey of the industrial Internet platform enterprises and platform users, combined with the literature research method, the theoretical analysis is carried out on the participants, resources and process of value co-creation of the industrial Internet platform, this paper constructs the value co-creation path of the industrial Internet platform based on institutional trust, ability trust and income. It refines five core elements: driving factors, value proposition, value creation, value acquisition and guarantee mechanism, in order to provide theoretical reference for the development of industrial Internet platform.

Keywords: Industrial Internet Platform; Value Co-creation; Manufacturing Industry Mechanism

制造业蓝皮书

Ⅳ　Regional Reports

B.11　Digitalization Practice of Guang-Fo-Zhao Industrial Park

Pi Yabin / 213

Abstract: The digital and intelligent transformation of industrial parks is the general trend, but it also faces a series of challenges in the process of transformation. Based on the analysis of the basic concept of industrial parks, this paper analyzes the basic situation of digital practice in Guangzhou, Foshan and Zhaoqing industrial parks. The industrial parks in Guangzhou, Foshan and Zhaoqing have carried out beneficial exploration in three aspects: digital transformation of industrial park governance mode, digital transformation of enterprises, and joint construction of digital transformation ecology by industry university research cooperation. Finally, the idea of further promoting the digital transformation of industrial parks is proposed.

Keywords: Industrial Park; Digital Transformation; Digital Transformation Ecology

B.12　Digitization Practice in Shenzhen-Dongguan-Huizhou

Industrial Park　　　　　　　　　　　*Liu Yan* / 227

Abstract: Shenzhen, Dongguan and Huizhou are geographically close to each other and have close economic ties. In recent years, the Shenzhen-Dongguan-Huizhou economic circle jointly created by the three cities, relying on the sound development foundation of industrial manufacturing and focusing on the digital construction of the park, constantly explores the development path of digital economy, and vigorously drives the digital transformation of the production mode, internal coordination mode and management mode of the manufacturing enterprises in the park. By analyzing the economic development status of three urban parks within the Shenzhen-Dongguan-Huizhou economic circle and the practical cases of digital development, the experience of digital enabling high-quality digital development of Shenzhen-Dongguan-Huizhou economic circle parks can be summarized. In order to further promote the digital development of the park, the top-level design of the digital development of the park can be further improved. Focusing on leading enterprises, to create a benchmark for digital transformation of the park. Based on small and medium-sized manufacturing enterprises in the park, explore diversified digital transformation paths. It's necessary to vigorously promote cluster digital transformation, and improve the digital construction and service of the park. Digital construction and services in parks should be improved.

Keywords: Shenzhen-Dongguan-Huizhou; Industrial Park; Digitization; Shenzhen-Dongguan-Huizhou Economic Circle

B.13 The Evaluation on Digital Innovation of Manufacturing Industry in Shaanxi Province

Shi Huibin, Zhang Weihong and Li Liyuan / 240

Abstract: At present, Shaanxi Province focuses on building six industrial clusters of high-end equipment, electronic information, automobile, modern chemical industry, medicine and new materials to accelerate the transformation and upgrading of manufacturing industry. Based on the analysis of the development status of manufacturing industry in Shaanxi Province, starting from the concept of digital innovation in manufacturing industry, combined with the hierarchical modular theory of digital innovation, this paper proposes five levels of digital innovation development of manufacturing enterprises from the perspective of product innovation, and evaluates the digital innovation level of manufacturing industry in Shaanxi Province by collecting data from relevant enterprises in Western Shaanxi Province. The main conclusions are as follows: Shaanxi's manufacturing industry has maintained a steady and rapid growth in recent years, especially the

high-tech manufacturing industry and equipment manufacturing industry; The overall score of digital innovation in Shaanxi's manufacturing industry is 2. 2 points, which is in the initial stage as a whole. It has the characteristics of unbalanced regional development and large differences in industrial development. In the future research, we can further establish the evaluation system of digital innovation from the aspects of product digital innovation, production and operation digital innovation and management digital innovation to more comprehensively reflect the degree of digital innovation of enterprises.

Keywords: Manufacturing Industry; Digital Innovation; Hierarchical Modular Theory; Shaanxi Province

B. 14　Digital Practice of Zhejiang Manufacturing Industry

Wang Zhiqiang / 256

Abstract: In the face of the opportunities and challenges of the fourth industrial revolution and the vigorous development of China's manufacturing industry, Zhejiang Province, based on its own development advantages, has moved from "Made in Zhejiang" to "Made in Zhejiang" under the guidance of the "Eighth Five-Year Plan", vigorously developing the digital transformation of manufacturing industry, and has achieved good results. In general, the province promotes industrial empowerment with digital economy, takes the development of intelligent manufacturing as the key point, takes digital empowerment as the decisive point, highlights the advantages of reconstruction, reshapes the manufacturing industry pattern, and leads the new paradigm of industrial innovation with digital technology. This study combs the typical cases of manufacturing digitalization in Zhejiang Province, and analyzes the results of the current digitalization practice in Zhejiang Province. The main conclusions are as follows: Zhejiang Province vigorously develops digital manufacturing, the new intelligent manufacturing group continues to grow, the core industry of digital economy has a strong growth momentum, and the industrial digitalization has increased efficiency. The digital transformation has injected tremendous vitality into the future of Zhejiang's manufacturing industry. In the process of transformation and development, it is also necessary to face up to and pay attention to the common problems that may occur, actively solve them, and accelerate the digital transformation.

Keywords: Manufacturing Industry; Digital Transformation; Digital Practice; Zhejiang Province

皮 书

智库成果出版与传播平台

✤ 皮书定义 ✤

皮书是对中国与世界发展状况和热点问题进行年度监测，以专业的角度、专家的视野和实证研究方法，针对某一领域或区域现状与发展态势展开分析和预测，具备前沿性、原创性、实证性、连续性、时效性等特点的公开出版物，由一系列权威研究报告组成。

✤ 皮书作者 ✤

皮书系列报告作者以国内外一流研究机构、知名高校等重点智库的研究人员为主，多为相关领域一流专家学者，他们的观点代表了当下学界对中国与世界的现实和未来最高水平的解读与分析。截至2022年底，皮书研创机构逾千家，报告作者累计超过10万人。

✤ 皮书荣誉 ✤

皮书作为中国社会科学院基础理论研究与应用对策研究融合发展的代表性成果，不仅是哲学社会科学工作者服务中国特色社会主义现代化建设的重要成果，更是助力中国特色新型智库建设、构建中国特色哲学社会科学"三大体系"的重要平台。皮书系列先后被列入"十二五""十三五""十四五"时期国家重点出版物出版专项规划项目；2013~2023年，重点皮书列入中国社会科学院国家哲学社会科学创新工程项目。

皮书网

（网址：www.pishu.cn）

发布皮书研创资讯，传播皮书精彩内容
引领皮书出版潮流，打造皮书服务平台

栏目设置

◆ **关于皮书**
何谓皮书、皮书分类、皮书大事记、
皮书荣誉、皮书出版第一人、皮书编辑部

◆ **最新资讯**
通知公告、新闻动态、媒体聚焦、
网站专题、视频直播、下载专区

◆ **皮书研创**
皮书规范、皮书选题、皮书出版、
皮书研究、研创团队

◆ **皮书评奖评价**
指标体系、皮书评价、皮书评奖

◆ **皮书研究院理事会**
理事会章程、理事单位、个人理事、高级
研究员、理事会秘书处、入会指南

所获荣誉

◆ 2008 年、2011 年、2014 年，皮书网均
在全国新闻出版业网站荣誉评选中获得
"最具商业价值网站"称号；
◆ 2012 年，获得"出版业网站百强"称号。

网库合一

2014年，皮书网与皮书数据库端口合
一，实现资源共享，搭建智库成果融合创
新平台。

皮书网

"皮书说"
微信公众号

皮书微博

权威报告·连续出版·独家资源

皮书数据库
ANNUAL REPORT(YEARBOOK)
DATABASE

分析解读当下中国发展变迁的高端智库平台

所获荣誉

- 2020年，入选全国新闻出版深度融合发展创新案例
- 2019年，入选国家新闻出版署数字出版精品遴选推荐计划
- 2016年，入选"十三五"国家重点电子出版物出版规划骨干工程
- 2013年，荣获"中国出版政府奖·网络出版物奖"提名奖
- 连续多年荣获中国数字出版博览会"数字出版·优秀品牌"奖

皮书数据库

"社科数托邦"
微信公众号

成为用户

登录网址www.pishu.com.cn访问皮书数据库网站或下载皮书数据库APP，通过手机号码验证或邮箱验证即可成为皮书数据库用户。

用户福利

- 已注册用户购书后可免费获赠100元皮书数据库充值卡。刮开充值卡涂层获取充值密码，登录并进入"会员中心"—"在线充值"—"充值卡充值"，充值成功即可购买和查看数据库内容。
- 用户福利最终解释权归社会科学文献出版社所有。

社会科学文献出版社 皮书系列
SOCIAL SCIENCES ACADEMIC PRESS (CHINA)

卡号：854154623274
密码：

数据库服务热线：400-008-6695
数据库服务QQ：2475522410
数据库服务邮箱：database@ssap.cn
图书销售热线：010-59367070/7028
图书服务QQ：1265056568
图书服务邮箱：duzhe@ssap.cn

法律声明

"皮书系列"（含蓝皮书、绿皮书、黄皮书）之品牌由社会科学文献出版社最早使用并持续至今，现已被中国图书行业所熟知。"皮书系列"的相关商标已在国家商标管理部门商标局注册，包括但不限于LOGO（🖋）、皮书、Pishu、经济蓝皮书、社会蓝皮书等。"皮书系列"图书的注册商标专用权及封面设计、版式设计的著作权均为社会科学文献出版社所有。未经社会科学文献出版社书面授权许可，任何使用与"皮书系列"图书注册商标、封面设计、版式设计相同或者近似的文字、图形或其组合的行为均系侵权行为。

经作者授权，本书的专有出版权及信息网络传播权等为社会科学文献出版社享有。未经社会科学文献出版社书面授权许可，任何就本书内容的复制、发行或以数字形式进行网络传播的行为均系侵权行为。

社会科学文献出版社将通过法律途径追究上述侵权行为的法律责任，维护自身合法权益。

欢迎社会各界人士对侵犯社会科学文献出版社上述权利的侵权行为进行举报。电话：010-59367121，电子邮箱：fawubu@ssap.cn。

社会科学文献出版社